Israel em abril

2005
centenário de

Erico
Verissimo

Erico Verissimo

Israel em abril

Ilustrações
Rodrigo Andrade

Prefácio
Bernardo Kucinski

COMPANHIA DAS LETRAS

À memória de
Stella Budiansky

Diz o Autor: "Plástica é a minha visão do mundo e da vida. Aqui está um punhado de aspectos humanos, geográficos e históricos de Israel e da velha Palestina, alguns apenas esboçados em preto e branco, outros — a maioria — na forma de sumárias aquarelas. O importante para mim é que essas pinturas verbais consigam transmitir fielmente aos que me lerem as impressões que tive de Israel e dos israelenses".

12 Prefácio
20 Prefácio do autor

23 1. Tudo vale a pena
30 2. A planície de Sarom
41 3. Tel Aviv-Jafa
56 4. De Abraão a Ben-Gurion
82 5. A Galileia
124 6. Os judeus e o judaísmo
141 7. Rumo do deserto
178 8. Visita a um profeta
187 9. Jerusalém
218 10. Volta a Tel Aviv
227 11. Dois *kibbutzim*
253 12. Numa ilha grega

264 Crônica literária
268 Crônica biográfica
272 Biografia de Erico Verissimo

Prefácio

Poucas décadas depois da primeira publicação deste relato de viagem, em 1969, já não era tão forte em Israel o perfume dos laranjais nem tão radical o encanto das comunas agrícolas de vida espartana que Verissimo amou e descreveu minuciosamente — tantas e tão profundas foram as transformações da jovem nação nesse curto espaço de tempo.

O *kibbutz* de brasileiros, Bror Hayil, que o escritor visitou e onde proferiu uma conferência, já não é uma colônia agrícola socialista, mas um condomínio residencial onde cada um cuida de sua vida, mantidos apenas alguns resquícios de coletivismo. O principal jornal do país, o *Davar*, editado pelo movimento operário, cuja redação ele também visitou, já não existe, vítima da onda neoliberal que fragilizou todas as formas de propriedade coletiva e de poder sindical.

Embora muitas dessas mudanças tenham sido antevistas por um Verissimo especialmente arguto, ninguém poderia ter previsto, por exemplo, a nova e gigantesca onda de imigração de 1 milhão de judeus russos, que mudaria por completo o mosaico étnico do país e contribuiria com seus técnicos e cientistas para transformar Israel em potencia tecnológica. E quem imaginaria a chegada em grande escala de judeus da Argentina e da França, empurrados pelo antissemitismo em pleno século XXI?

Nos quarenta anos transcorridos desde a primeira edição deste livro, a população de Israel triplicou de 2,5 milhões para 7,5 milhões, superando em muito o sonho de Ben-Gurion – expresso a Verissimo no encontro que tiveram no retiro espiritual do fundador da nação em Sdé Boker – de que ela chegasse a 4 milhões de almas.

Quando Verissimo percorreu os campos de Israel havia trezentas e cinquenta colônias coletivas de vários tipos, desde o mais radical, o *kibbutz*, em que não há propriedade privada nem salários, até o *moshav*, formado por propriedades familiares que compartilhavam benfeitorias e máquinas. Algumas décadas depois, muitas comunidades do tipo *moshav* se autoextinguiram. E muitos dos grandes laranjais do centro do país, cujo aroma lembrava a Verissimo seus rincões gaúchos, foram arrancados para dar lugar a bairros e cidades.

O *kibbutz* resistiria mais, no entanto abandonando formas radicais de coletivização, admitindo a diferenciação salarial e permitindo a cada família a posse de sua casa e a educação direta de seus filhos, que antes eram arrancados dos braços das mães e levados para as "casas das crianças" já no quarto dia de vida.

Martin Buber, analisando a dificuldade de convivência das formas cooperativas num universo capitalista por não cuidarem da totalidade da vida da pessoa — o que o capitalismo paradoxalmente faz —, ressalvou o *kibbutz* como exceção, a única experiência que deu certo. Foi principalmente o *kibbutz* — com seus pioneiros de formação meio tolstoiana, meio bolchevique, adeptos do amor livre e do retorno do povo hebreu à terra, no sentido literal da palavra — que deu a Israel sua fisionomia alternativa, seu encanto radical.

Num dos diálogos deste relato, Verissimo anteviu o ocaso do *kibbutz*, encerrada sua missão histórica de conquista e defesa das fronteiras. Também anteviu a pressão do consumismo capitalista sobre as novas gerações.

A transformação mais importante deu-se na política e na cultura. De pequeno país agredido repetidamente por todos os vizinhos, que se recusavam a aceitar sua existência e dos quais teve que se defender com não pouco heroísmo em duas guerras, a de 1948 e a de 1956, Israel tornou-se uma potência expansionista, conquistando e absorvendo na guerra seguinte, a de 1967, as montanhas de Golan, pertencentes à Síria, e ocupando militarmente os territórios palestinos teoricamente destinados a constituir o futuro Estado Palestino livre e independente — que Israel por sua vez se recusou a aceitar.

Esse novo expansionismo é conduzido hoje não por judeus pobres fugidos dos *pogroms* da Rússia, e sim por fundamentalistas do Brooklyn imbuídos de fanatismo religioso e intolerância étnica. Na política, o lugar de veteranos, como os anfitriões israelenses de Verissimo, cultos e ascetas, que ainda expressavam certezas de paz e convivência pacífica com os árabes, foi ocupado por novos-ricos, insensíveis à tragédia palestina ou a qualquer outra tragédia social. Nesse caldo de cultura nasceram os grupos que assassinariam Itzchak Rabin, o primeiro-ministro da velha guarda que pugnava por um acordo definitivo com os palestinos.

Os papéis se inverteram, e com eles a imagem do país no exterior e a autoimagem de uma considerável parcela dos jovens israelenses, ainda imbuídos dos valores tradicionais do humanismo judaico. Embora as forças armadas de Israel sejam do tipo "povo em armas", mobilizando a maioria dos cidadãos, surgiriam os movimentos antimilitaristas, como Paz Agora, e os *refusniks* — jovens que por motivos ideológicos se recusam a servir.

Verissimo intuiu que algo assim poderia acontecer, ao conceber o título *Israel em abril*, de duplo significado. Há o sentido da primavera, o mês das flores e da Páscoa judaica, que celebra a libertação dos judeus do Egito. Quando a viagem narrada no livro aconteceu, em 1966, a imagem de Israel era justamente primaveril. O título, porém, pressupõe que pode haver um Israel do outono e até do inverno.

Num dos mais surpreendentes capítulos do livro, "Os judeus e o judaísmo" — texto que durará até o fim dos tempos, aconteça o que acontecer em Israel —, Verissimo interrompe seu relato de viagem e mergulha numa discussão sobre o grande enigma que o fascina: a sobrevivência do povo judeu por mais de quatro mil anos de antissemitismo e a própria natureza do povo judeu. Afinal, os judeus são uma etnia, uma raça, uma religião, ou o quê?

Verissimo discute essas questões com ironia e irreverência, entabulando diálogos imaginários com pensadores célebres, à moda do *Gog*, de Giovanni Papini, só que aqui reunidos todos num mesmo espaço. Entre eles, Arnold Toynbee e Oswald Spengler, que compartilham a tese de que os judeus são uma "civilização interrompida" e fossilizada; o antissemita Henry Ford, que passa montado em seu forde de bigode, ignorando a interpelação sobre seu livro, em que acusa os judeus de conspirarem para dominar o mundo; e até Freud, que deu uma explicação obviamente freudiana para o antissemitismo.

Eis então que aparece na praça Max Dimont, autor de *Os judeus, Deus e a história*, para quem os judeus formam não uma civilização, e sim uma cultura. Verissimo dialoga com esse pensador menos famoso, com ele concordando. Civilizações têm apogeus e declínios. Já as culturas são modos de vida baseados em valores originais e numa estrutura psicológica. Na diáspora os judeus teriam encontrado as condições de sua sobrevivência como cultura e assim duraram mais do que os sucessivos impérios e civilizações que os oprimiram.

É então que Verissimo antecipa em décadas o que seria uma das questões centrais do judaísmo pós-Israel, o judaísmo do século XXI: até que ponto o surgimento de Israel como Estado faria o judaísmo deixar de ser uma cultura para virar uma civilização, destinada, portanto, a um "período do inverno, da velhice e da morte"? Será, pergunta ele, que uma eventual "'decadência' da civilização do novo Estado sionista [...] vai matar a cultura judaica?". Ele achava que não, pois a diáspora judaica continuaria a existir.

Verissimo revela que escreveu o livro três anos depois da realização da viagem. Adotou o tempo presente, como se estivesse escrevendo durante a própria visita, para obter um efeito já testado em outro livro de viagens, *México*, escrito anos antes: "fazer o leitor viajar comigo, metido na minha pele". Consegue esse efeito com eficácia, pelo nível de detalhamento adotado e pela acuidade das observações.

É como se estivéssemos testemunhando com ele o nascimento dessa jovem nação, então mal completando dezoito anos de vida e distinguindo-se pela singularidade de formação, pela diversidade étnica dos habitantes, vindos de tantas partes do mundo, e pela transformação do deserto do Neguev em um mar verdejante de cereais, entre outros "milagres" da Terra Santa.

Cabe perguntar como Erico conseguiu guardar tantas minúcias, diálogos e nuances de cenários durante três anos se não manteve, como revela, um diário de viagem. A resposta parece estar na intensidade com que viaja e observa os tipos e paisagens que vai encontrando. Tem-se a impressão de que viajava para captar e captava para escrever.

Como não é possível escrever quando se viaja às carreiras, com os dias tomados por pesada programação oficial, como foi essa visita de dezenove dias a Israel, seria preciso dois Verissimos, o viajante despreocupado a conversar com seus anfitriões e guias e o escriba registrando tudo. O próprio Erico sugere isso quando, ao visitar a milenar cidade de Ako, lembra o poema de Fernando Pessoa sobre uma criança que brinca sozinha mas se sente duas: "Há um a brincar/ E há outro a saber/ Um vê-me a brincar/ E o outro vê-me a ver".

Diz ele de si mesmo: "Penso: brinco de viajar, e viajando às vezes me digo que sou dois: um que viaja e outro que se vê viajar. No meu caso há um terceiro, o que vai escrever sobre o que viajou e o que se viu a viajar. Depois virá um quarto eu: o que ler o que o terceiro escreveu sobre o que viajava e o que se via viajar".

Esse segundo Verissimo que observa é um pintor para quem nada é banal ou desinteressante. Um cipreste, uma pedra, um rosto, o caminho, tudo importa. Numa passagem, ele diz: "Minha visão do mundo é frequentemente plástica: o ângulo do pintor. Olho as pessoas, a paisagem e as coisas como elementos de um quadro cujo sentido mais profundo e último tende a escapar-me. Sei que isso muitas vezes é perigoso para o romancista, que assim corre o risco de borboletear na superfície das criaturas e da vida".

E o terceiro Verissimo, que afinal, anos depois, vai registrar na escrita tudo o que observou, é o romancista que procura o prazer da melhor palavra, da expressão mais sugestiva. Que inventa monólogos e digressões engraçadas para nos fazer rir. Uma tecelagem contínua de imagens, analogias, metáforas que acompanha cada segundo do percurso, começando no instante mesmo em que o avião que vem de Roma pousa na Terra Santa. E ele escreve: "O hálito fresco da noite, que minha fantasia tempera de redolências bíblicas, chega-nos degradado por emanações de querosene".

De sua primeira "escaramuça com a comida israelense" ele diz que a *matzot*, o pão ázimo obrigatório da Páscoa, tem "gosto de papelão", e que o "tostado irregular de sua superfície lembra os caracteres hebraicos". De sua passagem pelas ruas da velha Jafa, guardou a imagem de fachadas de aspecto levantino que "parecem sofrer duma doença da pele que as descasca e desfigura, dando-lhes uma fisionomia a um tempo sinistra e pitoresca".

Um "herege", como o próprio Erico parecia se considerar, o tempo todo associa lugares e nomes de cidades e vilas a passagens da Bíblia, que conhecia em profundidade, "por ter estudado num ginásio protestante, onde a Bíblia era matéria obrigatória". Em Cafarnaum, às margens do lago Tiberíades, onde Jesus se refugiou ao sair de Nazaré, Verissimo evoca Mateus, que condena a cidade ao "juízo final" com mais rigor do que o aplicado a Sodoma. E diz, sardônico: "haverá pior castigo para uma cidade outrora digna que transformar-se em ponto de curiosidade turística?".

Esses lances de ironia e descontração parecem ter a função de impedir que a prosa se torne pedante, já que outra qualidade da narrativa é o didatismo, sempre que se trata de questões centrais da organização da vida no *kibbutz*, do sistema político do país e da história do judaísmo. Verissimo se esmera nessas explicações.

Muitas vezes faz ironia consigo mesmo. Numa manhã em que acordou exausto em Sefad, diz, ao fazer a barba, que o barbeador elétrico "desliza por uma cara para mim demasiadamente conhecida — e cada vez mais gasta...".

A vocação turística que Verissimo chamou então de maldição deve-se à profusão de lugares sagrados, não só para cristãos e judeus como também para drusos, muçulmanos e até para os Bahai, que fundaram em Haifa seu centro espiritual e administrativo. Quando Verissimo visitou Israel, a busca organizada e o restauro de sítios arqueológicos já era prioridade de Estado e também *hobby* nacional.

Em Tabga, pouco adiante de Cafarnaum, de onde Jesus teria saído para sua caminhada sobre as águas do Tiberíades, Verissimo se maravilhou ao admirar os mosaicos do século IV na igreja bizantina da Multiplicação. Mosaicos das eras romana e bizantina foram posteriormente descobertos em várias partes do país. E é com imensos fragmentos de mosaicos originais transpostos para as paredes majestosas do novo aeroporto Ben-Gurion que Israel daria depois as boas-vindas a seus visitantes. Entre eles, caravanas inteiras de evangélicos, que consideram a imersão no rio Jordão uma vez na vida tão necessária quanto a peregrinação a Meca para os muçulmanos.

Novas escavações foram revelando cidades romanas inteiras, a primeira igreja cristã, os subterrâneos do templo sob as muralhas de Jerusalém e instalações insuspeitas nas ruínas de Cesária, a cidade construída pelos romanos para ser a nova capital daqueles domínios.

São poucas as terras no mundo pelas quais passaram tantos impérios e conquistadores: assírios, persas, romanos, gregos, mamelucos, os cruzados e seus templários, o exército de Napoleão, os árabes de Saladino, os turcos e, finalmente, os ingleses. Todos deixaram suas marcas em ruínas, túmulos, templos e em memórias de batalhas, saques e destruição. Sefad, que na visita de Verissimo começava a tornar-se uma cidade de artistas, já era conhecida 1400 anos antes de Cristo. Tomada pelos templários em 1140, foi invadida 125 anos depois pelos mamelucos, que a destruíram.

Também o judaísmo da Idade Média, de espírito místico e cabalístico, lá fincou referência nas moradias e sinagogas dos rabinos e sábios da Cabala, especialmente em Sfad, onde o rabino Isaac Luria estabeleceu o centro mundial da cabala, e em Tiberíades, cujos "becos com suas arcadas, seu calçamento de pedras irregulares, as suas sinagogas sombrias" Verissimo descreve com tintas fortes.

Ao chegar às nascentes do Jordão, coladas à fronteira, à distância de um tiro de fuzil dos sírios, "os mais implacáveis e agressivos inimigos de Israel", e logo em seguida ao vale do Hule, onde muitos pioneiros morreram de malária ao tentar cultivar os pântanos, Verissimo é totalmente tomado pela emoção. É essa sua admiração pelo povo judeu e em especial pelo Estado de Israel que o faz aceitar e registrar sem questionamento as versões oficiais que vão sendo passadas pelos anfitriões, embora ele sempre esteja ciente do problema palestino. Tudo isso seria difícil, talvez impossível, uma década depois, quando todas aquelas terras a leste do Jordão, até os altos da montanhas do Golan, foram conquistadas por Israel e virtualmente anexadas.

Vê-se que a relação de Verissimo com o judaísmo e com Israel era profunda e de natureza espiritual, não havendo espaço para distanciamento crítico. Pois em 1966 já fazia dez anos que Israel participara da desastrada intervenção anglo-francesa no canal de Suez para derrubar Nasser — primeira grande operação em que Israel atuou em coordenação com potências colonialistas, embora na época ainda mantivesse relações preferenciais com países do Terceiro Mundo saídos da era colonial. Israel deixara de ser a promessa de utopia que jovens de boa vontade estão sempre a buscar para virar um país como qualquer outro, movido pelo interesse próprio e pelas leis da *realpolitik*. "Perdeu sua alma", proclamaria, rancoroso e desiludido, um dos primeiros livros dessa nova era. Mas não para Verissimo.

Bernardo Kucinski é professor titular de comunicação social na Universidade de São Paulo (USP) e foi assessor especial da Secretaria de Comunicação Social da Presidência da República (2003-2006). É autor dos livros Jornalistas e revolucionários – nos tempos da imprensa alternativa *(1991) e* Jornalismo na era virtual *(2005), entre outros.*

Prefácio do autor

ISRAEL EM ABRIL*

Ninguém melhor que Erico Verissimo poderá dizer de seu objetivo ao escrever *Israel em abril*. Transcrevemos aqui, na íntegra, a carta que o escritor nos enviou, juntamente com os manuscritos deste seu novo livro.

"*Explico a demora com que entrego a vocês estes originais. É que cavalo velho já não pode marchar com a rapidez de potro. Mas não se alarmem: o que o bicho perde em velocidade e ímpeto ganha, por antigo, em experiência e conhecimento da estrada.*

Israel em abril *parece-se na estrutura e no espírito com o livro que escrevi há tempos sobre o México. Quis uma vez mais fazer o leitor viajar comigo, metido na minha pele, vendo e entendendo (ou não) pessoas, lugares e coisas através de meus sentidos e de meus pontos de referência psicológicos. Como repetidamente tenho dito e escrito, sou um pintor frustrado, um enamorado das formas e das cores. Plástica é minha visão do mundo e da vida. Aqui está, pois, um punhado de aspectos humanos, geográficos e históricos de Israel e da velha Palestina, alguns apenas esboçados em preto e branco, outros — a maioria — na forma de sumárias aquarelas. O importante para mim é que essas pinturas verbais consigam transmitir fielmente aos que me lerem as impressões que tive de Israel e dos israelenses.*

Ficará logo evidente que escrevi este livro com muita simpatia pela causa dos judeus em geral e pela do Estado de Israel em particular, o que não significa que tenha qualquer má vontade para com os países árabes. Quem quer que, como eu, haja sido alimentado na infância e na adolescência com as saborosas e esquisitas tâmaras que são as histórias de As mil e uma noites, *não poderá ficar imune ao encanto da civilização islâmica, cuja grande importância só um irremediável ignorante de História se negará a reconhecer.*

Se conduzi a narrativa no presente histórico não foi para dar a impressão de que registrava os fatos no momento exato em que aconteciam, mas sim porque esse foi o processo que se me ofereceu naturalmente. Durante a viagem nem sequer mantive um diário regular. Limitei-me a fazer numa caderneta, vez que outra, notas e desenhos apressados. Para falar a boa verdade, este livro foi escrito exatamente três anos após minha visita a Israel. Tive, portanto, todo o vagar necessário para verificar nas fontes a exatidão,

---

* Prefácio da 1ª edição, de 1969. [N.E.]

palavra por palavra, dos versículos bíblicos e das outras citações em prosa e verso que aparecem na narrativa.

Juro que tentei observar uma certa uniformidade na grafia dos nomes de pessoas e lugares. Quando, porém, descobri que existem muitas maneiras de representar foneticamente os vocábulos hebraicos e árabes, desisti do honrado mas fútil propósito. Peçam, pois, aos revisores — como eu pedirei aos leitores — que tenham paciência com as incoerências ortográficas que encontrarem nestas páginas, nas quais, entre outras liberdades, tomei a de usar letras como o k e o y, há muito expulsas de nosso alfabeto.* Consola-me a ideia de que não será a mudança de uma, duas ou mesmo três letras num substantivo próprio ou comum que vá alterar a natureza ou a fisionomia da pessoa ou lugar que designa. Num ponto, porém, fui intransigente: repudiei, por absurda para nós, a grafia inglesa em que o sh aparece com o som de ch. Isto explica a razão pela qual escrevo chalom *em vez de* shalom.

Quando comecei a trabalhar neste livro, minha intenção era "pintar" Israel com a despreocupada alegria lúdica dum artista em férias. Eis que lá pelas páginas tantas me vi metido nessa emaranhada e misteriosa selva que é a história dos judeus e do judaísmo, a me fazer perguntas perigosas como: "Que são os judeus? Uma raça? Um povo? Um conjunto de tribos unidas por uma religião comum?". Se o bom-senso não me houvesse agarrado a mão, talvez eu tivesse produzido um calhamaço de mil páginas, sem ter sequer "começado" a extricar o mistério e a complexidade dos hebreus — a minoria mais verbal, polêmica, brilhante e ruidosa da história da espécie humana

Bom, seja como for, o livro está escrito. Agora, amigos, o resto é com vocês.
— E. V."

---

* Desde 2009 o k e o y integram oficialmente o alfabeto usado no Brasil. [N.E.]

I
Tudo vale a pena

SEXTA-FEIRA, 1º DE ABRIL DE 1966

Mundo velho sem porteira! Ainda hoje de manhã minha companheira e eu contemplamos *La Fornarina* de Rafael no Palazzo Barberini, em Roma; ao entardecer sobrevoamos Atenas e tivemos um vislumbre da Acrópole à luz do poente — e agora, noite nova ainda, desembarcamos dum avião da Alitalia no aeroporto de Tel Aviv.

Memorável momento: pela primeira vez em nossas vidas pisamos a Terra Santa. Mas esperem, estamos ainda sobre a pista de concreto do campo de pouso. O Caravelle que acaba de nos retroexpelir, avejão dum moderno Apocalipse, parece ainda arquejar, fatigado da jornada. O hálito fresco da noite, que minha fantasia tempera de redolências bíblicas, chega-nos dessagrado por emanações de querosene.

"Chalom!", exclama um funcionário do aeroporto, indicando-nos o caminho com um sorriso e um gesto. A memória inconsciente, cineasta desvairada, compõe às pressas e a esmo, com elementos de sua insondável filmoteca, uma espécie de cinejornal vertiginoso: — ... *Remota rua da infância judeus barbudos lojas de ferro-velho faces de companheiros da escola primária ó russinho! ó turco! Arão Milititsky? presente! Luisa Russowsky? ausente! internato protestante Escola Dominical Bíblia capa preta palavras com corpo e cor Cafarnáum (parda) Galileia (verde) Belém (dourada) sinagoga (branca) circuncisão (rubra) sinédrio (neutra). Diáspora era nome de fruta? Abraão, toma agora o teu filho a quem amas ó lúbricas hebreias dos romances de Walter Scott ó Rosa de Sarom! ó lírio dos vales! ó lívidas múmias ambulantes de Dachau Belsen Auschwitz Treblinka!* Que filme! E, ao som dum Kol Nidre de rasgar o coração, misturado com um jovial *Hava Naguila*, tudo isso me passa pela mente numa fração de segundo.

Um pequeno grupo aproxima-se de nós. Em breve caio nos braços de Shaul e Myriam Levin. (Conheci Shaul no Brasil ao tempo em que ele era ministro conselheiro da embaixada de seu país, tive-o em minha casa em Porto Alegre num serão ao pé da lareira acesa, numa noite de inverno, e descobrimos que éramos irmãos.) O cavalheiro alto, de perfil semítico, que agora me aperta cordialmente a mão, deve ser funcionário do Ministério do Exterior israelense. Ilusão óptica. É o dr. Aloysio Guedes Régis de Bittencourt, embaixador do Brasil em Israel. Alguém me estreita contra o peito e ficamos a nos dar reciprocamente fortes palmadas nas costas, numa espécie de dança de ursos, antes mesmo de eu saber ao certo quem me abraça. Finalmente descubro: "Nahum Sirotsky, homem de Deus, que é que você anda fazendo por aqui?". Encontrei pela última vez este simpático judeu errante gaúcho em Washington, há uns quatro anos, e depois perdi-o de vista por completo. Conta-me que é adido de imprensa junto à nossa embaixada em Tel Aviv. Apresenta-nos Beila, sua mulher, uma loura de face dramática. O senhor cordial que agora nos saúda é o embaixador do Uruguai, que aqui veio — explica ele — na qualidade de amigo do Brasil e de meu leitor. A sétima personagem do grupo, um jovem de fisionomia risonha, Nassim Itzhak, representa o Ministério das Relações Exteriores, e traz-nos as boas-vindas do ministro Arieh Eshel, um de nossos anfitriões.

Dentro em pouco estamos no carro do embaixador do Brasil, rodando sobre excelente estrada asfaltada que, em menos de vinte minutos, nos leva ao centro de Tel Aviv. Estranho que as ruas estejam já tão desertas às dez da noite. Sirotsky lembra-me de que o Sabá começa sempre na sexta-feira, ao cair do sol.

ARTIMANHAS DA MEMÓRIA

Reservaram-nos um quarto no Hotel Dan, um dos três maiores e mais modernos da cidade. Encontramos o amplo saguão da entrada pululante de turistas que acabam de desembarcar dum ônibus e agora aqui se agitam tratando de registrar-se e localizar suas bagagens. Devem ter vindo para as festas do *Pessach*. (Páscoa, em língua de cristão.) São em sua maioria judeus americanos, gritam e gesticulam como latinos. Um deles, retaco, ruivo, rubicundo e rábido, ostentando uma gravata que parece um delírio psicodélico, masca frenético o seu charuto. Entreouço que algo lhe saiu errado. Velhotas artificialmente coloridas, como certas frutas da Flórida e da Califórnia, dão ordens aos maridos, à melhor maneira ianque. Os empregados do hotel movem-se por entre turistas e malas, num ritmo entre relutante e casual.

Novas hordas de viajantes invadem ruidosamente o saguão e dirigem-se sôfregas para o balcão dos recepcionistas, onde um gerente aflito briga em hebraico com seus auxiliares e trava exaltados diálogos em inglês ou iídiche com os clientes.

M. e eu nos entreolhamos, trocando sorrisos. Minha mulher sabe que me divirto observando gente em ação, e que coleciono tipos humanos *con amore*.

Graças aos bons ofícios de Shaul Levin conseguimos registrar-nos. Despedimo-nos dos amigos e somos conduzidos ao nosso quarto: espaçoso, confortável, decorado de maneira agradável e muito limpo. Ao *boy* que carregou até aqui a nossa bagagem, explico em inglês que não tenho no bolso sequer um mísero *agorá*, pois ainda não comprei dinheiro nacional. Ele sorri, murmura algo que me soa como *êin davar*, e se vai.

Duas portas-janelas abrem-se para uma sacada. O Mediterrâneo ali está do outro lado da rua, encolhido e apagado no âmago da noite. Longe piscam as luzes de Jafa.

— Napoleão andou por aqui — murmuro.
— Que Napoleão?
— Ora, o Bonaparte. Seu exército tomou Jafa. Mas não conseguiu conquistar o Acre. Viva São João de Acre!

Devemos à gentileza do gerente do hotel a natureza-morta que está sobre esta pequena mesa redonda, num prato de cerâmica: frutos da terra, gordas bananas, coradas maçãs, douradas laranjas. Penso no solo semiárido de Israel e murmuro: "Esta gente é capaz de tirar leite de pedra".

— Onde estamos? — pergunto em voz alta. Estas duas palavras, que costumamos pronunciar quando, viajando no estrangeiro, chegamos a algum lugar, são uma espécie de fórmula mágica que tem o dom de nos acordar para a realidade, livrando-nos dessa perigosa dormência ou agitação turística que nos embota os sentidos, levando-nos a aceitar com demasiada naturalidade ou indiferença, e sem verdadeiro proveito e encanto, o fato de estarmos em exóticas geografias dantes tão sonhadas e desejadas. Muitas vezes só depois de voltar a nossa casa no Brasil é que, numa surpresa retrospectiva, nos maravilhamos de ter estado no palácio do rei Minos, na ilha de Creta, no Grande Bazar de Istambul ou no Barrio Gótico de Barcelona.

— Tel Aviv! — respondo, mas sem muita convicção.

Coisa curiosa. Nossa geografia interior é em grande parte feita de estampas de revistas, livros ou imagens de filmes cinematográficos vistos na infância e na adolescência. Menino de ginásio, encontrei num número de *Leitura para todos* a reprodução duma fotografia da Place des Vosges. Quando, quarenta anos mais tarde, visitei Paris, a primeira coisa em que pensei ao entrar na famosa praça foi a gravura do *magazine*, e tive então a oportunidade de confrontar a minha lembrança de sua fotografia com o original. No entanto, de volta ao Brasil, toda vez que pensava na Place des Vosges nem sempre a imagem que me vinha à mente era a da "coisa real", mas frequentemente a sua remota reprodução fotográfica. Mais tarde, reencontrando por acaso o citado número de *Leitura para todos*, fiquei surpreso ao verificar que o seu clichê da praça pouco tinha a ver com a lembrança que dele eu guardava na memória. Entrei em polêmica com o menino e o adolescente que ainda me habitam clandestinamente, pois ambos insistiam diabolicamente em me provar que a verdadeira Place des Vosges não era a concreta, a real, a que está em Paris e que o meu eu adulto *viu*, nem mesmo a sua reprodução no magazine, mas sim a memória dessa estampa — a imagem que me ficou impressa na mente, com toda a sua carga de tempo e fantasia. (Não será este um bom ponto de partida para discutir problemas de arte, principalmente de ficção e pintura? Mas não agora — pelo amor de Jeová! — pois mal acabamos de chegar a Israel e estamos cansados.)

Experimento as torneiras do quarto de banho: a água jorra abundante. Minutos mais tarde, debaixo do chuveiro, tenho uma sensação de culpa por estar gastando tanta água num país em que ela é tão escassa. Se por um lado esse sentimento aumenta minha autoestima, por outro me dá a indulgência plenária de que necessito para prolongar o banho.

M. experimenta uma laranja israelense. Mordo com mais reverência do que gula uma das maçãs. Sentamo-nos junto da mesa e ficamos por algum tempo examinando o programa de nossa visita, que Levin nos entregou no aeroporto. Nos próximos dezenove dias viajaremos praticamente por todo o país, desde a alta Galileia até o deserto de Neguev. Visitaremos aldeias, vilas, cidades, *kibbutzim* e *mochavim*. Veremos pessoas, coisas e instituições. M. está um pouco assustada ante este itinerário geográfico-social. Teremos quase todos os dias ocupados da manhã à noite. Folheando o gordo programa, escrito em português e hebraico, ficamos a nos perguntar se tal ou qual coisa "vale a pena".

Deitamo-nos. Abro o volume das poesias completas de Fernando Pessoa, o único livro que trouxe comigo. O poeta responde à nossa pergunta:

> *Tudo vale a pena,*
> *Se a alma não é pequena.*

Apago a luz, fecho o livro e os olhos, e concluo que sábio é o turista que viaja com bagagem pequena e alma grande.

PÃO ÁZIMO

Oito da manhã. Um morno sol de primavera ilumina o céu de índigo desbotado, a cidade de clara cinza e o mar de não mui limpa turquesa. Descemos ao restaurante para a primeira escaramuça com a comida israelense. Serve nossa mesa uma rapariga morena, esguia e pernilonga. Puxo conversa com ela. O mais que consigo arrancar de seu laconismo é que nasceu na Argélia, trabalha durante o dia e estuda à noite, e que *grapefruit* em hebraico é *escoliot*.

Com uma curiosidade meio desconfiada fazemos uma incursão ao bufete, onde estão expostas as especialidades da refeição matinal: fatias de tomate, pedaços de arenque lambuzados de nata azeda, cenoura ralada temperada com suco de limão, fatias de queijo, sardinhas reluzentes de azeite, rodelas de pepino em conserva... O ativo cheiro de cebola que exalam estes pratos nos põe em fuga. Tornamos à nossa mesa, resignados a tomar um conservador chá com pão. Pão? A gazela morena lembra-nos de que estamos na semana da Páscoa, período em que os judeus comem o *matzot*, isto é, essas delgadas bolachas de farinha não levedada que vejo num prato no centro de nossa mesa. Parecem rijas folhas de papiro, e o tostado irregular de sua superfície lembra caracteres hebraicos.

Evoco um versículo bíblico. "Guardai pois a festa dos pães ázimos, porque naquele mesmo dia tirei vossos exércitos da terra do Egito: pelo que guardareis este dia nas vossas gerações por estatuto perpétuo" (Êxodo, 12:17).

Minha mulher me pede que lhe explique a simbologia do pão ázimo. Exprimo minha ignorância num encolher de ombros.

Se ela me tivesse feito esse pedido dois anos mais tarde eu poderia ter tentado satisfazer-lhe a curiosidade graças ao livro *Symbolic Behavior*, de Thass-Thienemann, que descobre fantasias genitais reprimidas até no preparo de alimentos. Por que se proibia o uso de pão levedado nos sacrifícios do Velho Testamento? ("Por sete dias não se ache nenhum fermento nas vossas casas; porque qualquer que comer pão levedado aquela alma será cortada da congregação de Israel, assim o estrangeiro como o natural da terra" — Êxodo, 12:19.) É que o conceito de *lêvedo* parece ter se associado ao de *corrupção* e *deterioração*, visto que o lêvedo transforma o alimento bom em excremento. Indo mais longe ainda, é possível que o processo fisiológico implícito na fermentação não seja apenas o da digestão do alimento, mas também o do *ato da fecundação* e o da *gestação*, pois o sovar da massa na gamela e o seu crescimento evocavam fantasias genitais, e tudo isso se tornou de tal forma sugestivo do processo corporal, que fermento passou a ser símbolo de sêmen.

Eu poderia então concluir, gloriosamente erudito, olhando para as fatias de *matzot*: "Em suma, madame, o pão não levedado é o pão virgem, dessexualizado e portanto apropriado para fins religiosos, assim como animal que vai ser sacrificado se dessexualiza pela castração... com o perdão da má palavra".

Posso antever a expressão fisionômica de M. diante de minha dissertação, e imagino sua crítica: "Bobagem! Vocês complicam as coisas mais simples".

— Provemos do pão ázimo — murmuro, partindo um *matzot* e levando um pedaço à boca.

M. faz o mesmo e opina:

— Tem gosto de papelão...

— E sem sal...

Tomamos o nosso chá e comemos resignadamente os nossos pães ázimos contemplando através das janelas o Mediterrâneo e os banhistas da manhã.

2
A planície de Sarom

O CANGURU

Cerca das nove horas entramos no pequeno automóvel inglês dos Levin, que nos vão levar num passeio pela costa, até Ein Hod, a aldeia dos artistas. Nosso programa oficial só começará amanhã. Pela primeira vez vemos Tel Aviv à luz do dia. Com seus edifícios cor de cimento, lembra vagamente a Copacabana carioca. As ruas hoje estão quase desertas, as casas de comércio fechadas. Atravessamos Ramat Gan, novíssimo subúrbio residencial, espécie de claro e confortável gueto de diplomatas, e onde também e principalmente habitam as famílias abastadas da cidade, em belas *villas* cercadas de esquisitos jardins e parques, em que buganvílias e cactos coexistem pacificamente com pinheiros e ciprestes.

Desdobro e examino um mapa de Israel. O país inteiro não é maior que o nosso estado de Sergipe. A Itália — é sabidíssimo — tem a configuração duma bota que chuta a Sicília. O Brasil sempre me pareceu um gordo pernil de carneiro. Pois Israel me lembra um canguru sem cauda, que tem nas mãos a cidade de Jerusalém. Formados pela Galileia e por pequeno trecho do vale do Jordão, a cabeça e o focinho do "animal" (o lago de Tiberíades é um olho arregalado para o mundo e a História) tocam perigosamente terras do Líbano, da Síria e da Jordânia. O pequeno canguru — com a faixa de Gaza colada à extremidade inferior do lombo, como um incômodo esparadrapo — mede apenas uns 420 quilômetros, da coroa da cabeça até aos pés, isto é, o porto de Eilat, sobre o mar Vermelho. Sua parte mais larga é o "abdômen" — pouco mais de 110 quilômetros — na latitude de Sodoma, já no deserto de Neguev.

Aqui vamos rodando para o norte, ao longo do dorso do "canguru". Esta é a planície de Sarom, na Antiguidade o caminho natural das caravanas de mercadores que demandavam o vale do Nilo e a Mesopotâmia. Por aqui transitaram também há milênios os exércitos dos grandes impérios conquistadores.

À nossa esquerda, entre a rodovia e o mar, vejo uma estreita faixa de areia ondulada de dunas, que faz este gaúcho extraviado pensar nas coxilhas de sua terra natal. Sinto o desejo, absurdo mas sincero, de dar de presente a Israel um pouco de nossas pastagens, para que com elas seu governo mande forrar este esguio deserto onde só viceja — não, o verbo é impróprio, pois viço aqui não há — uma vegetação rasteira, pardacenta e áspera.

Olho para a direita e a paisagem muda de figura e cor: vejo suaves outeiros em tons de erva-mate, pomares com árvores floridas, hortas com festivos verdes e, mais longe — horizonte dum terra de siena rosado, com leves toques violáceos — as encostas dos montes de Samaria.

Myriam dirige o carro. De onde estou posso ver-lhe o nítido perfil. A companheira de Shaul Levin tem um semblante sofrido no qual surpreendo de vez em quando a sombra duma apreensão, a reminiscência dum terror. Mas um par de olhos muito vivos e afetuosos ilumina intermitentemente, com uma luz de resoluta esperança, o expressivo território humano que é seu rosto.

Sentado ao lado da mulher, de quando em quando Shaul volta a cabeça para nos dizer alguma coisa. Quem lhe vê a fisionomia serena, com uma expressão quase permanente de benignidade, nem sequer suspeita as reservas de energia e a capacidade de ação deste homem. Diretor da Instrução Pública de Tel Aviv, exerce suas funções com um zelo e uma paixão de apóstolo, sem jamais, entretanto, fazer alarde disso. (Irritam-me as pessoas que no exercício duma profissão, duma vocação ou duma obrigação procuram apresentar-se como "mártires duma causa". Conheço o mártir do teatro, o da literatura, o da pintura, o da escultura e até mesmo o do futebol. E há sempre o Amigo do Peito que elogia o benemérito, narra seus feitos e "sacrifícios", para no fim dizer-nos em voz baixa e circunspecta, mas de maneira que o mártir ouça: "É um abnegado!".)

— Estão vendo aqueles renques de salgueiros? — pergunta-nos, apontando para a zona arenosa. — Nós os plantamos ali para conter as dunas.

— Seria bom — digo — se plantando salgueiros nas fronteiras vocês pudessem conter os árabes.

— Metaforicamente fazemos isso. Temos o maior interesse em ajudar nossos vizinhos a vencer o deserto, transformando-o em terras férteis. Nosso convite para uma colaboração nesse e em outros terrenos é permanente e sincero.

— Quantos árabes vivem hoje em Israel?

— Temos aproximadamente um árabe para cada grupo de dez israelenses — explica Levin. — Entre árabes, drusos e outras minorias não judias vivem em Israel mais de duzentos e oitenta mil almas.

M. pergunta se militarmente os muçulmanos não podem representar uma espécie de perigoso cavalo de troia dentro dos muros do país.

— Até hoje não tivemos com nossos cidadãos árabes nenhum problema dessa natureza.

Como estranho o emprego da palavra "cidadão", Shaul Levin me esclarece que o governo de Israel politicamente não faz distinção entre seus habitantes.

Os árabes têm direito ao voto e no momento contam com sete representantes no Knesset, isto é, no Parlamento, onde podem usar em seus discursos a língua árabe, a qual é também aceita nos tribunais. Mais ainda: as moedas, as cédulas bancárias e os selos postais deste país trazem inscrições em árabe.

— O que esses muçulmanos que permaneceram em Israel querem — prossegue Levin — é viver em paz, ter o que comer, o que vestir e onde morar. Nós lhe damos mais que isso: escolas, hospitais, assistência técnica e terras para cultivar.

— Terras que continuam pertencendo ao governo israelense? — indago.

— Não. Esses cidadãos de origem árabe são proprietários de oitenta por cento da terra que cultivam. Respeitamos a religião dessa gente. Não procuramos convertê-la a nossa fé. O que esperamos, isso sim, é por meio da educação ir aos poucos combatendo suas superstições, que os levam em muitos casos a recusar os serviços de nossos médicos e hospitais. O ensino em Israel é gratuito no grau primário. Temos já uns cem estudantes árabes no Instituto Tecnológico de Haifa e na Universidade Hebraica de Jerusalém, que vocês visitarão dentro de poucos dias.

Durante alguns minutos ficamos a contemplar a paisagem em silêncio.

Passamos por Herzliya, uma das muitas cidades satélites de Tel Aviv. Aqui vivem em graciosas casas ajardinadas muitas pessoas que diariamente vão trabalhar na metrópole israelense.

— Estamos agora atravessando a faixa mais estreita de todo o território de Israel — informa Levin. — A distância daqui à fronteira da Jordânia não chega nem a vinte quilômetros.

Que engenhocas são essas que vemos nos telhados de quase todas as casas campestres por onde passamos? Aquecedores solares — informa Shaul. O solo de Israel não tem carvão, e como a madeira não pode ser queimada — as poucas florestas que existem são cuidadosamente preservadas — é grande a escassez de combustível. Nas proximidades do mar Morto descobriram-se já camadas de gás natural. O primeiro petróleo jorrou da terra de Israel há uns onze anos; mais tarde outros poços foram descobertos. Mesmo assim a produção de gás natural e petróleo hoje em dia satisfaz apenas a uns dez por cento das necessidades nacionais. Deste modo, a maior fonte de energia do país é a eletricidade, e neste setor o progresso até agora é extraordinário. Hoje se produz em Israel dez vezes mais energia elétrica do que em 1948.

É muito conhecida a frase de Ben-Gurion segundo a qual as duas tarefas mais importantes dos israelenses são "cabrestear o sol e adoçar a água do mar". Cientistas e técnicos nacionais há muito vêm trabalhando nesse sentido. À beira do mar Vermelho uma grande usina funciona ativamente na dessalinização da água do mar, de acordo com processos cada vez mais econômicos. Animados pela verificação de que nos climas muito ensolarados a luz solar que cai num metro quadrado de chão durante um ano produz tanto calor quanto o que se contém em mais ou menos um quarto de tonelada de petróleo — os físicos de Israel procuraram descobrir meios de captar, prender e utilizar a energia solar. O resultado disso foi a produção em escala comercial de aquecedores solares capazes de fornecer água quente e luz elétrica para uso doméstico. Cada aparelho de um quilowatt pode fornecer luz para uma aldeia de umas vinte e cinco ou trinta famílias.

Passamos por uma aldeia árabe, cujas casas parecem cabritos encarapitados na encosta dum cerro. Shaul me pergunta se sei o motivo por que muitas delas foram pintadas de azul e eu, usando minha cultura de almanaque, respondo: "Porque os árabes acreditam que essa cor tem o dom de afastar os maus espíritos".

O ar aos poucos se vai impregnando da fragrância de flores de laranjeira e eu me sinto instantaneamente transportado a uma primavera da adolescência — estou no pomar da casa de meu avô materno, revejo fantasmas familiares, reencontro meninas que amei em segredo, ouço poemas que recitei sofrendo sob as laranjeiras "vestidas como noivas", vislumbro sonhos que sonhei pelas ruas de Cruz Alta em noites de setembro e vento — solitário, bisonho, incompreendido, Werther municipal, Hamlet guasca, um livro debaixo do braço, mil outros na cabeça, o peito rebentando de anseios mal definidos. (Naquele tempo eu não conhecia ainda a palavra *Angst*.) M. me toca o braço, arrancando-me sem saber de meu devaneio, e mostra-me um pomar de árvores floridas, do lado direito da estrada orlada de eucaliptos. Em meio do arvoredo branquejam casas. Falamos então das famosas comunidades rurais de Israel, os *kibbutzim* e os *mochavim*. Shaul diz que, na sua opinião, a verdadeira resposta para o problema agrário do país não são os *kibbutzim* mas os *mochavim*, isto é, os pequenos estabelecimentos rurais que trabalham num regime cooperativista. E aduz: "Vocês passarão alguns dias hospedados num *kibbutz*..." — Volta-se para mim sorrindo e diz: — "Escolhi um socialista radical, como você me pediu em carta".

O perfume dos laranjais é tão intenso que chega a ter um corpo, um peso, quase uma forma visível. Não é difícil prever que daqui por diante, pelo resto da vida, sempre que eu sentir este aroma hei de me lembrar desta terra e desta gente.

NATANIA E HADERA

Sou um insaciável devorador ou, melhor, *degustador* de cidades e paisagens. (Esse mesmo apetite no plano humano às vezes chega a ser quase antropofágico.) Muito sensível a formas, cores e odores, creio que consigo captar até a impressão tátil de lugares e ambientes, um pouco com a pele e muito com os olhos, ajudados pela experiência da memória.

Esta parte de Israel me lembra muito a Grécia, principalmente a Ática e as ilhas do Egeu: a mesma limpidez da atmosfera, a mesma refulgência da luz solar, a mesma secura do ar. Lá, como aqui, até nos recantos mais verdes se esconde uma leve suspeita de areia.

Cor de areia é Natania, onde fazemos alto, descemos do carro e saímos para um rápido passeio pelas ruas centrais. Eis uma cidade que poderia ser pintada numa tela em apenas três tons de pardo.

Para mim, Natania tem um parentesco muito próximo com a nossa rosa-de-pau: um tom encardido e árido que à primeira vista parece triste e feio mas que acaba por impor-nos o seu escasso encanto.

Amsterdã sempre teve fama de ser a terra dos melhores cortadores e polidores de diamantes. Quando os nazis invadiram a Holanda, muitos desses especialistas de origem hebraica fugiram para Israel e se estabeleceram nesta comunidade. Natania conta hoje com uma considerável indústria de lapidação de diamantes, a maior do Oriente Médio.

(A exportação de diamantes lapidados sobe a 120 milhões de dólares, anualmente.)

Voltamos para o carro e tornamos a ganhar a rodovia. Dentro de pouco tempo (este é o país onde tudo é irremediavelmente perto) passamos pela cidade de Hadera.

— Nos tempos bíblicos — diz Shaul Levin — a planície de Sarom era um verde vale idílico. Mas quando os pioneiros judeus vieram para cá, em fins do século passado, o que encontraram foi uma terra morta em que dunas de areia se alternavam com pântanos infestados de mosquitos portadores da malária.

Ao passarmos pelo cemitério de Hadera, Levin retoma o assunto:

— Dos quinhentos e quarenta habitantes desta cidade, ao tempo em que os pioneiros lutavam contra o deserto e os charcos, duzentos e catorze morreram de malária. Estão sepultados na terra mesma que eles ajudaram a recuperar.

De certo modo — digo para mim mesmo em silêncio — estes pomares, bosques, prados, hortas, açudes e jardins são palavras duma mensagem póstuma que nos deixaram os mortos do pequeno cemitério. Se pudéssemos escutar o mundo com o "terceiro ouvido" de que fala Nietzsche, talvez conseguíssemos ouvir a voz dos impávidos pioneiros nesta fragrância de flores de laranjeira que nos persegue por toda a parte, com a insistência de quem nos quer transmitir uma mensagem importante.

Que ruínas são aquelas que se empinam sobre o promontório que vejo à esquerda? Myriam explica que são os restos do castelo fortificado de Atlit, construído em fins do século XII pela Ordem dos Templários.

A ALDEIA DOS ARTISTAS

Durante alguns minutos mais rodamos ao longo da "nuca do canguru". E eis que de repente avistamos, numa espécie de fissura ampla e irregular do monte Carmelo, uma aldeia de festivas casas cúbicas de aspecto árabe. É Ein Hod. Myriam estaciona o carro à sombra duma árvore. Apeamos.

Este é um retiro de artistas plásticos. Muitos deles têm aqui suas residências permanentes, mas outros só aparecem durante as férias ou nos fins de semana. A personalidade mais interessante desta comunidade de pintores, escultores, tapeceiros, joalheiros e ceramistas é, sem dúvida, Marcel Janco, o seu prefeito ou, melhor, o seu cacique: figura de romance, homem corpulento, com uma cabeça leonina que lembra esfumadamente a de Rembrandt, bigodões grisalhos, ares falstaffianos. Traz em geral na cabeça um chapéu de palha parecido com o de van Gogh que seus autorretratos tornaram conhecido. Quando faz frio, o patriarca de Ein Hod costuma vestir um poncho curto, dum azul vivo, que lhe cobre os ombros e o torso, até pouco abaixo da cintura.

Nascido na Romênia, Janco tocou-se para Paris depois da Primeira Guerra Mundial e lá foi um dos cofundadores da escola dadaísta, amigo de Tristan Tzara, o poeta que em matéria de estética e ética queria "cuspir no olho do mundo". A Segunda Guerra impeliu Janco para Israel, onde se estabeleceu. Inquieto e inventivo, procurou e acabou descobrindo o lugar ideal para fundar uma comunidade de artistas: uma aldeia árabe abandonada cujas casas estavam em ruínas. Juntou uns vinte colegas e com eles organizou uma espécie de "comando", que se apossou de Ein Hod, restaurou as casas restauráveis, demoliu as irrecuperáveis, construiu novas com pedra desse monte, tudo dentro do estilo árabe das originais, e cada qual com seu estúdio, seu pátio e seu jardim.

Surgiram problemas. Quem ia fornecer água e eletricidade para a Ein Hod ressurrecta? Ora — refletiu Marcel Janco —, tinha de ser naturalmente a grande cidade vizinha, que fica do outro lado do monte Carmelo. E assim o prefeito de Haifa, não resistindo às ofensivas do maioral de Ein Hod, rendeu-se. Mas como conseguir fundos para construir uma galeria de arte e um restaurante? Muito simples.

Todos os anos, no décimo quarto e décimo quinto dias de Adar, que é o sexto mês do calendário judeu, realiza-se em Israel a festa do Purim, com que se comemora o salvamento dos judeus, nos tempos bíblicos, dum massacre certo nas mãos dos soldados de Amã, o façanhudo ministro do rei Assuero. É possível que na Idade Média essa festa se tenha confundido com o rito pagão com que se celebrava a entrada da primavera. Seja como for, o Purim não tem caráter religioso: é uma espécie de alegre carnaval em que os celebrantes se fantasiam, mascaram, dançam, cantam, comem, bebem, trocam-se presentes, pregam-se peças, dão obrigatoriamente esmolas aos pobres e fazem representações teatrais alusivas à festividade. Assim como os cristãos enforcam Judas Iscariotes em efígie no Sábado de Aleluia, os judeus durante o Purim espancam e queimam um boneco que representa

Amã. Pois Marcel Janco fez com que em Ein Hod os donativos do Purim revertessem em benefício das construções planejadas.

E hoje, passados pouco mais de dez anos, aqui estão, visíveis e palpáveis, os resultados de todos esses esforços. Tocada duma graça agreste, Ein Hod é uma aldeia cujos habitantes vivem tão pacificamente quanto se pode esperar duma comunidade de artistas. É governada por um conselho de cinco membros eleitos anualmente, mas desconfio que nas pendengas que surgem, tanto as artísticas como as outras, quem tem a palavra final é a figura patriarcal de Marcel Janco.

Tenho observado que as grandes metrópoles do mundo estão cheias de estátuas feias, inexpressivas e às vezes até grotescas. Encontro em Ein Hod um dos mais belos monumentos que conheço: uma grande e autêntica mó de lagar de azeite, colocada sobre uma base rústica — roída pela intempérie, com um ar sofrido e vivido como o desta terra, e ao mesmo tempo com uma enorme, sereníssima e intemporal dignidade. Contemplo-a com afetuoso respeito, ao sol quase a pino da manhã que finda.

Vamos ver a loja onde se exibem trabalhos dos artistas e artesãos de Ein Hod — objetos de cerâmica de gosto esquisito, vistosos tapetes e joias feitas com talento inventivo. Passamos rapidamente pelo restaurante comunal, cujas paredes estão cobertas de murais da autoria de artistas locais. Visitamos depois a residência dum casal de pintores cujos quadros — semiabstratos os do marido, figurativos os da mulher — vejo expostos no estúdio. O homem está ausente, pois foi levado para um hospital de Haifa, seriamente enfermo, talvez perdido. Sou apresentado à esposa, não chego a ouvir-lhe claramente o nome, tento entabular com ela um diálogo em inglês, língua que ela fala com fluência, mas a pintora não presta muita atenção ao que lhe digo, mostra-se mais interessada em M. — o que me parece justo — e ficam ambas a conversar como velhas amigas, enquanto examino as telas penduradas nas paredes e montadas em cavaletes. Mais tarde saímos todos para ver a galeria de arte, onde hoje se inaugurou a exposição dum jovem pintor local. Os quadros não me impressionam, mas — que diabo! — que sei eu de pintura? Aperto a mão do artista. Sinto a meu lado o espectro dum crítico de arte meu conhecido em quem descubro às vezes um leve odor de antissemitismo. Ele agora sussurra: "Então, meu caro, quantos pintores famosos de origem judaica você conhece? Vamos! Chagall, Soutine, Modigliani... Quantos mais? É simples. A religião dessa gente lhes proibia fazer imagens. O tabu ficou no inconsciente coletivo do povo de Israel, desviando-o das artes plásticas. De resto o judeu não me parece ter muito talento criador. Cite nomes de músicos judeus... Mendelssohn, Bizet, Albeniz, Mahler, Ravel, sim, Bloch. Mais algum? Não se pode negar que há hebreus que são grandes *intérpretes*, notáveis pianistas, violinistas, violoncelistas, condutores de orquestra, cantores etc. etc.". Sinto que vem vindo o veneno. — "Devemos reconhecer que o gênio da raça vai todo para a *intermediação*, o comércio. Não é de admirar que sejam tão bons homens de negócio." Replico ao fantasma intruso que a habilidade para intermediação comercial é um traço do caráter *oriental*. Lembro-lhe os fenícios, os chineses, os árabes em geral...

À entrada da galeria de arte, a mãe do pintor, uma senhora baixota, gordalhufa, simpática e sorridente armou a sua tendinha e distribui bolinhos e copos de limonada entre as pessoas que vieram ver os quadros. É uma típica "*Jewish mama*", essa figura tão popular entre humoristas americanos, principalmente os de origem judaica. O sonho de cada uma delas é ter um filho transformado em celebridade mundial — e fazem todos os sacrifícios para conseguir a suprema ventura de poder dizer um dia: "o meu filho doutor", "o meu filho violinista", "o meu filho cientista". Aceitamos a hospitalidade desta "mamã judia", comemos os seus bolinhos, bebemos o seu refresco e elogiamos as pinturas do filho em todas as línguas que conhecemos. E a boa senhora sorri, parece não entender o que lhe dizemos, mas com a sua intuição materna, ajudada pela nossa gesticulação, finalmente compreende que aprovamos o trabalho do menino e então exclama: "*Todá rabá!* (Muito obrigado!) *Todá rabá!*", enquanto um sorriso feliz ilumina sua larga face rosada de camponesa.

Ao meio-dia o casal Sirotsky chega a Ein Hod e vamos todos almoçar no restaurante dum retiro de escritores que fica a pequena distância do feudo de mestre Janco.

Temos o nosso segundo encontro com o *matzot*, desta vez numa sopa aguada em que boiam bolas feitas com massa de pão não levedado. Paciência.

M. faz menção de acender um cigarro, mas como Beila Sirotsky recusa o que ela lhe oferece, minha mulher lembra-se de que alguém lhe disse que preceitos religiosos judeus proíbem que se fume durante o Sabá. A objeção não é propriamente ao fumo, mas ao ato de *produzir fogo*, que — pelo menos simbolicamente — não deixa de ser um *trabalho*.

Terminado o almoço, vamos os seis sentar-nos em cadeiras preguiçosas à sombra de altos pinheiros, e aqui ficamos olhando para o mar, conversando, recordando pessoas e coisas do Brasil. Com seu vozeirão retumbante Nahum nos conta anedotas que nos fazem rir. Lá pelas tantas surge dentre os arbustos (ou do fundo das Escrituras?) um homem alto, descarnado, a face tostada de sol. Ergue a mão ao mesmo tempo que faz: "Cht!". — E com voz cava, como um profeta antigo, ordena: — "Silêncio, senhores e senhoras! Este é um lugar de repouso".

Metemos nossa viola no saco.

3
Tel Aviv-Jafa

O HÓSPEDE INDIGNADO

Voltamos à tardinha para Tel Aviv. Com as novas levas de turistas que chegam, o saguão do Hotel Dan lembra um aquário de peixes coloridos e aflitos na hora em que se lhes atira comida. Subimos ao nosso quarto, abrimos a porta e verificamos que somos seguidos por um hóspede que acaba de sair do apartamento fronteiro. O homem invade nossos aposentos e vai direito à janela e lá fica a olhar a paisagem por algum tempo. É um sujeito de meia-idade, retaco, rosado, vestido de maneira convencional, com ares de *businessman*. Volta para nós a face trágica e, num inglês nasalado, de consoantes muito abertas, diz: "Estou pagando cinco dólares extra de diária para ter alojamentos com vista para o mar, e no entanto me meteram num quarto de frente. Para ver casas de cimento armado e ouvir barulho de automóveis e ônibus eu não precisava ter saído de Nova York!".

Escutamos o homem em silêncio, com um desmaiado sentimento de culpa, como se fôssemos responsáveis por todo esse engano. O desconhecido enfia o chapéu na cabeça, declara-nos que vai apresentar imediatamente à gerência do hotel uma reclamação enérgica e se retira, envolto na sua iniludível aura de Brooklyn.

M. e eu nos entreolhamos sorrindo. Cenas como esta são o sal de nossas andanças pelo mundo...

Uma hora mais tarde estamos de novo no refeitório do hotel. O *matzot* nos espera em cima da mesa, com sua misteriosa mensagem em hebraico. Mastigo, masoquista, pedacinhos da bolacha pascal. Pouco depois nos trazem o peixe grelhado que encomendamos. Uma delícia! E à hora da sobremesa me vem um desejo iogue de comer iogurte, mas sou informado por um *maître*, obsequioso *ma non troppo*, de que por motivos religiosos não é permitido servir leite ou qualquer de seus derivados numa mesa onde se comeu carne. (Mais tarde descubro o versículo bíblico onde esse tabu parece ter tido origem: *"Não cozinharás o cabrito no leite de sua mãe"*.)

MÚSICA

De novo no carro dos Levin, desta vez a caminho do Auditório Mann, onde assistiremos a um concerto da Orquestra Sinfônica de Israel.

A cidade de Tel Aviv, moderna e funcional, com seus letreiros luminosos, alguns em inglês mas a maioria em caracteres hebraicos, suas vitrinas atraentes, suas ruas bem asfaltadas, seu intenso tráfego de veículos — é uma cabeça de ponte do século xx plantada neste solo bíblico, e ao mesmo tempo uma nova-rica olhada com reservas e uma ponta de desprezo pelos pioneiros dos *kibbutzim* e dos *mochavim*, que não vieram para cá, imagino, com a intenção de macaquear, repetir a civilização ocidental.

A história dessa metrópole começou antes da Primeira Guerra Mundial, ao tempo em que a Palestina ainda pertencia à Turquia e a sua população judaica não atingira ainda a casa dos cem mil. Cerca de vinte e cinco mil judeus amontoavam-se então na velha Yaffo (Jafa). Ora, os hebreus são um povo ao qual nunca faltou espaço histórico mas que tem sempre andado aos tombos com problemas de espaço geográfico. Jafa tinha todos os inconvenientes dum porto de mar ativo: era turbulenta, imunda e fétida, e os judeus se sentiam mal, amontoados e apertados nas pequenas casas árabes. Um dia alguns membros da colônia israelita reuniram-se para formar uma companhia imobiliária, que comprou uns cento e trinta mil metros quadrados de terra desértica ondulada de dunas de areia, e isso pareceu a princípio um dos piores negócios imobiliários jamais realizados por descendentes do povo de Abraão. Puro engano. Nessa gleba árida fundou-se uma comunidade que se chamou Tel Aviv, isto é, colina da Primavera, o que deixa claro o propósito de seus fundadores e das primeiras sessenta famílias que nela se estabeleceram: isto é, o de que esse novo subúrbio fosse uma espécie de verde e florido pulmão através do qual a população judia de Jafa pudesse respirar ar puro. Mas como sempre tem acontecido na história desse povo que há milênios vem representando o incômodo papel de bode expiatório na comédia — e muito frequentemente tragédia — humana, sobreveio a Primeira Guerra Mundial.

Entre 1914 e 1918 a florescente Tel Aviv não só ficou estagnada como, pior que isso, teve um dia a sua população expulsa pelo governador turco. Com a vitória dos aliados e o estabelecimento do mandato britânico sobre toda a Palestina, a colina da Primavera reviveu. Em 1921 separou-se de Jafa e recebeu várias ondas novas de imigrantes. Em 1939, ao principiar a Segunda Guerra Mundial, sua população era já de mais de cem mil almas. Depois de proclamado o Estado de Israel, no quinto dia do mês de Iyar do ano de 5708 ou, para simplificar, no dia 14 de maio de 1948, Tel Aviv tem crescido sem cessar, e hoje o antigo subúrbio de Jafa é uma minimetrópole cuja população não apenas caminha, mas corre, para a casa do meio milhão.

À medida em que o nosso auto avança por estas ruas e avenidas, vou buscando e encontrando (velha mania!) semelhanças com outras cidades que conheço. Aquele trecho de quarteirão com cafés que têm mesas e cadeiras na calçada poderia estar em Paris. E por que esta avenida não se enquadraria à maravilha no Rio de Janeiro? Ou em Belo Horizonte, com esse seu ar de "coisa nova"? Ou mesmo em Lima, Peru? Há um momento em que o cheiro de "noite no deserto" combinado com luz fluorescente me evoca uma das mais limpas cidades do Estados Unidos: Phoenix, Arizona. Ao passarmos por uma pracinha, Porto Alegre me acena.

Nosso carro contorna o Teatro Habima e em seguida estaca numa área onde estão estacionados centenas de outros automóveis. Avisto então o imponente auditório Mann, de linhas modernas, resplandescente de luzes, tendo à sua frente um lago quadrangular de cujas bordas sobem esguichos de água luminosa. Saltamos para a terra firme.

Em Roma, Veneza e Florença, onde passamos quase um mês antes de virmos para cá, fazia um frio de inverno, com temperaturas noturnas de apenas dois graus centígrados acima de zero, de sorte que na Itália andávamos sempre protegidos por casacões e mantas. Como um bicho que se desfaz de várias camadas de pele, atirei para um canto o sobretudo, o pulôver, a manta, o chapéu e agora me sinto mais leve e até com menos idade. Sopra do mar um vento fresco, quase frio. Caminhamos para o auditório. Entramos e somos envolvidos por essa atmosfera temperada de incontáveis odores e aquecida pela presença de gente endomingada (ou "ensabatada"?) — as mulheres perfumadas e bem-vestidas, os homens com ar próspero de boa burguesia.

Faltam dez minutos para começar o concerto. Dirigimo-nos para os nossos lugares. Antes de sentar-me, contemplo longamente o auditório. É dos mais belos que conheço. Tem três mil lugares. As paredes estão cobertas duma madeira alourada (este país é pobre em madeira, importa-a principalmente da Finlândia e da África). Ergo os olhos para o teto para ver como o arquiteto procurou resolver o problema da acústica e vejo uma sucessão de pirâmides ocas, pintadas dum azul de céu noturno.

Sento-me e entrego-me a essa sensação que sempre me engolfa nos minutos que antecedem o início dum concerto ou duma peça teatral, e que deve ter sua origem remota nos circos de cavalinhos, nos espetáculos de teatro mambembe da infância: uma expectativa formigante, misto de curiosidade e feliz antecipação de divertimento, enfim... por que hei de estar a descrever essa sensação como se eu fosse a única pessoa do mundo capaz de tê-la experimentado? Começam a entrar no palco os músicos, vestidos de escuro mas não de casaca. Põem-se a afinar os instrumentos, numa espécie de bate-bola inicial. Por fim se faz esse hiato de silêncio, precedido de pigarros, tosses e remexer de corpos, que precede a entrada do maestro. Serge Baudo aparece no proscênio, sob aplausos. Confesso que jamais ouvi ou li esse nome, o que me deixa vagamente humilhado. O programa informa que o jovem regente vive em Paris e (lembram-se da história de Toscanini?) ficou famoso duma hora para outra, quando no La Scala de Milão, numa certa noite em que Herbert von Karajan adoeceu repentinamente, Baudo, primeiro violinista da orquestra, teve de substituí-lo na regência de *Pelléas et Mélisande*, de Debussy. Esse foi o seu trampolim para a fama.

O primeiro número é *Música para cordas, percussão e celesta*, de Béla Bartók. Aos primeiros acordes da orquestra verifico que as pirâmides do teto cumprem a sua função da maneira mais satisfatória.

Esta é a primeira vez que ouço ao vivo a Filarmônica de Tel Aviv e desde logo fica patente, pelo menos para meu gosto, que ela pode rivalizar com as melhores da Europa e dos Estados Unidos. Fundada em 1936 por Bronislaw Huberman, excelente violinista fugido à fúria persecutória dos nazistas, foi aos poucos acolhendo instrumentistas de outras orquestras sinfônicas da Europa. Mais tarde esse mago que foi Arturo Toscanini deu estrutura e unidade ao conjunto. Shaul Levin me contou, antes de virmos para cá, que cada concerto como o de hoje é repetido neste auditório de seis a oito vezes durante a temporada. E que periodicamente esta mesma orquestra percorre, completa, os *kibbutzim*, os *mochavim* e outras comunidades pequenas e grandes do país, dando concertos.

Este é um povo que tem a paixão da música. Praticamente não existe vilarejo em Israel que não possua o seu conjunto de câmara. Haifa, que mantém uma excelente orquestra sinfônica, realiza todos os anos um festival de música.

Aproveito um momento em que os instrumentos de percussão estão com a palavra para puxar um pigarro, sinal quase certo da aproximação dum resfriado com complicações de garganta. (Ó Deus, serei mesmo um hipocondríaco?)

O segundo número da noite é o *Concerto em ré menor* para violino e orquestra, de Jean Sibelius. M. e eu temos a oportunidade de ouvir pela primeira vez um dos mais famosos violinistas russos, Valery Klimov, discípulo de Piotr Stolarsky e de David Oistrakh. Sua interpretação da obra do velho Sibelius me parece admirável. (Já descobri que quanto menos a gente entende tecnicamente de música mais pode *gozar* um concerto.) O público aplaude Valery Klimov da maneira mais calorosa.

No intervalo saímos a andar pelos amplos corredores e saguões do auditório, e eu me distraio a olhar as pessoas cujas caras, maneira de vestir e comportamento me dão a impressão perfeita de estar em Nova York, no Carnegie Hall ou no Metropolitan Opera House. Bom, na realidade eu não me devia admirar disso, pois existem na Babilônia americana mais de três milhões de judeus!

O terceiro e último número do concerto é a *Sinfonia nº 2 em dó maior*, de Schumann. Devo dizer que não morro de amores pelos românticos. Um amigo brasileiro quase cortou as relações comigo quando descobriu que sou indiferente a Schubert. Tenho um fraco particular pela música barroca. Quanto ao período romântico, fico com os velhos Beethoven e Brahms e depois salto direito para os modernos.

Durante a execução magistral da *Sinfonia* de Schumann, o fantasma de meu amigo schubertiano repetidamente me toca o braço, murmurando: "Confessa, monstro, que este movimento é uma joia". Não confesso nada. Escuto sem me comprometer.

Quando termina o concerto, o público aplaude a orquestra de pé, freneticamente — bravo! bravo! bravo! — e chama à cena o maestro cinco ou seis vezes, e parece relutante em abandonar o recinto.

Os Levin nos conduzem ao fundo do auditório, onde há uma recepção para um número reduzido de pessoas em homenagem ao solista e ao regente. Encontramos tanta gente amontoada numa sala pequena, que desistimos de nos aproximar das duas celebridades. Uma senhora vestida de negro acerca-se de nós com uma bandeja com copos cheios dum líquido amarelado e murmura, sorridente: *"B'vacachá!"*. Numa dessas palermices que podem acontecer nas melhores famílias, tenho a impressão de que *b'vacachá* deve significar abacaxi. Apanho um copo, digo *todá rabá*, uma das poucas expressões que aprendi da língua dos profetas, e começo a bebericar. Verifico em breve o meu engano. Trata-se dum vinho, provavelmente nacional. Mais tarde alguém me ensina que *b'vacachá* corresponde a *please*, *s'il vous plaît*, faça o favor.

VISITAS

O dr. Shaul Levin leva-nos pela manhã à universidade que tem o nome da cidade e que é a menina dos olhos do senhor diretor de Instrução Pública de Tel Aviv.

Vejo rabos-de-galo no céu e sinto uma certa aspereza no dia. A temperatura subiu consideravelmente. Acaricio a ilusão de que espantei o resfriado com um comprimido de aspirina e vários copázios de limonada feita com o bom e forte limão desta terra.

Situada na orla do Parque Nacional, a Universidade de Tel Aviv é frequentada por mais de dois mil estudantes de ambos os sexos. Conta já com cinco esplêndidos edifícios de linhas modernas. Sua escola de Medicina é a melhor do país, depois da de Jerusalém, que tem fama mundial.

Shaul nos entrega aos cuidados duma estudante para o resto da visita, pois tem de voltar ao seu escritório, onde costuma passar diariamente mais de onze horas.

Somos levados ao pavilhão de numismática, que faz parte do complexo do Museu de Ha-Aretz. Proust guasca, ao ver as peças de cobre, ouro, prata e bronze aqui exibidas volto em pensamentos à casa paterna, tenho cinco anos, estou brincando às escondidas com as moedas da coleção de meu pai, sinto-lhes o estranho cheiro, apalpo-lhes os relevos — uma delas me escapa por entre os dedos, rola sobre a mesa, salta para o chão, continua a rolar e finalmente cai no porão pelo interstício entre duas tábuas do soalho e então sou tomado do temor de ser castigado. (Não fui. O desleixado colecionador jamais deu pela falta da moeda.)

Outro pavilhão que nos desperta o maior interesse é o que exibe uma coleção de objetos de vidro, alguns da mais remota Antiguidade. Li, não me lembro onde nem quando, que a palavra *cristal* aparece uma única vez na Bíblia, no livro de Jó. Falando da sabedoria, o patriarca diz que *"com ela não se pode comprar o ouro ou o cristal"*.

Nosso programa para esta manhã está tão cheio de visitas, que infelizmente temos de passar num marche-marche insensato pelo museu de cerâmica, pelo de ciências e pelo de etnografia e folclore, todos muito bem organizados e, levando em conta a idade deste país, bastante ricos. A arqueologia é um dos passatempos deste povo tão ávido de conhecimentos e certezas. Para alguns israelenses, escavar o solo em busca de restos de civilizações arcaicas constitui uma espécie de *hobby* de fim de semana.

Olhando para algumas ossadas humanas, digo a minha mulher que para mim o arqueólogo é uma espécie de detetive, pois não procura ele desvendar mistérios milenares e não será a História sob certos aspectos um rosário de crimes? M. replica que tenho da História uma impressão exageradamente negativa. E passamos em silêncio para a próxima ossada.

O curioso é que as Escrituras estão de tal modo ligadas à geografia física e humana destas terras da Palestina, da Ásia Menor, do Egito e da Mesopotâmia, que a Bíblia ainda é o melhor roteiro para os arqueólogos que buscam cidades perdidas, mesmo aqueles que não aceitam o caráter sagrado do Livro. Cidades e templos desaparecidos há milênios foram localizados e escavados graças a indicações do Velho Testamento. Durante o tempo do Mandato inglês todo o trabalho arqueológico da Palestina era feito por expedições americanas, inglesas, alemãs e francesas. Hoje o Estado de Israel tem o seu Departamento de Antiguidades que disciplina todas as atividades arqueológicas dentro do país. A missão científica japonesa que andou por aqui há uns cinco anos descobriu numa caverna da Alta Galileia o esqueleto dum homem de Neandertal, do Pleistoceno. Antigo leitor do famoso romance de H. Rider Haggard, na saborosa paráfrase de Eça de Queirós, fico alvoroçado ao saber que as minas do Rei Salomão, no deserto de Neguev, estão hoje em dia em plena atividade, produzindo cobre.

ALMOÇO COM ESCRITORES

Almoçamos na Casa do Escritor com alguns poetas, ensaístas e ficcionistas israelenses. Não consegui gravar nem mesmo ouvir claro o nome de todas as pessoas que me foram apresentadas. Algumas delas falam inglês, francês ou alemão, mas a maioria só fala hebraico.

Sei que ali está o dr. Chaim Gamzu, diretor do Museu de Artes Plásticas de Tel Aviv. Quem se encontra sentado ao lado de minha mulher é Moche Chamir, romancista, contista e autor teatral, de quem li há pouco um excelente conto, "Até ao nascer do dia". Quando M. lhe diz que ele se parece fisicamente com o nosso Jorge Amado, Chamir sorri e exclama: "Quem me dera saber escrever como ele!".

Alguns destes escritores vivem em *kibbutzim*, o que se pode deduzir da tonalidade de suas peles tostadas e da simpática informalidade de suas roupas.

Somos apresentados ao homem que vai ser nosso companheiro e guia durante nossas excursões através de Israel. É o dr. Alexandre Dothan, que serviu por algum tempo como ministro conselheiro da embaixada de Israel no Rio de Janeiro e fala português com desenvoltura. É um homem de altura acima da mediana, corpulento sem ser gordo, a face larga e longa, a pele queimada quase a ponto de lhe dar a aparência dum beduíno, num contraste com os olhos dum verde-cinza com pontos dourados. (Vício de romancista, este de prestar atenção a pormenores fisionômicos.)

Tenho a agradável surpresa de encontrar aqui um velho conhecido meu do Brasil, Maurício Budiansky. Sentamo-nos lado a lado à mesa, e por alguns instantes recordamos o nosso primeiro encontro em Cruz Alta — há quase quarenta anos! — ao tempo em que ele começava a vida como caixeiro-viajante, e eu era um tímido aspirante a escritor, ainda inédito, exercendo com patética relutância e incompetência o ofício de boticário. Budiansky, hoje um dos grandes industrialistas do Brasil (madeira), é muito dedicado ao Estado de Israel.

À medida que o tempo passa, o calor dos pratos, do vinho e da conversação faz derreter essa espécie de geada que costuma esfriar o início de reuniões em que se homenageiam estrangeiros desconhecidos. (Como serão eles? Formais? Levam-se demasiadamente a sério? Ou será que podemos brincar com eles?) Aos poucos, porém, tudo aqui vai ficando parecido com o Brasil: as faces, o tom das vozes, o ambiente enfim, e eu já me sinto em casa.

Converso por largos minutos com um escritor israelense de meia-idade, que está a meu lado e me pede desculpas por nada conhecer de literatura brasileira. Pergunto-lhe qual, na sua opinião, é a figura literária mais importante de Israel. Responde: "Agnon. Chmuel Yosef Agnon, uma espécie de decano de nossas letras. Vive em Jerusalém, tem setenta e oito anos de idade e raramente é visto em público".

Digo-lhe que ainda não conheço os livros desse escritor, mas que já li críticas a respeito desse romancista que, através de símbolos e tradições judaicos — numa mistura de realidade e fantasia — consegue dar universalidade e perene atualidade a suas obras.

A RESSURREIÇÃO DO HEBRAICO

Observo com olho avaliador as almôndegas que fumegam no meu prato:

— Costumamos queixar-nos de que a língua portuguesa é um belo mausoléu em que nós, escritores portugueses e brasileiros, estamos sepultados. No entanto, somadas as populações do Brasil, de Portugal e "províncias d'além-mar", existem hoje no mundo uns cem milhões de pessoas que falam o português. Quantas haverá capazes de entender o hebraico? Três milhões? Talvez nem tanto...

Minha observação não parece tirar o apetite ao meu colega, que mastiga e engole um pedaço de almôndega, bebendo depois um trago de vinho.

— Pois o hebraico, meu amigo — diz ele — é uma das línguas mais antigas que se conhecem. Foi usada durante um período de mais ou menos três mil e trezentos anos. É mais velha que a própria Bíblia. Falava-se hebraico em Canaã antes mesmo de os judeus terem conquistado essa região.

— A verdade é que a História tem obrigado o povo de Israel a ser poliglota — observo. — Se não me engano, houve um tempo em que os judeus, não só os que haviam abandonado a Palestina, mas também os que aqui permaneceram, falavam grego e aramaico... Depois da Diáspora tiveram de aprender a língua do país que os *acolhia*, se é que se pode usar com propriedade este verbo...

— No exílio os judeus escreveram em árabe nos países em que predominava a cultura islâmica. Chegaram a engendrar duas línguas: o iídiche, que é um filho espúrio do alemão medieval, e o ladino, filho natural do castelhano.

(Muito mais tarde cai-me nas mãos um jornal de Tel Aviv, *La Verdad*, redigido em ladino: *"A la seguita de la operasion de merkida etcha antes mezes, nuevos embiyos de aviones 'Mig' russos i de tankes russos de los mas modernos i perfeksionados arivaron en los últimos dias en la Syria.*

Tambien fueram resevidas en Syria partidas de kanones i de otro material de artileria russo de los mas modernos".)

Meu colega torna a falar:

— Mas o hebraico cessou praticamente de existir depois da destruição de Jerusalém, no ano 70 da Era Cristã.

Quando lhe manifesto minha estranheza pelo fato de a velha língua dos hebreus não se haver perdido nestes mil e duzentos anos em que não foi usada como instrumento de comunicação na vida cotidiana, meu interlocutor explica:

— Ora, em que outro idioma iam entender-se os judeus exilados em diferentes países senão em hebraico? Depois, havia os talmudistas, os rabinos, os patriarcas que falavam o hebraico não só durante o Sabá como também nas cerimônias religiosas. Dum modo geral o hebraico foi a língua das classes judias cultas, depois da Diáspora.

O escritor israelense faz um gesto de ombros, que tanto pode ser de resignação como de indiferença, e acrescenta:

— E agora, depois dessa longa hibernação do hebraico, tivemos não só de reavivá-lo como também de adaptá-lo às necessidades de nosso tempo. Foi Eliezer Ben-Yehuda, um judeu de Vilna, que tornou possível a "ressurreição" da velha língua. Mas Ben-Yehuda morreu em 1922... e desse ano para cá quantos neologismos foram criados pela ciência, pela técnica, pela indústria! Televisão, por exemplo, é *televisia*. Para *jornal* inventou-se uma palavra, *iton*, aparentada com *et*, tempo. Fósforo é *gafrur*, derivado de *gofait*, enxofre. E por mais estranho que pareça, a palavra que designa *garagem*, veio do Velho Testamento: *musach*.

Alguém bate palmas. Começam os discursos. Falastrões e cordiais, os judeus se parecem muito com os italianos e os latino-americanos.

Os que discursam em hebraico contam com a interpretação simultânea ora de Levin ora de Dothan. O dr. Gamzu fala em espanhol fluente e correto e revela-se seguro conhecedor da arte brasileira antiga e moderna. Ouvem-se apartes jocosos.

Agrada-me pela espontaneidade o que diz A. Meskin, que é um dos mais famosos atores de Israel, um sujeito moreno e calvo, de face longa e expressiva, que lá está à outra extremidade da mesa.

Quando, por fim, me levanto para o "discurso" de agradecimento, minhas pálpebras pesam toneladas, sinto chumbo nos lábios e meu corpo inteiro clama por cama e sesta.

Voltamos ao hotel, apanho na portaria a chave do quarto sentindo o torpor da hora somado ao do resfriado, que se acentua. Quando vou tomar o elevador, aproxima-se de nós um homem que se identifica como correspondente do *Jerusalem Post*. Quer uma entrevista comigo. Vamos sentar-nos no vasto, vistoso saguão do hotel, ao pé duma gigantesca escultura de madeira representando uma avestruz ou coisa parecida, e que se ergue no centro duma piscina quadrangular e rasa. O meu entrevistador tem cara de bom sujeito, voz monocórdia, olhar plácido, e fala um inglês claro e correto. Pede-me primeiro dados autobiográficos. Parodiando imodestamente um escritor que muito admiro, eu poderia dizer que sou "um pobre homem da póvoa de Cruz Alta", e acrescentar que estou morrendo de sono e canseira. Mas faço o que o jornalista me pede. Conto-lhe que minha mulher e eu estamos em Israel a convite de seu Ministério de Negócios Estrangeiros, e que nossa visita terminará no dia vinte deste mês. Que livros escrevi? Que outros países estrangeiros visitei? Quais são os meus autores prediletos?

Por fim o homem despede-se de mim e vai embora. O fato de eu ter gostado dele não me impede de sentir um certo alívio quando o vejo pelas costas. Precipito-me para o elevador. O *boy* me sorri: "*Chalom!*". Dou-lhe uma lira. Entro no quarto, dispo o casaco, descalço os sapatos e me atiro na cama. *Chalom!* E caio num sono profundo e conturbado.

A BARONESA E O BALÉ

À noite vamos com o casal Sirotsky assistir a um espetáculo de balé. Entramos no teatro muito antes da hora de abrir-se a cortina. Se me dissessem que aquela senhora que ali está perto da porta da entrada é uma mãe de família da classe média israelense de meios modestos ou uma professora pública de salário baixo (neste país os servidores do governo ganham pouco) ou ainda uma sabra de *kibbutz* que pôs o seu melhor vestido para vir ao teatro — eu acreditaria em tudo isso sem hesitar. Nahum Sirotsky me apresenta à desconhecida: "Esta é a baronesa Bethsabée Rothschild" — e eu não tenho outra alternativa senão aceitar a realidade. Trocamos algumas palavras com esta representante do ramo francês da dourada família, enquanto Sirotsky nos explica que o teatro é propriedade da Fundação Bathscheva Rothschild, que também financia e dirige o corpo de baile que daqui a pouco vamos ver. Bethsabée Rothschild não ostenta nenhuma joia, e sua face está limpa de pintura.

A companhia interpreta três balés expressionistas, da mais alta qualidade artística. Coreografia ricamente imaginativa, bailarinas e bailarinos de primeira ordem.

JAFA

Terminado o espetáculo, saímos com os Sirotsky para uma rápida visita a Jafa. Vai conosco o filho do casal, Yosef, menino de inteligência precoce, que nos seus doze anos, não sei exatamente por quê, me lembra fisicamente uma das personagens adultas de Dostoiévski.

Dentro do carro em movimento elogio o espetáculo mas não reconheço minha própria voz. M. me diz — como se eu não soubesse! — que, para um turista, apanhar um resfriado é calamidade pior do que perder um livro de cheques de viagem em dólares.

Jafa é tão antiga que seu nome já era mencionado em documentos egípcios da época dos faraós. Porto importante nos tempos do rei Salomão, sofreu um eclipse durante a conquista dos romanos. Na Idade Média ficou deserta durante quase um século. Foi no porto de Jafa — que aparece no Velho Testamento como Jopa — que Jonas, fugindo à ordem que Deus lhe dera de ir até Nínive e clamar contra a perfídia de seus habitantes, achou menos perigoso tomar um navio que zarpava para Tarsis. O resto, suponho, é do conhecimento geral: a tempestade que Deus provocou, o pânico a bordo e finalmente a decisão dos marujos de jogar ao mar a causa de toda aquela fúria divina, isto é, Jonas, o qual, segundo seu próprio depoimento, foi engolido por um grande peixe, dentro de cujo bucho permaneceu durante três dias e três noites, orando e meditando, até a hora em que o bicho o vomitou. (Desconfio que o nosso Jonas não passa dum Malasartes ou dum Till Eulenspiegel bíblico.) Mas a verdade é que Jafa existia e existe.

À primeira vista a cidade não parece confirmar o seu nome, pois Jopa em hebraico significa *belo*. O burgo, entretanto, tem o seu encanto, que não reside em suas avenidas principais, mas sim em seus becos tortuosos por onde nosso carro agora embarafusta.

Tenho uma afeição particular por essas arcadas com arcos de lanceta que orlam as calçadas transformando-as em galerias cobertas, como em Santiago de Compostela, Gênova e Bolonha. Muitas das fachadas destas casas de aspecto levantino parecem sofrer duma doença de pele que as descasca e desfigura, dando-lhes uma fisionomia a um tempo sinistra e pitoresca.

Descemos do carro nas imediações do velho porto e saímos a andar. Vejo contra o céu da noite o vulto do minarete duma antiga mesquita, não muito longe da torre duma igreja católica. O ar fino e frio recende a maresia. Agora estamos abrigados pelos nossos casacões; trago na cabeça um odioso chapéu que me deve dar um ar de diplomata centro-americano.

Aproximamo-nos da beira do cais e, à luz das lâmpadas que se alinham ao longo da amurada, no alto de postes, vejo a água serena e as velhas pedras do porto, cobertas duma bela lepra multicor de liquens e mariscos. Imagino ouvir as imprecações dos soldados de Napoleão, os gemidos dos escravos que descarregam dos barcos o pesado material destinado à construção do primeiro Templo de Jerusalém. Um major inglês bigodudo, dos tempos do Mandato, bêbedo mas aprumado, declama para a lua um poema de Keats. E lá vai o navio que conduz Jonas para Tarsis e aqui estou eu ouvindo a música plangente de um instrumento de cordas. De onde vem? Da Idade Média? Do Renascimento? Dos tempos bíblicos? Desperto para o aqui e o agora e continuo a ouvir a melodia. Beila me diz que a música vem dum cabaré próximo. Vamos até lá dar uma olhadela? Boa ideia. Os cinco nos metemos por um estreito labirinto de pedra, descemos e subimos pequenas escadas, e eis que chegamos a uma casa de aspecto vetusto, feita de pedras marcadas de minúsculas crateras como a cara de quem teve bexigas: a porta central ladeada por duas colunas baixas com capitéis (coríntios?) e encimadas anacronicamente por um toldo de lona branca com listas vermelhas, por cima do qual um suporte de ferro com arabescos sustenta um candeeiro que produz uma luz tíbia. O cabaré se chama Omar Khayyam. Entramos. Espiamos através da porta da sala principal, atopetada de gente, e tenho a impressão de estar num estúdio de Hollywood, num cenário que Hitchcock, preocupado com a "cor local", armou para um filme de ambiente norte-africano. Aqui estão todos os ingredientes: o ar espesso de fumaça azulada, luzes amortecidas, casais abraçados em cantos sombrios, um homem com um fez vermelho na cabeça, um velhote gordo que tem à sua mesa uma mocinha loura, vários cabeludos, caras que sugerem vícios secretos e, envolvendo tudo, a música do alaúde, uma melodia turca, plangente e obsessiva. Não falta aqui nem a dama misteriosa vestida de negro, o cigarro fumegando na ponta duma piteira, diante dum cálice que contém uma bebida verde. Falso? A verdade é que estamos mesmo em Jafa, no Oriente Médio. E esta casa deve ser secular, talvez milenar.

    Dois sujeitos com ares de leões de chácara nos vêm perguntar se queremos uma mesa. Respondemos negativamente e voltamos para a noite, que de repente também me parece falsa. E eu me sinto falso. Mais falsas ainda me parecem umas ruas escuras por onde passamos mais tarde de automóvel, e cujas casas destruídas e desventradas por bombardeios, no tempo da guerra pela independência de Israel, aqui estão apenas com as paredes de pé. Não se vê viva alma nestas ruas. Um gato preto — decerto posto aqui para um efeito especial de horror — esgueira-se por entre os escombros. No céu uma lua cética parece mirar tudo isso com a sua lívida indiferença imemorial. Mas também falsa.

4
De Abraão a Ben-Gurion

OS STEINBERG

São ainda os Levin que nos levam pela manhã até ao *kibbutz* de Gan Chmuel, onde passaremos o resto deste dia e toda a noite, a fim de tomar parte no Seder, a ceia cerimonial da Páscoa. Começará amanhã a nossa viagem rumo da Galileia.

Somos entregues aos cuidados dum jovem casal, Marisa e Henrique Steinberg, ele judeu brasileiro nascido em São Paulo, ela, também paulista, mas de família católica, talvez remotamente hebraica pelo lado paterno. Seu sobrenome de solteira é Balsamo, e a moça me assegura que é descendente de Alessandro, conde Cagliostro, figura lendária de aventureiro, mágico e alquimista, que dizia ter descoberto a pedra filosofal. Seu nome verdadeiro era José Bálsamo. Alexandre Dumas fê-lo personagem de uma de suas histórias. Quanto ao "romance" de Marisa, não me foi difícil adivinhá-lo. Tendo vindo para cá como bolsista, conheceu Henrique, apaixonaram-se um pelo outro e se casaram.

Esta é a primeira vez em que pomos o pé num *kibbutz* e vemos sabras em carne e osso. O lugar nos dá a impressão dum oásis, com seu arvoredo abundante e bem cuidado, seus jardins floridos, seus gramados, suas casas geminadas, claras e limpas, com pequenos alpendres. O perfume das flores de laranjeira embalsama o ar. Sinto uma impressão de bucólica tranquilidade. As crianças estão no berçário. Os homens e as mulheres trabalham nas plantações ou na fábrica de sucos e conservas de frutas. As pessoas idosas entregam-se a atividades domésticas, muitas delas decerto ajudando a preparar a ceia da noite na cozinha comunal.

Examinando o nosso programa, verificamos que depois de visitar a Galileia e a sua antítese geográfica, o deserto de Neguev, deveremos voltar ao Gan Chmuel para uma estada mais longa. Terei então a oportunidade de observar melhor a vida deste *kibbutz* e de seus habitantes. Estou curioso por saber como é o sabra comparado com o judeu da Diáspora.

MOSTRUÁRIO

Estamos agora no auditório onde se vai realizar o Seder. As mesas foram postas na plateia, que é feita de patamares, à maneira de largos degraus que descem na direção do palco. Henrique Steinberg me assegura que esta noite cerca de mil e quinhentas pessoas tomam parte na ceia pascal.

Sentamo-nos nos lugares que nos foram reservados à mesa de nossos jovens anfitriões. Tenho à minha direita o pai de Henrique, um homem baixo, de cara marcada, natural de São Paulo. Conta-me que veio com a esposa visitar os filhos, as noras e os netos, mas não está certo ainda de que ficará aqui definitivamente. Confidencia: "Logo que cheguei me botaram a lavar pratos na cozinha. Essa não! Dei um grito e acabei indo trabalhar na bomba de gasolina... Fui eu até que botei gasolina no carro dos Levin, quando os senhores chegaram". A relutância do velho Steinberg em "fazer serviço de mulher" me parece muito brasileira.

Sobre a nossa mesa, em travessas de louça rústica, vejo pedaços de galinha e peru, postas de peixe, saladas de verdura e batatas. Os sucos de laranja e toronja que vamos beber foram produzidos neste *kibbutz*.

Olho em torno. Sinto-me feliz, apesar da sensação de febre que me amolenta o corpo. E este contentamento me vem do fato de eu estar tendo esta noite um grande festival de faces humanas.

Uma algazarra festiva alaga o ar. M. me chama a atenção para uma linda rapariga que está à mesa vizinha, e pergunta: "Achas que ela tem tipo de judia?". "Depois desta visita a Israel", respondo, "pensarei sempre sete vezes antes de afirmar que tal ou qual pessoa tem ou não tem o tipo de judeu ou de judia."

Ricamente sortido é o mostruário humano que temos aqui neste salão. Imagino-me a passear por entre essas mesas a minha curiosidade e o meu resfriado, parando aqui e ali para pôr a mão num ombro ou numa cabeça, perguntando coisas assim: "Como é o seu nome, menina? De que parte do mundo vieram os seus pais?" — "Como é que você, moço, com essa tez tostada e esse bigode de tinta nanquim pode ser judeu, se tem uma cara que me faz lembrar a do Miguelzinho Turco, que vendia bons-bocados e quindins nas ruas de Cruz Alta?" — "Minha senhora, tem certeza de que não é italiana do Sul? Eu juraria que a encontrei um dia num beco de Nápoles estendendo roupas recém-lavadas numa corda..." — "Ah, meu caro! Com esses seus cabelos e bigodes ruivos e esse aprumo o senhor não me vai negar que foi ou é ainda capitão do Exército britânico..." — "Se me pedissem para adivinhar o seu país de origem, amigo, eu diria Índia." — "Deixe-me ver... Aposto como você é sabra... Acertei? Ótimo. Na Idade Média surgiu em Portugal e na Espanha o cristão-novo. Israel produziu o *judeu-novo*. Se sei por que vocês têm esse nome? Claro! *Sabra* significa cacto em árabe. Dizem que vocês, como o fruto do cacto, são ásperos e riçados de espinhos por fora mas tenros por dentro".

Hoje em dia a população do Estado de Israel é composta, além dos sabras, de judeus vindos de mais de cem terras diferentes.

UM POUCO DE HISTÓRIA

Os quase quatro mil anos da história deste povo constituem um dos capítulos mais apaixonantes, exasperantes e inverossímeis da crônica da espécie humana. Segundo o Velho Testamento, tudo começou pelo ano 2000 a.c. com Abraão, filho de Terá, natural de Ur, na Caldeia. Tendo deixado sua terra natal com a família em demanda de Canaã, Terá acabou por estabelecer-se em Harã, a meio caminho de seu destino final.

Um dia Abraão teve uma visão em que Deus lhe apareceu, mantendo com ele um diálogo que parece ter determinado pelos séculos vindouros a sorte do povo judeu. Ordenou Jeová ao patriarca que abandonasse o lugar onde estava e a casa de seu pai e fosse para a terra que Ele lhe mostraria. Disse mais o Senhor: "E far-te-ei uma grande nação, e abençoar-te-ei, e engrandecerei o teu nome e tu serás uma bênção. E abençoarei os que te abençoarem e amaldiçoarei os que te amaldiçoarem; e em ti serão benditas todas as famílias da terra". E Abraão fez o que Jeová lhe ordenava. E saiu de casa com Sara, sua mulher, e mais Ló, filho de seu irmão, "e toda a sua fazenda, que haviam adquirido, e as almas que lhe acrescentaram em Harã; e saíram para irem à terra de Canaã; e vieram à terra de Canaã". Desse encontro e desse pacto em que Deus escolheu o seu Povo, só temos um testemunho, o primeiro livro da Bíblia, o Gênesis, cuja autoria é atribuída a Moisés.

Quando Abraão e seu clã chegaram a Canaã, armando ali suas tendas, o Senhor tornou a falar-lhe: "Dou esta terra a tua descendência". Mais tarde, numa outra aparição, disse Jeová a seu profeta: "Estende a vista de onde estás, para o Norte, o Sul, o Oriente e o Ocidente; porque toda a terra que vês, Eu a darei a ti e a tua descendência tão numerosa quanto o pó da terra; de modo que, se o pó da terra puder ser contado, tua descendência poderá ser contada. Vai e percorre a terra em seu comprimento e em sua largura; porque Eu ta darei". (Não fosse o risco de parecer irreverente, eu diria que essa foi a maior transação imobiliária de todos os tempos.) Com Abraão e seus descendentes começou um novo tipo de relação entre Deus e os homens, e esboçou-se uma nova religião que seria mais tarde codificada no Decálogo de Moisés.

Neste ponto dúvidas me confundem o espírito. Os membros da tribo de Abraão e os hebreus que oitocentos anos mais tarde José conduziu para o Egito serão partes do mesmo povo, os israelitas, que no século XII a.C. Moisés levou para fora da terra dos faraós, no episódio épico conhecido pelo nome de Êxodo? Historiadores, etnólogos e exegetas do Velho Testamento parecem não ter chegado ainda a um acordo definitivo sobre esse ponto, e não serei eu que, sentado aqui a esta mesa, curtindo um resfriado infamante, vá resolver o sutil problema.

Assim, para simplificar uma questão extremamente complexa e controvertida, direi, com essa encantadora mescla de inocência e desfaçatez do novelista, que a história antiga dos hebreus começa com um grupo de agricultores estabelecidos em Gochen, no Nordeste do Egito, onde sofreram terríveis perseguições sob o reinado de Ramsés II. Moisés livrou-os do cativeiro e, após longas e penosas marchas pelo deserto do Sinai, e duma batalha contra os amalecitas, inimigos de Israel, subiu ao monte Horeb, onde, inspirado por uma revelação divina, deu ao seu povo nos Dez Mandamentos as bases da primeira religião monoteísta que o mundo conheceu, e que viria a influenciar outras importantes religiões não só no Oriente como também no Ocidente.

Por muitos anos as tribos em que se haviam dividido os hebreus vaguearam pelo deserto, antes de conquistarem Canaã, a Terra da Promissão, "onde mana o leite e o mel". Para melhor enfrentar os inimigos comuns, decidiram essas tribos unir-se. Saul, seu primeiro rei, foi derrotado e morto pelos filisteus na batalha do monte Gilboa. No reinado de Davi, seu sucessor, aniquilado o inimigo crônico, expandiram-se as fronteiras de Israel, e seu povo entrou num período de paz e prosperidade. Foi no reino de Salomão, filho de Davi, que se construiu o primeiro Templo de Jerusalém. Após a morte de Salomão as tribos do Norte juntaram-se, sob a chefia de Jeroboão, para formar o reino de Israel, ao passo que as do Sul permaneceram unidas, constituindo o reino de Judá. Israel e Judá tiveram atritos e entraram em guerra um contra o outro no ano 725 a.C.

Durante um período de três séculos todos os impérios semíticos da Antiguidade meteram sucessivamente as pesadas patas na Palestina. Sargon, rei da Mesopotâmia, apossou-se de Samaria, capital de Israel. Foi nessa época que começou talvez a primeira dispersão dos judeus. Judá foi dominada primeiro pelos assírios e mais tarde pelos egípcios. No ano 586 a.C. os babilônios conquistaram Jerusalém, destruíram o primeiro Templo e mandaram os hebreus em cativeiro para a Babilônia. Quando, porém, os persas submeteram os babilônios a seu jugo, Ciro II permitiu que os judeus voltassem para sua terra e reconstruíssem o Templo, o que foi feito.

Assim, durante cerca de mil e setecentos anos esses relativamente pequenos grupos nômades de hebreus haviam andado dum lado para outro como formigas minúsculas sobre — ou, melhor, *sob* — os corpos dos grandes impérios semíticos. Agora, pelo ano 600 a.C., os gigantes estavam já agonizantes ou mortos, mas as formigas continuavam vivas e ativas. Foi essa a primeira das muitas provas de sobrevivência a que a História haveria de submeter o povo de Israel. (Curioso: até um sujeito como eu, que tanto tem lido sobre semântica geral, fala na História como se se tratasse duma pessoa, talvez duma senhora gorda, tremendamente poderosa, imprevisível e não raro perversamente absurda.)

A segunda prova de sobrevivência dos judeus e mais especificamente do judaísmo ocorreu entre os anos 334 e 322 a.C., quando os descendentes de Abraão permaneceram sob a influência dos conquistadores gregos de Alexandre, o Grande. Foi esse o primeiro contato cultural que os hebreus tiveram com o Ocidente. Tudo indica que para o Povo Escolhido foi mais fácil manter sua etnia, sua religião e seus hábitos de vida sob o duro domínio dos assírios, dos egípcios, dos babilônios e dos persas do que sob a influência mais sutilmente aliciante dos helenos. Nem mesmo os poderosos conquistadores romanos ficariam mais tarde imunes à influência da cultura grega.

É natural que os rabinos e escribas ficassem alarmados ante a invasão da Palestina pelos numerosos, licenciosos e sensualíssimos deuses do Olimpo, e tratassem de opor-lhes o Deus severo, trágico e único do Velho Testamento. Os gregos, com sua apurada sensibilidade, achavam os judeus uns bárbaros. Os hebreus ortodoxos por sua vez repeliam os gregos como imorais e imaturos. (É bom não esquecer que os gregos das colônias orientais não eram do mesmo calibre intelectual dos atenienses.) É sabido que imaturidade se casa bem com imaturidade. A filosofia hedonista dos helenos, os seus hábitos sexuais livres e a sua alegria de viver tinham de fatalmente atrair os jovens hebreus, que deviam achar supinamente elegante e refinado, além de conveniente, vestirem-se à maneira helênica, adotar nomes gregos e conviver pacificamente com os conquistadores. Ora, o colaboracionismo não é um fenômeno de nossa era. Durante o domínio da Grécia existiam na Palestina grupos de judeus helenizantes. Os "colaboracionistas" eram em geral gente das camadas mais ricas da sociedade, ávidas de segurança, conforto e mais lucros. Começou nessa época a primeira diáspora na direção das terras ocidentais. Muitos judeus, em busca de aventuras ou melhores oportunidades de ganhar a vida, emigraram da Palestina para as comunidades helênicas da costa do Mediterrâneo e para as ilhas gregas, onde adotaram não só nomes como também costumes e ideias gregos.

Embora não tivessem aceito o helenismo, os judeus doutos trataram de aprender a língua dos conquistadores e de estudar a filosofia de Aristóteles e Platão, e a ciência de Euclides. Data desse tempo — presume-se — a tentativa de dar um aspecto lógico às revelações bíblicas. Creio que se pode dizer que o resultado desse processo foi o Talmude. Por outro lado, os gregos também não foram mais os mesmos depois de seu encontro com os hebreus. Desse contato entre duas culturas produziu-se uma interação da qual nenhuma delas saiu intacta.

Quando no ano de 168 a.C. Antíoco IV, rei grego da Síria, no afã de acelerar a helenização dos judeus antecipou, por assim dizer, alguns dos métodos que dois mil e cem anos mais tarde Hitler viria a usar contra os judeus, com finalidade tragicamente mais radical — essa violência provocou a revolta libertadora dos macabeus, um dos episódios mais extraordinários da História, considerado tão importante para o povo hebreu quanto a Revolução Francesa viria a ser para a Europa e as Américas.

No ano 63 a.C. as legiões de Roma conquistaram a Palestina. Era Herodes o rei dos judeus quando surgiu a figura incomparável de Jesus Cristo, o revolucionário cuja palavra de fé e cuja mensagem em prol da dignidade do homem, da paz, do amor e da justiça acabariam por abalar o Império Romano. Alguns anos após a crucifixão de Jesus sob Pôncio Pilatos, Tito destruiu Jerusalém e seu Templo e assim começou a Diáspora com D maiúsculo, e com ela uma outra prova muito séria para a sobrevivência da fé judaica. Como resultado da dispersão e da fragmentação do povo israelita no tempo e no espaço, criaram-se duas espécies de judaísmo: o da Palestina e o da Diáspora. Foi depois de perderem na Palestina a sua pátria no espaço que os judeus, na sua pátria no tempo, fortificaram ainda mais o seu pensamento religioso.

A Diáspora produziu dois grupos importantes de judeus, que se definiram com características próprias durante a Idade Média — os sefarditas e os asquenazis. Os primeiros eram descendentes não só dos israelitas que se haviam estabelecido nos reinos e principados surgidos após a queda do Império Romano, como também dos que mais tarde acompanharam as legiões do Islã que invadiram o Norte da África, a Espanha e Portugal. (O curioso é que a religião que inspirou e impeliu os maometanos em sua marcha contra o mundo cristão ocidental era uma espécie de flor exótica brotada do tronco milenar do judaísmo.)

Tendo conseguido um *modus vivendi* satisfatório com os mouros que ocupavam quase toda a península Ibérica, puderam os judeus letrados da Espanha trabalhar em paz, destacando-se como filósofos, linguistas, tradutores, cientistas, médicos, poetas e prosadores, contribuindo assim decisivamente para o esplendor da civilização mourisca na Europa. Escreviam ensaios filosóficos em árabe, sob a influência tanto de Aristóteles como de Averróis, e usavam muitas vezes a língua hebraica para a poesia. Hábeis financistas e diplomatas, ocuparam postos importantes de governo, não só durante a permanência dos muçulmanos na Ibéria, como também mais tarde, na corte de Afonso, o Sábio. Foi essa a Idade de Ouro do judaísmo representado então pela tradição sefardita: ritual e ideias religiosos, maneira de pronunciar o hebraico, hábitos de vida, literatura e até indumentária. Sensível foi também a influência dos judeus sefarditas na França e na Itália.

Sorte diferente, porém, tiveram os asquenazis, isto é, os hebreus que após a destruição do segundo Templo buscaram refúgio nas terras que mais tarde viriam a formar a Alemanha. O meio — o histórico, não o geográfico, é claro — não lhes propiciou um florescimento cultural como no caso dos sefarditas, que os haviam precedido na emigração para o continente europeu. Na escura noite da Idade Média, o problema mais sério desses asilados asquenazis foi o de lutar pela sobrevivência não apenas de sua etnia e da sua fé religiosa como também de suas pessoas físicas. Refugiaram-se no Torá, no Talmude e na língua hebraica para escapar a uma cristianização forçada e em massa. E tanto esses judeus asquenazis como os sefarditas sofreram as perseguições mais cruéis promovidas pelos cruzados, no seu fervor agressivamente cristianizante em que se misturavam singularmente misticismo e mercantilismo.

Depois da Peste Negra (1348-1349), acusados falsamente de envenenar a água dos poços, lagos e rios das regiões onde viviam, os judeus alemães foram vítimas de grandes massacres. Os sobreviventes fugiram em numerosas levas para a Polônia e a Rússia, onde de certo modo, com o passar do tempo, acabaram por formar uma espécie de classe intermediária entre os poderosos senhores de terras e a plebe, exercendo certas atividades comerciais e profissionais que os ricos em geral consideravam abaixo de sua dignidade e os pobres acima de suas possibilidades ou habilidades.

Finda a ocupação islâmica, os sefarditas em sua maioria permaneceram na Espanha. Uma campanha antissemita iniciada pela Ordem Dominicana determinou em 1391 uma série de massacres de judeus que começaram em Sevilha e em breve se alastraram por toda a Península Ibérica. Para salvar a pele, muitos sefarditas foram compelidos a batizar-se e adotar nomes cristãos. No ano mesmo em que Cristóvão Colombo — que possivelmente era de origem judaica — descobriu a América, um édito de Fernando e Isabel, inspirado por Torquemada, expulsou os judeus da Espanha. Numa espécie de subdiáspora (e haveria ainda muitas outras!) cerca de cento e cinquenta mil sefarditas procuraram refúgio no Norte da África, principalmente em Marrocos, e também na Holanda, na Inglaterra, na França, nas Índias Ocidentais e mais tarde na América. Em 1497 Portugal mandou para o exílio os seus judeus, permitindo que ficassem no país apenas os chamados *marranos*, isto é, os israelitas conversos, cristãos apenas no nome e na aparência, pois continuavam a seguir secretamente a fé religiosa de seus ancestrais.

O Quarto Concilio de Latrão (1215) não só estabeleceu as mais estritas restrições econômicas, civis e legais aos judeus em geral como também aprovou leis tendentes a afastar cada vez mais esses infiéis dos cristãos — o que originou os "distintivos" para os filhos de Israel e mais tarde a sua confinação nos guetos.

Quando sobreveio a Reforma, a princípio Lutero escreveu e falou com simpatia sobre os judeus, condenando a Igreja Católica por seu intolerante e impiedoso tratamento desse povo. Mas por fim, desesperançado de atrair os obstinados descendentes de Abraão para a sua igreja reformada, lançou ele próprio uma virulenta campanha contra "os judeus e suas mentiras", recomendando que fossem queimadas suas sinagogas e suas residências, confiscados os seus livros de oração e os textos do Talmude, e proibidos os rabinos de ensinar a religião judaica, sob pena de condenação à morte.

A partir do século xvi da Era Cristã, a cultura asquenazi se sobrepôs à sefardita e daí por diante passou a representar o judaísmo, tal como o conhecemos hoje em dia.

No século xvii os judeus tiveram permissão de abandonar os guetos. A Revolução Francesa concedeu-lhes gradualmente direitos civis, sociais, políticos e econômicos. A perseguição e os guetos, entretanto, dum modo ou de outro prosseguiram em certos países como, por exemplo, a Polônia e a Rússia. Sempre que uma nação emergia depauperada e desiludida duma guerra ou se debatia numa crise econômica ou política (ou em ambas, como era mais frequente), tornava-se necessário apresentar ao povo um bode expiatório, uma válvula de escape para a indignação ou a humilhação nacional. E lá estavam os judeus, um alvo *natural* por muitos motivos — pela sua insistência em manter a "raça", pelo apego ao seu Deus e aos seus livros religiosos, pela sua tradição de martírio e, principalmente, por causa de todos os defeitos e crimes que lhes imputava uma triste e sinistra mitologia. De certo modo pode-se dizer que maltratar, discriminar, isolar o judeu era uma espécie de jogo folclórico cristão. E em fins do século passado os russos inventaram o *pogrom*, isto é, o massacre institucionalizado, organizado contra os judeus com o consentimento do governo e cuja finalidade era desviar a atenção do povo dos problemas nacionais do momento, espécie de trágico circo em tempo de escassez ou carência de pão.

Apesar de todas essas perseguições e empecilhos, a contribuição que os judeus têm dado à humanidade no terreno da ciência, da literatura, da arte, da indústria, do comércio, da política e da diplomacia tem sido notável. A velha cultura sefardita produzira, entre outras, as figuras exponenciais de Maimônides e Espinosa. Entre os anos de 1907 e 1966 nada menos de cinquenta pessoas de origem judaica receberam o Prêmio Nobel: dezessete o de Física, vinte o de Medicina e Fisiologia, seis o de Química, dois o da Paz e cinco o de Literatura. Judeus eram Karl Marx, Sigmund Freud, Albert Einstein e Franz Kafka.

Numa espécie de "licença poética" podemos dizer que no âmago da raiz do sionismo moderno encontra-se a saudade do Templo, a Casa Paterna do judaísmo, duas vezes destruída. Durante a Idade Média o "retorno a Sion", isto é, a Jerusalém, era por assim dizer um vago perfume de esperança a pairar sobre a tristeza, a humilhação e frequentemente o terror dos guetos judeus em todo o mundo. Os velhos hebreus — e quanto mais religiosos eram, mais forte se manifestava neles esse sentimento — sonhavam com a volta à terra de origem de seus ancestrais, pelo menos para lá terminarem suas vidas e serem sepultados no solo sagrado dos Profetas. Esse "retornismo", de maneira latente ou manifesta, revelava-se na liturgia judaica medieval e na obra de seus poetas.

Entre 1900 e 1913 os repetidos *pogroms* levados a cabo pelos cossacos do czar forçaram a emigração de um milhão e meio de judeus russos, que buscaram refúgio e um futuro melhor nos Estados Unidos. Em meados do século passado Moses Hess e outros escritores judeus publicaram livros em que tomava forma cada vez mais definida a ideia do *sionismo*. (Essa palavra, que designa uma aspiração tão antiga, só foi criada em 1893, por Nathan Birnbaum.) Em 1895 um intelectual judeu-húngaro, Theodor Herzl, sensibilizado pelo processo Dreyfus, que acompanhara na qualidade de correspondente dum jornal de Viena, escreveu um livro, *O Estado judeu*, que, publicado em 1896, deu enorme impulso à ideia do sionismo, a ponto de determinar no ano seguinte o Primeiro Congresso Sionista, reunido na Basileia, e do qual nasceu a Organização Sionista Mundial.

Em 1901 o Quinto Congresso Sionista, por sugestão ainda de Herzl, criou o Kerem Kayemet Le-Israel, ou seja, o Fundo Perpétuo para Israel, destinado à aquisição e ao reflorestamento de terras na Palestina, onde, além duma escola agrícola, a Mikvé, existia já uma aldeia de agricultores judeus fundada em 1878.

A primeira *aliyah* (onda de imigração) operou-se em 1882 e só foi possível graças ao apoio moral e material do barão Edmond de Rothschild. Antes de 1880 existiam apenas uns doze mil hebreus em todo o território palestinense, em sua maioria religiosos ortodoxos já "fartos de dias", como diria Jó. Entre 1904 e 1914 processou-se a segunda *aliyah*, levando para a terra de Israel uma grande quantidade de jovens imigrantes inclinados ao trabalho manual e agrícola, alguns deles movidos por uma ideologia trabalhista. A terceira *aliyah* iniciou-se em 1920 e compunha-se de judeus que já possuíam meios próprios de subsistência, havendo entre eles alguns estudiosos do Talmude e numerosos artesãos.

O sionismo, pois, deixava de ser apenas uma expressão de saudosismo religioso para se traduzir em ação. Depois de 1918, tomou caráter nitidamente político. O objetivo principal dos seus líderes era levar para a Palestina um número suficiente de israelitas para justificar futuramente a criação dum Estado judeu. A compra de terras por parte dessas organizações sionistas incrementara-se após a morte de Herzl (1904). Proprietários turcos e árabes exigiam somas fabulosas por glebas semiáridas ou áridas.

A Primeira Guerra Mundial interrompeu e de certo modo prejudicou a atividade dos sionistas, que tiveram de manter-se num difícil compasso de espera, embora judeus em grande número tivessem lutado ao lado dos ingleses contra os turcos, no famoso Zion Mule Corps e outros batalhões organizados por Vladimir Jabotinski, judeu-russo, figura fascinante de aventureiro.

Durante esse grande conflito tornou-se pública a Declaração de Balfour, que anunciava o apoio do governo da Inglaterra à "criação dum lar para o povo judeu", sob a condição de que nada se devesse fazer em prejuízo dos direitos civis e religiosos das comunidades não judaicas existentes na Palestina ou em qualquer outro país.

Terminada a Primeira Grande Guerra, o Império Otomano foi desmembrado e o Oriente Médio dividido em territórios que tomaram o nome de Síria-Líbano, Transjordânia, Iraque e Saudi-Arábia — tudo isso de acordo com os interesses da França e da Inglaterra voltados principalmente para as jazidas de petróleo daquela parte do mundo.

Entre 1918 e 1936 uns cento e cinquenta mil judeus imigrantes já se achavam estabelecidos na Palestina. Nas suas terras, adquiridas a peso de ouro, haviam sido fundados numerosos aldeamentos agrícolas e plantadas centenas de milhares de árvores.

Ao tomar o poder na Alemanha em 1933, Adolf Hitler, seguindo por assim dizer uma "tradição" medieval alemã, encontrou nos judeus — que com toda a certeza já odiava por outros motivos, históricos ou mitológicos — o bode expiatório ideal para os desastres do Segundo

Reich: a derrota que os aliados lhe haviam infligido, as condições humilhantes do Tratado de Versalhes, a bancarrota econômica e moral da Alemanha e todas as suas desordens internas. Seguiu-se então um dos períodos mais trágicos da já trágica história do povo judeu: as humilhações, as colônias de trabalhos forçados, os campos de concentração em que os nazistas se empenharam em aviltar, torturar e por fim liquidar metodicamente os judeus, não só alemães como os dos outros países por eles conquistados. (Durante a Segunda Guerra Mundial, uma brigada formada só de soldados judeus lutou ao lado dos aliados contra as forças do Eixo.)

O antissemitismo nazi, como era de se esperar, fez aumentar o fluxo de imigrantes judeus para a Palestina. Mas como a história nunca é linear (e já nem quero falar em lógica) surgiram dificuldades no caminho do Retorno. O Livro Branco britânico (1939) restringia com o maior rigor a entrada de judeus na Palestina, e negava-lhes também o direito de adquirir mais terras naquela parte do Oriente Médio. Foi então que começou um novo tipo de atividade sionista: o contrabando de judeus para dentro da Palestina. (E aqui, em benefício da brevidade, tenho de me conter para não narrar essa odisseia nem a outra, mais pungente ainda, dos "navios sem porto" carregados de judeus — homens, mulheres e crianças — que fugiam à fúria dos nazistas, mas não encontravam país que os acolhesse.)

O movimento sionista, que em 1942 aceitara o programa de Davi Ben-Gurion para o estabelecimento dum Estado judeu na Palestina, conseguiu que a Organização das Nações Unidas estabelecesse um comitê para os assuntos palestinenses. Esse grupo apresentou um plano segundo o qual a Palestina seria dividida em dois Estados, um árabe e o outro judeu, devendo Jerusalém permanecer dentro duma zona internacionalizada. As recomendações desse comitê foram aprovadas em 1947 pela Assembleia Geral da ONU por uma maioria de dois terços. A Inglaterra absteve-se de votar. Os delegados dos Estados árabes retiraram-se do plenário, manifestando sua intenção de resistir pelas armas à partilha da Palestina.

Com sua proverbial sabedoria, a Grã-Bretanha começou a retirar suas tropas da Terra Santa em 1948, considerando terminado o seu mandato. Árabes e judeus prepararam-se então para a guerra inevitável.

Havia já alguns anos que grupos armados hebreus empenhavam-se em atividades guerreiras. Um deles, o Irgun Zvai Leumi (Organização Militar Nacional) tinha caráter secreto, entregava-se a atos de violência e havia sido posto fora da lei pelo governo britânico do Mandato. O outro, o Haganá (palavra que em hebraico significa *defesa)* formado de início pelos remanescentes do legendário Zion Mule Corps, tinha funções puramente defensivas: uma espécie de "guarda nacional". Esses grupos (existiam outros menores) às vezes travavam combate uns contra os outros, como adversários. Seja como for, eles simbolizavam da maneira mais concreta a nova disposição dos judeus de não mais baixarem a cabeça, submissos, entregando-se como cordeiros ao sacrifício, nas mãos de seus inimigos.

O Haganá e as forças árabes travaram duros combates, principalmente ao longo da estrada que vai de Tel Aviv a Jerusalém, a desejada Sion, da qual os judeus finalmente se apoderaram. Em maio de 1948 foi proclamado o Estado de Israel, logo reconhecido pelos Estados Unidos da América como um governo *de facto*. A Liga Árabe, cujos membros eram a Síria, o Líbano, o Jordão, o Egito e o Iraque,* contra-atacou, e duas semanas mais tarde os judeus foram expulsos da parte antiga de Jerusalém, conservando no entanto a cidade nova. Seguiram-se várias tréguas impostas pela Organização das Nações Unidas, que tentava solucionar pacificamente o conflito. O conde Folke Bernadotte, diplomata sueco, nomeado por aquela sociedade de nações mediador na Palestina, foi assassinado em Jerusalém por terroristas judeus. Imediatamente o governo de Israel tratou de dissolver todas as organizações secretas do novo Estado.

Quando em 1949 árabes e judeus chegaram a um acordo quanto a um armistício, o território inicialmente ganho pela nova nação judia não só continuava intacto como também havia sido aumentado por conquistas armadas de suas tropas na Galileia e no Neguev. A velha Jerusalém achava-se agora em poder da Jordânia. Os israelenses consolidaram a posse da sua parte nova, ligada ao resto do território de Israel por um estreito e perigoso corredor. Por outro lado trataram de organizar sua estrutura governamental. Chaim Weizmann foi eleito primeiro presidente do Estado de Israel, tendo como seu primeiro-ministro Davi Ben-Gurion.

O resto é história recentíssima.

---

* Os países que formavam a Liga dos Estados Árabes, criada em 1945, eram: Líbano, Egito, Iraque, Síria, Emirado da Transjordânia (atual Jordânia), Arábia Saudita e Iêmen. [N.E.]

UMA NAÇÃO DE NAÇÕES?

Levanto-me da cadeira em que estou sentado à mesa do Seder, neste *kibbutz* de Gan Chmuel, espraio o olhar pelo amplo salão e penso: Hoje em dia encontra-se em Israel parte do "saldo", da "sobra" dos judeus do mundo inteiro que resistiram a tantos séculos de humilhações, perseguições crônicas e massacres. Quantos sobreviventes dos campos de concentração nazistas estarão aqui esta noite?

Torno a sentar-me e fico a conversar com Henrique Steinberg sobre outras comunidades judias que, pelo menos culturalmente, ficaram fora tanto do pálio asquenazi como do sefardita. Consideráveis grupos de judeus permaneceram nas regiões árabes do Oriente Médio, tendo alguns deles chegado mais tarde até à Índia e à China. (Lembro-me de que, conversando em 1941 com Pearl Buck, a escritora americana, ouvi dela que na China os judeus nunca foram realmente discriminados, e que a cruza entre o chinês e o hebreu produziu um belo espécime humano.) Existe em Jerusalém um bairro habitado exclusivamente por judeus ortodoxos, oriundos da Europa Oriental, que não reconhecem o Estado de Israel, e cujo modo de vida é inspirado pelo Torá e pelo Talmude. Ao sul de Berseba, já na fímbria do deserto de Neguev, vive um grupo de judeus da Índia.

Tenho particular simpatia pelo grupo iemenita, do qual já vi exemplares: homens e mulheres esbeltos, de feições delicadas, pele cor de oliva e olhos negros e lustrosos — exímios dançarinos, hábeis ourives, prateiros, bordadores, cesteiros, tapeceiros, ceramistas e ferreiros. Viveram durante séculos separados de seus irmãos no Iêmen, num reino independente situado a sudoeste da Arábia, sobre o mar Vermelho. Sua origem, muito discutida, parece remontar à destruição do primeiro Templo ou, segundo querem os próprios iemenitas, aos tempos da rainha de Sabá. Como em 1949 as vidas dos membros desse grupo estivessem em perigo, o governo israelense conseguiu evacuá-los do Iêmen, trazendo-os para Israel, numa prodigiosa operação aérea que durou cinco meses e recebeu o nome de "Tapete Mágico" porque — ignorantes e supersticiosos — os iemenitas só consentiram em entrar nos aviões depois que lhes garantiram que se tratava de "tapetes voadores" como os da mitologia árabe, e que Ben-Gurion era uma nova encarnação de Moisés.

Minha mulher franze a testa, incrédula, quando Steinberg lhe fala da existência de judeus negros. É que durante a Diáspora alguns israelitas emigraram na direção do mar Vermelho, tendo ido dar com os costados nas montanhas da Abissínia, onde se constituíram num reino judaico independente. Fala-nos ainda Henrique duma comunidade da Pérsia (hoje Irã) mais antiga do que a própria Bíblia, muitos de cujos membros descendem dos escravos judeus da Babilônia e falam dialetos persas. E há ainda os judeus do Curdistão — que falam ainda o tipo de aramaico usado na antiga Palestina — e que se distinguem mais pela força física do que pela capacidade mental.

Por ocasião dum recrudescimento do nacionalismo árabe no Iraque, os judeus dessa região, para escaparem à exterminação, tiveram de ser evacuados às pressas, e também por via aérea, na "Operação Ali Babá".

Mastigando pedacinhos de *matzot*, Henrique Steinberg nos descreve outros dos retalhos que integram esta variegada "colcha" israelense, como os judeus do Norte da África, originários de Marrocos, da Tunísia e da Líbia, que formam comunidades heterogêneas nas quais se fala uma mescla de árabe e ladino.

Aos poucos vou percebendo que neste país tão novo, mas de raízes históricas tão antigas, existem já "minorias", compostas de "judeus de segunda classe", e até mesmo uma espécie de "endodiscriminação" (se é que tal palavra existe) não de natureza racial, mas social. E me parece visível a olho nu uma certa animosidade entre os judeus asquenazis — estes hoje mais numerosos e culturalmente mais importantes — e os sefarditas.

Integrar essas minorias e formar com elas uma nação homogênea — parece-me — está sendo um dos muitos problemas do Estado de Israel.

O SEDER

O Seder vai começar. Marisa Steinberg nos presenteou com um exemplar do *Hagadá*, o livro usado tradicionalmente nesta cerimônia pascal. É um volume esbelto de capa cartonada, com belas ilustrações em cores imitando iluminuras, e traz o texto em hebraico numa página e a sua tradução para o inglês na página fronteira. O *Hagadá* contém em forma narrativa trechos do livro do *Êxodo*, do *Cântico dos cânticos*, discussões e interpretações do Talmude, orações, hinos e salmos.

Temos sobre a mesa, diante de cada um de nós, um pequeno cálice cheio do vinho tinto que devemos beber a espaços, de acordo com as instruções do livro. Segundo a tradição, à mesa da ceia do Seder deve haver sempre um osso de perna de carneiro assado, simbolizando os carneiros que na Antiguidade bíblica eram sacrificados nas cerimônias pascais; e certas outras comidas alegóricas como o ovo cozido — alusão ao povo judeu que, quanto mais cozido, mais duro fica —, um raminho de salsa, um pouco de água salgada, rábano e outras raízes ou ervas amargas, para evocar as agruras do Exílio, especialmente as do cativeiro dos hebreus no Egito, ao qual esta festa se acha tão intimamente ligada. Quanto ao pão ázimo — explicavam os rabinos medievais —, os judeus devem comê-lo durante a Páscoa em memória de seus antepassados que, ao deixarem o Egito às pressas, não tiveram tempo de esperar que a massa de seu pão fermentasse. Como, porém, estamos num *kibbutz* não religioso, pois predomina aqui uma corrente política radical socialista, isto é, o partido Mapam, esses requisitos simbólicos não foram, pelo que vejo, rigorosamente seguidos.

A uma das mesas no centro do salão ergue-se um senhor de barbas apostólicas, com o *Hagadá* nas mãos, e começa a ler dele o que julgo ser uma paráfrase dum trecho do *Êxodo*, em que Moisés diz: "Este mês vos será o principal dos meses, e ele vos será dos meses do ano o mês da primavera". É a ordem do Profeta para que seu povo comemore para sempre a Páscoa no décimo quarto dia do mês da primavera, pois "foi nesse dia que vossas hostes deixaram o Egito".

Seguem-se versículos dos *Cantares de Salomão* com alusões à entrada da primavera: "Porque eis que passou o inverno: a chuva cessou e se foi. Apareceram as flores na terra, o tempo de cantar chega e a voz da rola ouve-se na nossa terra...". É agora um jovem, num outro ponto do salão, quem continua a ler passagens do *Cântico dos cânticos*. "Levantemo-nos de manhã para ir às vinhas, vejamos se florescem as vides, se se abre a flor, se já brotam as romeiras... As mandrágoras dão cheiro e a nossas portas há toda a sorte de excelentes frutos..." A página seguinte é dedicada à chuva ("Parte em paz, ó chuva, as mandrágoras perfumam o jardim dos amantes..."). Depois exalta-se o orvalho ("Precioso orvalho, coroa dos anos bons, nós esperamos que a terra em orgulho e glória possa produzir frutos"). Segue-se uma referência ao pão ("Este é o pão da aflição que nossos pais comeram na terra do Egito. Que venham todos os que têm fome, e participem dele").

Bebemos então o nosso primeiro cálice de vinho, "uma taça de libertação erguemos para comemorar o Êxodo do Egito, da dispersão para a redenção, da subserviência em outros reinos para a independência em nossa própria terra. Brindamos à vida e à liberdade". A cerimônia prossegue. Bebemos o segundo cálice após a leitura duma passagem do *Hagadá* em que se fala nas pragas do Egito, e de novo na odisseia dos judeus no *Êxodo*, e se nos exorta a não deixarmos de fazer um juramento: enquanto respirarmos e vivermos, não haveremos de esquecer o que aconteceu até à décima geração... Erguemos todos o terceiro cálice, e o vinho, doce e capitoso, parece por um momento atenuar as misérias deste meu resfriado já meio bíblico. "Que haja paz na nossa força, tranquilidade em nossos lares." E lá vai um brinde à vida e à paz! O quarto cálice é erguido "aos nossos camaradas, aos nossos filhos, ao fruto da terra e aos frutos de nosso trabalho, à criatividade do homem e ao nosso esforço comum e à vida e à abundância. *L'haim! L'haim!*".

Confesso que o ritual me comove a ponto de eu me sentir um pouco judeu. (Talvez algum antepassado marrano, em Portugal, nunca se sabe.)

Surpreendem-nos agradavelmente as páginas do *Hagadá* destinadas especialmente à infância, e que, segundo me explica Henrique Steinberg, foram postas no final do livro para obrigar a gente miúda da casa celebrante a ficar acordada até ao final da cerimônia pascal, à espera do jogo verbal:

> *O pai comprou por dois* zuzim
> *um cabrito só, um cabrito só*
> *Então veio o gato e comeu o cabrito*
> *... então veio o cão e mordeu o gato*
> *... então veio o pau e bateu no cão*
> *... então veio o fogo e queimou o pau*
> *... então veio a água e apagou o fogo*
> *... então veio o boi e bebeu a água*
> *... então veio o açougueiro e matou o boi*
> *... então veio o anjo da morte e matou o açougueiro...*
>
> *Então veio o Senhor,*
> *abençoado seja*
> *e destruiu o anjo da morte*
> *que matou o açougueiro*
> *que matou o boi*

que bebeu a água
que apagou o fogo
que queimou o pau
que bateu no cão
que mordeu o gato
que comeu o cabrito
que o pai comprou
por dois zuzim,
um cabritinho
só um cabritinho.

Lembro-me dum brinquedo verbal da minha infância:

— *Cadê o toucinho que estava aqui?*
— *O rato comeu. Cadê o rato?*
— *O gato comeu.*
— *Cadê o gato?*
— *Foi pro mato.*
— *Cadê o mato?*
— *O fogo queimou.*
— *Cadê o fogo?*
— *A água apagou.*
— *Cadê a água?*
— *O boi bebeu.*
— *Cadê o boi?*
— *Está moendo trigo.*
— *Cadê o trigo?*
— *O padre comeu.*
— *Cadê o padre?*
— *Está dizendo missa.*
— *Cadê a missa?*
— *A missa acabou.*

Não terá essa pequena história vindo de Portugal para o Brasil, reminiscência dos Seders dos sefarditas? E não terão os marranos incluído no brinquedo a parte do padre e da missa para tirar-lhe o sabor judaico?

Terminaram as leituras e os brindes. É servida uma sopa quente. Atiram-se todos às comidas e eu vou direito ao pedaço de galinha que estive marcando com o olho durante a cerimônia. Um zum-zum de vozes enche o ar, picado por um alegre tinir de talheres. Mais tarde, numa plataforma erguida a um canto do salão, algumas moças, possivelmente sabras, tocam piano, acordeão e clarineta e cantam canções. São robustas, coradas como frutas maduras, e parecem estar estourando de vitalidade.

As melodias do folclore judaico me parecem um coquetel preparado durante séculos com ingredientes obtidos em todos os lugares do mundo por onde os judeus viveram ou passaram no seu exílio. São evidentes nas danças e canções israelenses influências russas, polonesas, húngaras, alemãs, romenas, isso para não falar nos seus fortes elementos turcos e árabes.

A NOITE

Terminado o Seder saímos para o ar livre e somos envolvidos pelo aroma das flores de laranjeira. Os Steinberg nos conduzem para o apartamento onde vamos passar a noite. Seguimos ao longo dum sendeiro estreito, por entre árvores, arbustos e casas. M. imagina que guerrilheiros jordanianos nos espreitam das sombras, de carabinas em punho.

Quando passamos pelo berçário onde dormem as crianças do *kibbutz*, Marisa nos mostra, a poucos passos dele, a entrada dum abrigo subterrâneo para onde os pequenos são conduzidos ao primeiro sinal de alarma. A fronteira da Jordânia fica folgadamente a tiro de canhão deste *kibbutz*.

O alojamento que nos toca está situado num pavilhão na orla dum laranjal. Encontramos sobre a mesinha de cabeceira, entre duas camas rústicas de ferro, um bilhete de seus ocupantes permanentes. Dizem que lamentam não estar aqui para nos dar as boas-vindas e desejam-nos feliz estada em Israel. O apartamento não pode ser mais simples, embora nele não falte o necessário para uma vida decente. O quarto terá uns quatro metros por três, chão de cimento, paredes caiadas de branco, um guarda-roupa de tipo antigo, uma estante com livros em hebraico entre os quais vejo um exemplar do *Manifesto comunista*, em espanhol. Vou explorar o quarto de banho: um cubículo que deve ter no máximo um metro quadrado. Olho para o ralo do chuveiro e depois para o chão de cimento, tomo uma ducha imaginária e apanho uma pneumonia dupla. Para começar, já estou sentindo tremores de frio: a garganta me arde, a cabeça me dói. Vida dura, a de pioneiro! — penso. E vou ver a cozinha com sua pia de pedra, uma torneira, um pequeno armário de parede e um fogareiro. Aqui os moradores do apartamento costumam fazer o seu café matinal, antes de saírem, madrugada ainda, para o trabalho do campo ou da fábrica. As refeições grandes do dia são feitas no refeitório comum.

Meto-me na cama e começo a tiritar, a bater queixo sob as cobertas. Coloquei o vidro de trinitrina sobre a mesinha, como alguém que esconde o revólver debaixo do travesseiro, desejando e esperando que o "malfeitor" não entre na casa durante a madrugada e ele não se veja obrigado a recorrer à "arma".

Começo a pigarrear e a tossir, lamentando que minha mulher tenha de ouvir este concerto atonal. Pela janela entra a claridade azulada da noite e não sei por que fresta se insinua o doce perfume do laranjal. Tudo isto é muito estranho. Estamos na Terra Santa. Jesus Cristo nasceu não muito longe daqui. Amanhã visitaremos Nazaré... Depois subiremos para o mar da Galileia. Penso em Ben-Gurion, com quem tenho um encontro marcado para dentro de poucos dias... e estou começando a ficar sem voz. Bom, afinal de contas quem deve falar é ele e não eu. Sinto calafrios. Talvez precise de mais uma coberta... Qual! Isto também passará, como Abraham Lincoln, parodiando um profeta bíblico, costumava repetir nos maus e nos bons momentos de sua vida. O remédio mesmo é dormir. Faço o possível para não tossir, mas é inútil. Tusso. *Sliha!* Creio que é assim que se pede perdão em hebraico. *Sliha!* Tusso de novo. Vai ser uma noite de cachorro. Julgo ouvir o ressonar leve de minha mulher. Mas M. me pergunta como me sinto, e com um espectro de voz, respondo à maneira gaúcha que vou "regular pra campanha". Novo silêncio. Ela torna a falar.

— Imagina se os árabes atacam o *kibbutz* esta noite.
— Era só o que nos faltava!
— Que íamos fazer?
— Ora, o que o chefe nos ordenasse.
— Que chefe?
— Aquele senhor que conhecemos hoje no Seder, e que acumula as funções de diretor da fábrica de conservas, deputado ao Parlamento e coronel do Exército.

Fecho os olhos. Cristo deve ter passado por aqui a pé, com sandálias gastas. Não é impossível que se tenha detido por alguns instantes neste exato lugar onde estão as nossas camas. Mas isso faz tanto tempo... Tempo. Uma ideia... Pensar na natureza do tempo para chamar o sono. Melhor do que contar carneiros imaginários. Será possível conceber espaço sem tempo? Ou tempo sem espaço? Tempo: troco miúdo da Eternidade. Devo estar delirando. Meu avô toma chimarrão sob as laranjeiras de seu pomar. Em Capri na primavera este mesmo odor anda no ar c no mar. Tento lembrar-me do que senti, ginasiano, ao ler o versículo bíblico em que se descreve Jesus caminhando sobre as águas. Comparo essa sensação com a que tive quando, muito mais tarde, vi na Galeria Nacional de Washington o quadro de Tintoretto que representa essa cena. Qual será a minha nova visualização do Cristo sobre as águas quando eu tiver diante de meus olhos o mar da Galileia... amanhã. Sim, amanhã será um grande dia. Estarei possivelmente afônico. Vozes de remotos padres católicos e pastores protestantes me passam pela mente, recitando o Sermão das Beatitudes... Permaneço por alguns momentos — segundos? minutos? — numa espécie de modorra em que me sinto ao mesmo tempo deitado na cama e andando por entre as árvores do laranjal, estonteado de perfume, esquartejado como Tiradentes... em Ouro Preto, numa certa noite na casa dum amigo chamado Rodrigo, só que o aroma era de junquilhos... Junqueira, Guerra Junqueiro precisamos resolver os problemas de irrigação de Israel meu caro poeta com esse seu nariz e essa barba de rabino você não me engana é um marrano cristão-novo que acabou voltando-se contra o Padre Eterno e o melro recite o melro menino madrugador jovial da Jordânia monsieur Jourdain...

O *HAMSIN*

Desperto para um mundo desconhecido que me desconcerta e põe em estado de alarma durante uma meia dúzia de segundos. Duas palavras, porém — Israel e Gan Chmuel — me sobem à superfície da consciência com toda a sua carga de imagens e conotações e eu me situo no tempo e no espaço, retomando posse plena dum corpo que a gripe passou a noite a torturar. Devo ter tido um pouco de febre durante a madrugada: lembro-me opacamente dum sonho obsedante em que eu *era* uma pintura cubista de Picasso, minha anatomia toda cortada em postas coloridas e escaldantes, armada e desarmada de mil maneiras, seus pedaços sempre colocados no lugar errado, trabalho dum íncubo implacável que parecia comprazer-se em me atormentar com esse jogo.

Quando minha mulher, que dormiu bem a noite inteira e não sonhou com guerrilheiros jordanianos, me pergunta como me sinto, não encontro muita voz com que lhe responder que não estóu lá muito bem, mas que a coisa poderia ser muito pior.

Saímos para ir à casa dos Steinberg, onde faremos a refeição da manhã. Como alguém que estivesse de emboscada a nossa espera, o ingênuo perfume do laranjal salta sobre nós e nos cerca como uma ronda de crianças que cantam, lembrando-nos de que é abril e primavera e que existem as flores, as abelhas, o mel, os sabras e as terras da Galileia que há milênios esperam a nossa visita.

Mal chegamos a dar cinco passos e já tomamos consciência duma presença hostil na manhã. Um vento quente, seco e áspero, toca-nos o rosto e arrepia os nervos. Deve ser o famigerado *hamsin*, primo irmão do siroco, e que costuma soprar do oriente para o ocidente, vindo do cálido coração da Arábia. Ouvi contar que nos países árabes, quando um sujeito comete homicídio e seu advogado consegue provar ao juiz e ao júri que o crime ocorreu num dia em que soprava o *hamsin*, o fato é aceito como atenuante.

Um presságio mau bafeja a terra. Com o meu barômetro interior sinto no peito que a pressão atmosférica está baixa.

Os Steinberg são os anfitriões ideais. Atenciosos e cordiais dum modo natural, como se fossem velhos conhecidos. Não nos fazem sentir o peso quase culposo da nossa condição de hóspedes. Marisa é uma bonita moreninha brasileira. Henrique me dá a impressão dum jovem judeu do período romano da Palestina, decerto por causa da maneira como penteia o cabelo crespo e louro. Entusiastas ambos da vida no *kibbutz*, pretendem ficar aqui para sempre.

Servem-nos chá com bolo. Engulo uma aspirina. Falamos no tempo. Henrique confirma: o vento de má morte que anda lá fora é mesmo o *hamsin* (*charav* em hebraico), mas nosso amigo tranquiliza-nos explicando que provavelmente não durará mais que algumas horas, pois o seu tempo certo de soprar é o fim da primavera.

M. conversa com Marisa sobre os problemas duma dona de casa no Gan Chmuel, mas a verdade é que, numa colônia agrícola radical-socialista como esta, ninguém é dono de nada e todos são de certo modo donos de tudo.

CESAREIA

São nove da manhã e estamos a caminho da Cesareia, dentro dum automóvel do Ministério dos Negócios Estrangeiros de Israel. M. está sentada no banco traseiro, entre o dr. Alexandre Dothan, nosso guia e intérprete, e dona Raquel, sua senhora, uma dama morena de feições agradáveis e plácidas, professora de biologia num ginásio de Jerusalém.

Encontro-me ao lado do chofer, que se chama Hayim Gigi, e que já me permitiu chamar-lhe Jaime. É um quarentão de porte atarracado, duma gordura musculosa, rosto redondo e rosado, de expressão bonachona. Tudo indica que é um bom sujeito. Entendemo-nos ora em inglês ora em italiano: Jaime serviu no exército britânico durante a Segunda Guerra Mundial e esteve estacionado por algum tempo na Itália.

É curta a primeira pernada da viagem deste dia, durante a qual devemos ver boa parte da Galileia. Cor de areia, vagas de contornos, as ruínas de Cesareia somem-se como um camaleão na paisagem de dunas. Quem as denuncia, com azul-inocência, é o pano de fundo formado pelo mar e o céu, e contra o qual se delineiam aqui uma coluna, ali um minarete e mais adiante os restos dum aqueduto. À medida que nos aproximamos da costa, mais visíveis se fazem as muralhas que cercam o lugar *ubi Cesarea fuit*.

Antes de cair nas mãos dos romanos, Cesareia foi um florescente porto do período helenístico. Herodes transformou-a numa grande cidade, que veio a ser a capital da província romana da Judeia. Pôncio Pilatos teve aqui o seu quartel-general. O apóstolo são Paulo curtiu dentro de seus muros dois anos de encarceramento "por crime de sedição".

Descemos do carro. Um sol claro e ardente faz cintilar as areias, obriga-nos a olhar as coisas com os olhos entrecerrados. Atravessamos uma ponte sobre o fosso que cerca os restos das ruínas das fortificações e do outrora imponente Fórum. Vejo, postas frente a frente, duas monumentais estátuas que datam dos séculos II ou IV da Era Cristã, uma de mármore claro e a outra de mármore roxo. Eu ia escrever que se miram duramente mas isso seria um absurdo, pois na verdade estão ambas decapitadas. E por falar em cabeça sinto a minha escaldar. Que ideia, a de sair sem chapéu numa viagem destas! M. me empresta um lenço de seda dum amarelo chamejante e eu o amarro em torno da cabeça e aqui estou, figura ridícula, estonteado e rouco, a andar por estes restos de quatro civilizações — grega, bizantina, romana e judaica — a trilhar o solo um dia pisado pelos coturnos dos templários e a bombardear com perguntas o dr. Dothan, cujo passo marcial não me é fácil acompanhar.

De vez em quando lemos um historiador que põe em dúvida a existência de determinada figura histórica. Alguém já afirmou que Napoleão, como Alexandre, o Grande, não passava dum mito solar. Temo que daqui a mil anos alguém venha a escrever que Adolf Hitler não passou duma figura mítica da demonologia teutônica. Mas o que quero dizer é que escavações feitas no teatro de Herodes, para onde agora nos dirigimos a pé — enquanto Jaime decerto tira uma soneca dentro do carro — revelaram uma inscrição fragmentária onde se pode ler o nome de Pôncio Pilatos, o único testemunho em pedra de sua existência.

As ruínas do teatro nos dão uma ideia de seu caráter grandioso. Calculo que tinha uma capacidade para mais de duas mil pessoas sentadas. Eu não devia usar o verbo no passado, pois este teatro continua ainda a ser usado todos os anos, quando aqui se apresentam grupos teatrais, orquestras de câmara e sinfônicas, solistas de fama internacional, atraindo para cá os habitantes das cidades, vilas e aldeias agrícolas das redondezas.

Sentamo-nos os quatro num dos degraus do anfiteatro de Herodes e por alguns instantes contemplamos a arena, lá embaixo, e mais além o Mediterrâneo, que me parece indiferente ao *hamsin*. O dr. Dothan desdobra o seu mapa de bolso e diz: "Daqui seguiremos na direção do nordeste. Almoçaremos em Tiberíades, às margens do mar da Galileia".

Volta-me o pensamento que me tem perseguido toda a manhã. Com a pouca voz que me resta, sussurro: "Vive no Kefar Hesquel uma velha senhora chamada Sara Aloni, dona dum *mochave*. Se minha mulher e eu não a visitarmos, nem que seja por alguns minutos, haveremos de nos sentir muito frustrados". O dr. Dothan me mira, intrigado: "Alguma amiga de vocês?". Sacudo afirmativamente a cabeça e explico: "Nunca a vi. É mãe de Maurício Rosenblatt, que vive no Brasil e é um dos meus mais antigos e queridos amigos. Dona Sara veio para cá com uma leva de pioneiros judeus argentinos em 1921". Minha voz neste ponto se some por completo. M. completa meu pensamento: "Dona Sara e Maurício não se veem há quase quarenta e cinco anos. O senhor compreende a importância dessa visita para nós...". O dr. Dothan coça a cabeça, consulta o mapa, localiza o Kefar Hesquel. "Bom, telefonarei para o restaurante de Tiberíades avisando que vamos chegar tarde para o almoço." Olha para o seu relógio-pulseira e ergue-se: "O melhor é irmos andando...".

Encaminhamo-nos para o carro. Jaime nos espera sorrindo. "*Molto belo, no?*" Concordamos: "*Belissimo!*".

5
A Galileia

O VALE DE JEZREÉL

Perdemos de vista o mar e as areias da costa. Tenho a impressão de que entramos num outro país. "Estamos já na Galileia", diz dona Raquel Dothan, saindo dum desses silêncios que a gente sabe afetuoso e solidário. "Este é o vale de Jezreél."
Temos diante de nós uma planura duma beleza tão bucólica e tranquila, que só nos podia ser anunciada pela voz dum anjo e, na falta deste, duma mulher. Conta-se que, há quase mil e novecentos anos, quando um imperador romano tratava de seduzir Flavius Josephus, dando-lhe presentes extravagantes para comprar sua colaboração, o historiador do povo judeu lhe replicou: "Por mais ricos que sejam os vossos presentes, majestade, não me podereis dar uma primavera como a da Galileia".
Os livros de geografia de Israel informam que a planície de Jezreél se estende na direção noroeste-sudoeste, entre Haifa e o vale do Jordão, e tem quarenta e seis quilômetros de comprimento e uma largura máxima que não chega a vinte. Os compêndios de história explicam que, caminho natural entre o Egito e a Transjordânia, este vale teve sempre grande importância estratégica e foi por isso cenário de muitas batalhas campais entre os grandes impérios da Antiguidade. Para o diabo os tratados!
O pintor clandestino que me habita está agora devorando como um cavalo lírico os tenros verdes desta planura que, aqui e ali, apresenta uma suave elevação que me evoca a paisagem do planalto médio do Rio Grande. E aqui vai o nosso carro rodando sobre uma excelente rodovia asfaltada. Passamos por plantações, pomares e aldeamentos agrícolas. Tenho a impressão de que a brisa que agora sopra não é mais o *hamsin*, pois o áspero hálito do deserto não ousou cruzar as fronteiras da Galileia.
Começam a sublinhar a paisagem renques de ciprestes dum verde quase negro e de pequeno porte, alternando com bosquetes de oliveiras e com vinhedos plantados nas encostas dos outeiros.
Dothan (está na hora de omitir o doutor, não acha?) nos conta que, depois da fertilidade do período bíblico, as terras deste vale degeneraram de tal modo, que a região passou a ser um inferno pantanoso e pestilencial. Em 1921, durante o Mandato britânico, o Fundo Nacional Judeu comprou terras em Jezreél — que os árabes, por motivos óbvios,

chamavam de Portão do Inferno — e trouxe para cá, de várias partes do mundo, imigrantes israelitas que se lançaram a uma luta por assim dizer corporal contra as calamidades que infelicitavam este vale. (Numa dessas levas vieram dona Sara Aloni e seu segundo marido.) E o resultado desse corpo a corpo com a terra, agravado pela intervenção ocasional mas sempre hostil de bandoleiros árabes, aqui está nestas comunidades rurais por onde passamos, nas suas casas de aspecto alegre e próspero, cujos telhados de zinco chispam ao sol, nos seus pomares floridos, nos seus jardins, hortas e plantações: o Paraíso recuperado!

Dothan informa que foi neste vale, um pouco ao sul do mar da Galileia, que no princípio deste século se estabeleceu Degania, uma espécie de *kibbutz*-piloto, que hoje é conhecida como "mãe dos *kevutzot*". Vou fazer uma pergunta ao nosso companheiro, mas o único som que consigo emitir é uma espécie de crepitar de palha seca. Foi-se-me a voz num momento em que tanto vou precisar dela. Já imaginei de mil modos diferentes o meu diálogo com dona Sara.

Em Afula, encruzilhada do sul da Galileia, em vez de tomar o caminho que leva a Tiberíades, descemos para o sudeste, e dentro de menos de meia hora chegamos ao Kefar Hesquel.

A PIONEIRA

Depois de rodar por alguns minutos pela pequena comunidade, encontramos no caminho uma menininha loura, de olhos azuis. Dothan pergunta-lhe se conhece a sra. Aloni. A pequena sorri. "Dona Sara? Mora ali..." E com o dedo nos aponta o rumo.

Com empatia de romancista ajudada pela simpatia de amigo, procuro meter-me na pele de Maurício e imaginar o que ele sentiria se aqui estivesse agora para reencontrar sua mãe, depois duma tão longa separação.

A casa de dona Sara é clara e de alvenaria. Sua proprietária, que nos aguarda no seu pequeno jardim, entre canteiros floridos, também é clara, mas de aço. Traja um vestido de algodão em dois tons de azul, e tem os pés metidos em botinhas de cano alto. Baixinha, cheia de carnes, os cabelos completamente brancos, a pele rosada, os olhos da cor deste céu da Galileia, e tesa apesar dos oitenta anos — ela nos espera em companhia da filha, do genro e de um dos netos. M. abraça-a. Eu não tenho a coragem de beijá-la porque o instinto me grita logo que dona Sara está fora da faixa sentimental da "mamã judia" dramática e lamurienta. O mais que faço é segurar com ambas as mãos a mão calosa da pioneira, num silêncio comovido. Cumprimentamos os outros membros da família. Peço a minha mulher que diga à velhinha o quanto seu filho é querido e admirado na cidade onde vive. Ela escuta, sorrindo, e depois diz: "*Eso me hace muy feliz*". Leva-nos a visitar o seu *mochave*. Mostra-nos as vacas leiteiras no estábulo, os seus perus brancos, as incubadoras... Fotografo-a em cores junto duma carroça de varais caídos e cheia de forragem. Sua filha nos conta da dura luta em que sua mãe e seu pai se empenharam quando há quarenta e cinco anos vieram para cá. "Isto era um pantanal", diz. "Muita gente morreu de malária. De vez em quando éramos assaltados pelos árabes. Um de meus sobrinhos foi morto e trucidado pelos jordanianos, numa emboscada." Dona Sara sorri enquanto a filha fala, mas não se queixa das suas agruras e tragédias, continua a mostrar-nos com eficiência as coisas que fez e tem. "Quantos litros de leite produz anualmente cada uma destas vacas?", pergunto. Dona Sara encolhe os ombros, mas sua filha apressa-se a informar que em Israel a produção média de leite, por vaca, é de quase cinco mil litros anualmente, a maior do mundo, segundo as estatísticas da FAO.

Dona Sara convida-nos a entrar em sua casa. Apesar da proximidade dos estábulos, não vemos uma só mosca dentro destas salas impecavelmente limpas, sem luxo mas confortáveis. Um cheiro agreste de limões anda no ar. Continuo a conversar com a velha pioneira por intermédio de minha dragomana. Dothan olha o relógio. Precisamos pôr-nos a caminho para não chegar tarde demais a Tiberíades. Dona Sara convida-nos para almoçar com ela. M. e eu nos entreolhamos. "Somos cinco...", murmura minha mulher que, como dona de casa, sabe o que significa a presença de cinco bocas inesperadas à mesa do almoço.

Chamamos Dothan à parte para uma consulta. E ele nos diz: "Quando esta gente de Israel faz algum convite, podem ficar certos de que isso não é num gesto formal de cortesia. Acho que devem aceitar".

E por que não? Aceitamos com alegria e dentro de menos de meia hora estamos sentados os cinco à mesa, com dona Sara. Os outros familiares se somem, com exceção de uma nora, que nos serve: peru, peixe, salada de batatas, verduras e legumes, tudo muito saboroso. Eu me sinto tão bem que esqueço as dores do corpo. Faço tentativas desesperadas para dizer alguma coisa. Inútil. O remédio é escutar e comer. Fala-se nas aldeias agrícolas de Israel. Aprendo que há mais de um tipo de *mochave*. No *mochave ovedim*, que em hebraico quer dizer "colônia de trabalhadores", cada habitante tem uma residência própria e cultiva um pequeno lote de terra. Os *mochavim* funcionam segundo o princípio da igualdade e da ajuda mútua. Os tratores e demais máquinas e ferramentas agrícolas pertencem à comunidade. A venda dos produtos de cada granja é feita também numa base cooperativista. A terra, na maioria dos casos — mas não em todos —, pertence ao governo ou ao Fundo Nacional Judaico, e é cedida a cada família por um período de 49 anos. Numa colônia agrícola desse tipo, cada pedaço de terra tem de ser cultivado pelos membros da mesma família, sendo proibido o emprego de mão de obra assalariada. Existem hoje em todo o país mais de 350 *mochavim ovedim*. "Mas quem governa essas aldeias?", pergunto pela boca de minha "intérprete". Dothan responde: "Um conselho cujos membros são eleitos democraticamente por uma Assembleia Geral".

Jaime, de cabeça baixa, luta com as espinhas de sua posta de peixe. Bebo largo sorvo de limonada. A aula continua. O *mochave* puro e simples — como este de dona Sara — se distingue dos *ovedim* por funcionar livre de qualquer ideologia política ou econômica rígida. Alguém já chamou aos estabelecimentos desta espécie "aldeias da classe média". A filha de dona Sara intervém para dizer-nos que sua mãe é demasiadamente individualista para se adaptar à vida dos *kibbutzim*, onde predomina o sistema socialista, moderado ou extremado, de acordo com a política partidária que neles predomina.

Observo dona Sara disfarçadamente e concluo que ela pertence a uma estirpe de mulheres que procurei descrever num romance cíclico de meu estado natal: é da força de Ana Terra, Bibiana e Maria Valéria.

Desde que chegamos não lhe ouvi nenhuma queixa ou bravata. E aqui à mesa ela torna a falar-nos em seus perus, em suas vacas e em seu jardim. "Esta semana inaugurou-se em Haifa uma exposição internacional de flores", diz. "Não percam."

Trazem-nos pêssegos em compota, que comemos com fatias de queijo feito em casa. Terminado o almoço dona Sara pergunta-nos se não queremos descansar numa pequena sesta. Aceitamos a ideia. Levam-nos para um quarto onde há duas camas duma dureza espartana, o que muito me agrada. Cerramos as janelas e deitamo-nos. Fecho os olhos. Ouço sussurros que vêm do refeitório. Percebo que agora os demais membros da família estão almoçando: não falam, não produzem o menor ruído para não nos perturbarem. Isso me comove.

Durmo durante uns vinte minutos um sono breve e leve em que entreouço o canto dos passarinhos lá fora, no pomar.

Ergo-me, vou ao quarto de banho e vejo, enquadrado por uma pequena janela, alguns galhos dum limoeiro carregados de frutos amarelos e graúdos. Fico por algum tempo a olhar para estes limões batidos de sol. Quando torno ao quarto de dormir, digo a minha mulher: "Dona Sara tem em casa um original de Cézanne. Dos mais lindos que conheço".

Despedimo-nos da velha pioneira e de seus familiares no jardim. Ela nos agradece pela visita e nos convida a voltar. Desta vez beijo-lhe a mão — um beijo murcho, rápido e encabulado. Entramos todos no automóvel e seguimos na direção de Nazaré.

NAZARÉ

Numa certa manhã do ano de 1913, na cidade não bíblica de Cruz Alta, Rio Grande do Sul, Brasil — um menino de oito anos incompletos ergue-se de seu banco, a uma ordem da professora do curso primário, e começa a ler em voz alta o "Hino de amor", da *Cartilha maternal* de João de Deus.

> *Andava um dia,*
> *Em pequenino,*
> *Nos arredores*
> *De Nazaré*
> *Em companhia*
> *De São José,*
> *O Deus Menino,*
> *O bom Jesus.*

Como teria o estudante visualizado essa cena com o auxílio de suas lembranças do filme colorido, *A Paixão de N. S. Jesus Cristo*, que o cinema local passava anualmente por ocasião da Semana Santa, e ajudado também por gravuras de revistas e ilustrações da *História sagrada*? Seriam essas imagens muito diferentes das que, cinquenta e três anos mais tarde, tem na retina esse mesmo sujeito que se acha agora diante da Nazaré "de verdade"?

Encontramo-nos no cume dum outeiro, de onde se pode ter uma visão panorâmica da pequena cidade onde Jesus passou sua infância. Dizem que, não fossem os templos e edifícios pós-bíblicos, e principalmente o moderno bairro residencial que o governo de Israel mandou construir para receber os imigrantes judeus que para cá vieram depois de 1948 — a Nazaré de hoje não seria muito diferente da dos tempos da Sagrada Família.

Vemos uma sucessão de macias colinas, numa das quais se amontoam as casas cubiformes, brancas ou cor de areia, do centro da cidade velha. Nessas encostas atapetadas duma grama salpicada de flores — anêmonas? margaridas? papoulas? — os ciprestes parecem dedos dum verde grave apontando para o alto, como a nos mostrarem em silêncio a beleza do céu. A intervalos a brisa, que recende a flores de laranjeira, revela discreta o avesso prateado das oliveiras.

Visitamos rapidamente, sem deixar o automóvel, o Kiryat Natzrat, isto é, a Nazaré Superior, a parte nova da cidade, onde se erguem excelentes edifícios de apartamentos. (O cimento vem de Haifa, que dista apenas trinta e oito quilômetros daqui, e as pedras... ora, pedra é o que não falta em Israel.) As ruas são asfaltadas, as lojas modernas. Ao passarmos pelo cinema vejo de relance um cartaz que anuncia um *western*: lá está a cara de pau de John Wayne. Penso na popularidade desse canastrão e, fatalmente, nas ideias que ele representa, símbolo que é da coragem, do desprendimento, da generosidade e da onipotência do homem americano. Vi o semblante desse deus da moderna mitologia da era de McLuhan em vários outros cartazes — na ilha de Creta, na de Curaçao, em Caracas, no México, em Paris, Amsterdã, Granada... que sei eu!

Em Kiryat Natzrat existe um centro cultural servido por apreciável biblioteca. Passamos por várias fábricas — chocolate, biscoitos, tecidos — e pergunto a Dothan se essas companhias empregam operários árabes. Nosso companheiro responde: "E por que não?".

Conta-nos que, após a fundação do Estado de Israel, o primeiro-ministro Ben-Gurion ofereceu à população muçulmana da Palestina um plano de coexistência pacífica que permitisse aos árabes participarem do progresso não só material como também cultural da nova nação. Isso não impediu que milhares de muçulmanos abandonassem Nazaré, deixando para trás suas casas e terras. Dothan apressa-se a esclarecer que o governo nacional não permitiu que nenhum judeu enriquecesse explorando as propriedades dos árabes.

"Um de nossos ministérios encarregou-se da administração desses bens, que um dia deverão voltar a seus donos."

Nazaré, a velha, abriga a maior comunidade muçulmana de Israel. Árabe é o seu prefeito, e a cidade tem representantes árabes no Parlamento nacional, em Jerusalém. Mas a verdade é que este antigo burgo da Palestina foi judeu até os tempos do Império Bizantino. Os cruzados mais tarde o transformaram num importante centro eclesiástico cristão. Destruída pelos mamelucos em 1620, Nazaré foi restaurada graças ao esforço dos monges franciscanos. Só depois do estabelecimento do Estado de Israel é que foi dotada de água corrente e instalações sanitárias.

Nosso carro estaca ao pé da colina principal da cidade e nós subimos a pé uma ruela que nos levará até aos lugares santos. Eis uma típica via árabe, com seus bazares cobertos por toldos de pano que lançam sobre o pavimento uma sombra agradável. À porta das pequenas lojas mercadores árabes apregoam aos passantes as suas mercancias — lâmpadas de azeite, jarros, baldes, tachos, vasos e outros objetos de latão ou cobre, tapetes, panos, roupas, nozes, tâmaras e também esses inevitáveis *souvenirs* de sabor oriental destinados a satisfazer o apetite aquisitivo dos turistas estrangeiros que querem levar para casa alguma coisa "típica" de cada país visitado para, juntamente com fotografias coloridas, provarem aos outros e principalmente a si mesmos que estiveram de fato em tal ou qual parte do mundo.

À frente da Igreja da Anunciação (sobre a qual se está construindo uma imponente basílica) contratamos um guia que nos vai mostrar a igreja subterrânea primitiva e a cripta onde Maria e José viveram com o menino Jesus. O guia é um árabe de meia-idade, cara melancólica, vestido à maneira chamada europeia mas com um *kheffiya* na cabeça. Num inglês monocórdio rompe a recitar como um fonógrafo antigo um texto decorado, e no qual nenhum de nós está realmente interessado. Sabemos de antemão que o homem nos vai falar dum Jesus convencional, de cabelos louros e frisados, vestes branquíssimas, olhos azuis, quando o Jesus verdadeiro bem podia ser — e estou desconfiado de que era — moreno, de cabelos escuros, tez queimada pelo sol da Galileia, vestido pobremente, os pés e as mãos possivelmente encardidos, em suma, um ser humano muito mais interessante e amorável do que as figurinhas amaneiradas que nos habituamos a ver em oleogravuras, calendários e "santinhos".

Descemos à cripta por uma escada de pedra em espiral. Faz frio aqui embaixo. O guia nos mostra o lugar onde são José tinha a sua oficina de carpinteiro. Estamos numa caverna em que pouco falta para se parecer com a do homem pré-histórico. Lâmpadas elétricas luzem anacronicamente em espécies de nichos cavados nas rústicas paredes de basalto. "Foi aqui que o anjo Gabriel anunciou à Virgem Maria o nascimento de Jesus", diz o árabe. Penso nas fantasias que pintores medievais e renascentistas fizeram em torno do tema da Anunciação. No quadro de Fra Angelico que se encontra no Museu do Prado, em Madri, Maria, ricamente vestida de cor-de-rosa e com um fino manto azul, está sentada num alpendre com arcadas sustentadas por colunas de capitéis compósitos. Um raio de sol rompe por entre as nuvens e incide sobre a figura da Virgem, diante da qual se curva o anjo, que mais parece do sexo feminino — se é que anjo tem sexo —, para lhe transmitir o maravilhoso recado de Deus.

Rica e contraditória é a mitologia que através dos séculos se tem formado com relação aos lugares santos da Palestina. Não há nenhuma certeza — afirmam os entendidos em assuntos bíblicos — quanto ao lugar exato em que José tinha sua oficina ou ao recanto em que a Mãe de Jesus se encontrava no momento da Anunciação. Os evangelistas do Novo Testamento não eram nada explícitos em matéria de topografia. Mas como consciente ou inconscientemente o homem vive de símbolos que ditam o seu comportamento, disponho-me a aceitar essas "verdades" que o guia árabe enuncia no seu cantochão oriental, e chego mesmo a fazer um esforço para me comover com tudo isso.

Quando voltamos à superfície da terra e à luz do dia, somos apresentados, na frente do mosteiro dos franciscanos, a um jovem frade espanhol, com quem ficamos a conversar por breves instantes.

Tornamos a caminhar ao longo da rua principal de Nazaré, desta vez na direção de nosso carro. Comento com minha mulher o que acabamos de ver, e conto-lhe que no ano 570 da Era Cristã, Antonino, o Mártir andou pela Palestina, visitou Nazaré e voltou para a Europa afirmando que vira na sinagoga local não só o livro em que o menino Jesus aprendera o ABC, como também o banco em que Ele costumava sentar-se com seus colegas. Acrescentava o Mártir que esse banco só podia ser erguido ou arrastado de seu lugar por mãos de cristão, mas que recusava mover-se quando algum judeu tentava tirá-lo da sinagoga...

De novo no carro em movimento, passamos por entre cedros e oliveiras, rumo do nordeste da Galileia. E, enriquecendo minha mitologia particular, *vejo* um Jesus de doze anos sentado à sombra duma figueira, a comer figos, descalço, os cabelos revoltos, as vestes enodoadas, o ar feliz. E o menino nos acena amigavelmente, como a velhos conhecidos.

LENDAS

Quando estivemos na Grécia, faz quatro anos, ouvimos dum guia ateniense a lenda da formação do arquipélago grego. Deus fez o mundo com tudo quanto nele há e, ao terminar Seu trabalho, verificando que Lhe haviam sobrado muitas pedras de tamanhos vários, atirou-as ao acaso no mar Egeu, formando assim as Esporades, as Cidades, o Dodecaneso e as demais ilhas gregas.

Agora nosso amigo Jaime, de ordinário pouco palrador, nos conta como foi feita a Alta Galileia, segundo uma lenda árabe. Deus criou o Céu e a Terra, os rios e os mares, mas ao cabo do colossal trabalho percebeu que se havia esquecido de espalhar pedras pela superfície do globo. Juntou penhascos e rochas das dimensões mais variadas, meteu-os em dois sacos, que pendurou ao pescoço duma águia, à qual ordenou: "Vai e despeja estas pedras equitativamente através do mundo". A águia alçou o voo, mas dentro de pouco tempo os sacos se romperam e as pedras tombaram todas na parte superior da Galileia, o que explica a natureza acidentada desta região da velha Palestina.

O que a lenda não conta é que o Criador, para compensar talvez esse desastre, dotou a Galileia dum clima ameno e dum solo fértil. Enumerando as maravilhas desta região, o historiador Flavius Josephus escreveu que aqui a natureza força plantas que são inimigas umas das outras a viverem juntas numa competição que no fundo tem certa harmonia: durante dez meses de cada ano os homens desta terra podem contar com figos saborosos enquanto as outras frutas amadurecem, cada qual a seu tempo.

A parte montanhosa da Galileia é menos populosa e desenvolvida que os seus vales, e é nela que ficam as reservas florestais do país. Viajamos neste momento ainda através da Baixa Galileia, cruzando trigais e plantações de tabaco e beterraba. E nestes pomares dos *mochavim* e *kibbutzim* pelos quais passamos de largo, vemos em plena floração as árvores que produzem frutos de importância capital para a economia de Israel: laranjas, limões, toronjas, pêssegos, abricós, peras e ameixas.

Custa-me acreditar que a poucos quilômetros ao sul deste verde paraíso existe um pardo deserto de pedra.

O MAR DA GALILEIA

E eis que, descendo do carro junto dum templo, ouvimos uma voz que nos anuncia que este é o monte em que Jesus pregou o Sermão das Beatitudes. E isso nos alegra e comove, embora a voz não venha de nenhum anjo do Senhor, mas do dr. Alexandre Dothan, nosso companheiro de jornada. Minha mulher me aperta a mão. Vejo em sua face que está comovida como eu, só que seu sentimento deve ser de caráter religioso, ao passo que o meu é, digamos, de natureza poética. Ou estarei apenas jogando com palavras? Não será a religião uma forma de poesia e a poesia, bem no fundo, uma espécie de religião?

Desta elevação de terra (é uma impropriedade chamar de "montanha" à doce colina onde o Senhor pregou o seu celebrado Sermão) avistamos em derredor um dos territórios mais citados pelos evangelistas do Novo Testamento. Talvez só em Jerusalém e arredores possamos encontrar outra região tão ou mais saturada de história cristã do que esta.

O templo a que me referi é uma igreja com mosteiro e convento pertencente à Ordem de São Francisco, e não me parece que tenha maior importância arquitetônica.

Enquanto Dothan nos deixa para ir buscar — como acontece quase sempre nos lugares históricos da nossa Minas Gerais — "o padre que tem a chave da igreja", minha mulher e eu ficamos a contemplar a paisagem. Lá embaixo está o mar da Galileia, também conhecido como lago de Tiberíades, ou mar de Kinneret, assim chamado na Antiguidade por causa de sua forma de harpa, que em hebraico é *kinnet*. É dum violeta opaco como o de certos céus noturnos. Para além de suas margens orientais — massas dum pardo-claro, com improváveis toques de sutis azuis dados pela distância e possivelmente pelo reflexo das águas — perfilam-se as montanhas da Síria e as colinas da Jordânia. Avistamos, no lado de cá, tabuleiros verdes, bosquetes, o casario e o arvoredo de aldeamentos agrícolas e, mais longe, para o sul, os telhados de Tiberíades.

Quando deixamos Nazaré o fruto da tarde estava ainda verde, mas eis que agora ele começa a amadurecer, assumindo tonalidades de ouro velho. Uma grande paz desce do firmamento sobre a paisagem. Raros barcos, decerto de pescadores israelenses, singram as águas do lago, e têm a cautela de não se aproximarem demais das perigosas margens da Jordânia ou da Síria.

Acho que seria quebrar o cristal deste momento de beleza informar compendiosamente a minha mulher que o mar da Galileia não é realmente um mar, mas um lago, com pouco mais de vinte quilômetros de comprimento para uma largura máxima de treze. Prefiro dizer-lhe:

— Usa a fantasia, imagina que ontem Jesus saiu de Nazaré sozinho e a pé na direção deste lago. Dormiu à noite debaixo duma oliveira, cujos frutos comeu ao raiar do dia. Mas pensa num Jesus trigueiro, queimado por este sol, um Jesus pobre... Esquece todas as imagens do Nazareno a que te habituaste desde os tempos do teu colégio de freiras... O Jesus de que te falo é um homem que transpira, que suja os pés na poeira dos caminhos e que os lacera nas pedras do chão. Estás vendo agora o Filho do Homem aproximar-se lá embaixo daqueles dois pescadores que lançam suas redes às águas? São dois irmãos: Simão, chamado Pedro, e André. Jesus dirige-se a ambos e diz: "Vinde após mim, e eu vos farei pescadores de homens". E os dois irmãos fazem o que Ele lhes ordena. Agora Jesus se encaminha para outra parte do lago, onde encontra Tiago e João, que também abandonam as suas redes e seguem o estranho profeta. E o Filho do Homem vai pregar o Evangelho nas sinagogas da Galileia, e pelo caminho irá fazendo curas milagrosas... Numas bodas em Caná transformará água em vinho. E a sua voz, rica de corajosa fé, um dia derrotará o poderoso Império Romano.

Minha mulher me olha sorrindo e murmura:

— Como é que um herege pode ter tanta familiaridade com a Bíblia?

— Esqueces que fiz meu curso ginasial num colégio protestante, onde a Bíblia era matéria obrigatória do currículo. Mas voltemos a Jesus. Apaga da paisagem aquela lancha com motor de popa que lá vai, possivelmente dirigida por algum *playboy* de Tiberíades. Faz de conta também que não vês o nosso automóvel que ficou ao pé da colina. Pensa só nisto. Jesus um dia veio para cá, postou-se talvez neste mesmo lugar em que estamos, e pregou o Sermão das Bem-aventuranças. "Bem-aventurados os mansos porque eles herdarão a terra." Bom, eu acho que os mansos herdarão o Céu. Os sabras já descobriram que a terra pertence aos bravos. "Bem-aventurados os que sofrem perseguição por causa da justiça, porque deles é o reino do Céu." Com todo o respeito, neste ponto discordo do Mestre. É esse espírito de resignação que leva os marxistas a dizer que a religião é o ópio do povo.

— Está bem. Guarda teus comentários para depois.

— Espera. Talvez eu herde o inferno por pensar assim, mas é assim que penso. Ou, antes, que sinto. Precisamos de justiça sobre a terra, aqui e agora. O novo espírito que anima a Igreja de nossos dias já compreendeu isso. O próprio Jesus Cristo mesmo agiu muitas vezes em desacordo com suas palavras de cordura.

— Já sei. Vais falar na expulsão dos vendilhões do templo.

— Nisso e em outras coisas. Mas são essas contradições que tornam Jesus a meu ver infinitamente mais humano e admirável. Quando chicoteou os vendilhões que profanavam o Templo, Ele de certo modo pregou um sermão em gestos. E mostrou que era suficientemente homem para ter a capacidade de indignar-se. Um dos traços mais horripilantes de nossa época é que estamos aos poucos perdendo a capacidade de indignação. Aceitamos pragmaticamente a destruição de Hiroxima e Nagasáki pela bomba atômica. Dentro de alguns anos mais teremos esquecido por completo o que os nazistas fizeram com milhões de judeus e não judeus nos campos de concentração e extermínio. Hoje em dia começamos a aceitar com uma indiferença criminosa o massacre, a injustiça, o genocídio. Qualquer desculpa nos serve para apaziguar a consciência e coonestar nosso conformismo. Mas em verdade te digo que, enquanto existirem no mundo homens com capacidade de indignação, os tiranos não poderão dormir em paz!

Neste ponto Dothan nos interrompe, anunciando-nos que descobriu não o padre, mas a freira que tem a chave. E vamos todos visitar o templo.

AI DE TI, CAFARNAUM!

Descemos para Cafarnaum. Em 1894 a Ordem de São Francisco adquiriu este local e fez construir um mosteiro perto da praia. Deve-se aos monges franciscanos a restauração e a conservação da sinagoga onde vemos esculpidos no mármore e patinados pelos séculos alguns símbolos judaicos como o candelabro de sete braços, o escudo de Davi e a buzina de chifre de carneiro.

Depois da prisão de João Batista, Jesus mudou-se de Nazaré — onde suas ideias o haviam incompatibilizado com seus concidadãos — e veio para Cafarnaum, que naquele tempo, segundo o Evangelho de Mateus, era "uma cidade marítima nos confins de Zabulom e Naftali". E aqui obrou muitos milagres. Mais tarde, porém, num momento de ira, incluiu Cafarnaum entre as três cidades impenitentes, dizendo: "E tu, Cafarnaum, que te ergues até aos céus, serás abatida até aos infernos; porque se em Sodoma tivessem sido feitos os prodígios que em ti se operaram, teria ela permanecido até hoje. Porém eu vos digo que haverá menor rigor para os de Sodoma, no dia do Juízo, do que para ti".

Cafarnaum parece ter tido já o seu Juízo Final. Haverá pior castigo para uma cidade outrora digna que transformar-se em ponto de curiosidade turística? Nada mais resta dela senão as ruínas desta sinagoga construída provavelmente no terceiro ano da Era Cristã.

Caminhamos em silêncio pelo largo vestíbulo do templo, pelo seu pátio, e num impulso que vem do menino que fui, toco suas colunas derrocadas, esculpidas em estilo romano, apalpo-as como quem quer certificar-se da existência concreta de algo que em sua cabeça sempre foi apenas um grupo de imagens conjuradas por palavras. E de repente, numa alegria de quem no estrangeiro encontra inesperadamente um compatriota, minha mulher exclama: "Um cinamomo!". Acariciamos o tronco e os galhos deste raquítico espécime duma árvore muito comum nas estâncias do Rio Grande do Sul. Está coberta de flores roxas, cujo perfume adocicado (ó barbearias d'antanho!) lembra um pouco o do lilás. Dona Raquel aproxima-se, e nós lhe contamos do nosso achado.

BÍBLIA E FUTEBOL

Dothan, líder eficientíssimo, leva-nos a um lugar a pequena distância ao sul de Cafarnaum — Tabga, onde nos espera uma bela surpresa: um admiravelmente restaurado e bem conservado chão de mosaicos do século IV A. D., na igreja bizantina da Multiplicação. Informa-nos dona Raquel que o templo original desapareceu e o novo, que agora nos abriga, foi construído de forma a cobrir o chão de mosaico, onde vemos simbolizado o milagre da multiplicação dos pães. Em cores fanadas, mas nem por isso menos expressivas no conjunto, vemos um cesto de pão ladeado por dois peixes.

Passamos depois por Magdala, o lugar onde nasceu Maria Madalena que, segundo o evangelista Lucas, era uma das mulheres que haviam sido curadas de espíritos malignos e de enfermidades. "Maria, chamada Madalena, da qual saíram sete demônios..."

Nosso carro costeia agora a margem ocidental do mar da Galileia, a caminho de Tiberíades. Antes de embarcar para Israel estive lendo monografias sobre o relevo do solo desta região e fiquei surpreendido por não saber ou por haver esquecido, se sabia, que o lago de Tiberíades se encontra a duzentos e vinte metros abaixo do nível do mar.

Estamos curiosos, minha mulher e eu, por ver Tiberíades. Passamos pelo *kibbutz* de Ginosar, que tem ar próspero, e onde existe um hotel moderno, com ar-condicionado, à beira do lago.

Nova surpresa nos espera pouco antes de entrarmos na cidade de Tibério. Do automóvel que rola pela rodovia aberta na encosta dum morro, avistamos lá embaixo, no nível das águas, um quadro familiar: uma "pelada" de futebol à melhor maneira brasileira. Uma das esquadras ostenta camisetas vermelhas e a outra, amarelas. Correm os seus jogadores em disputa da bola. A coisa toda parece uma pintura de Duffy, mas animada.

Se de repente os árabes atacassem Tiberíades, estou certo de que esses vinte e dois rapazes e mais os reservas e os juízes correriam a apanhar suas armas para, assim como estão — calções curtos, camisetas esportivas, chuteiras —, repelir o ataque. E quando o inimigo voltasse para seu território, os dois times tornariam ao campo para continuar a partida. E se alguns deles tivessem tombado mortos ou feridos no combate, os capitães das equipes convocariam reservas para preencher os claros. E assim é a vida dessa brava gente.

Estou recuperando aos poucos a voz, e a sensação de mal-estar se atenua. Só me resta agora uma coceira de garganta que me faz tossir com uma frequência que me irrita e que não deve ser nada agradável a meus companheiros de viagem.

Minha mulher faz referência ao episódio bíblico em que Jesus caminha sobre as águas. Dothan conta-nos a história dum turista inglês, hóspede dum dos hotéis de Tiberíades, e que um dia, desejando dar um passeio pelo lago, contratou um barco a motor. O barqueiro lhe pediu pela corrida um preço tão exorbitante que o inglês sorriu e resmungou: "Agora eu compreendo por que Jesus preferiu passear a pé sobre as águas...".

Entramos em Tiberíades. O chefe de nossa caravana nos comunica que infelizmente não poderemos descer do carro, pois temos de chegar a Safed antes da noite.

TIBERÍADES

Aceita-se a probabilidade de que tenha sido Herodes Antipas o fundador desta cidade, cujo nome é uma homenagem do tetrarca ao imperador Tibério. O lugar tem cerca de dois mil anos de idade. Tornou-se cedo uma das principais comunidades judaicas da Galileia, centro de estudos talmúdicos e sede do Patriarcado judeu desde o século II da nossa era cristã. Foi aqui que doutos rabinos resolveram problemas de vocalização e pontuação da língua hebraica.

Em 1099 os cruzados conquistaram Tiberíades, que, depois do século XIII, passou a ser uma aldeia de pescadores.

O lago é ricamente piscoso. Inveterado frequentador de aquários, gosto de olhar peixes, pois tudo neles me atrai — as formas, as cores, os movimentos e até as "caras", nas quais costumo descobrir parecenças com conhecidos meus ou com personalidades famosas. Gostaria de ver um espécime dum certo tipo de peixe (seu nome me escapa agora) que usa a boca como chocadeira e que protege os filhotes de qualquer perigo escondendo-os na queixada em forma de bolsa.

Foi em Tiberíades que Herodes Antipas deu a Salomé a cabeça de João Batista numa salva de prata. (Vejo-me aos vinte e dois anos atrás dum balcão de farmácia traduzindo para o português, a lápis, num papel de embrulho cor-de-rosa, trechos de *Salomé*, o poema dramático de Oscar Wilde.)

Ao norte da cidade existem fontes quentes de águas minerais sulfurosas. Nos tempos do Império Romano velhos senadores, cônsules, procônsules, generais e ricos comerciantes vinham para cá curar sua gota, seu artritismo e outras mazelas do corpo causadas por uma vida indulgente de grandes comilanças, bebedeiras e excessos sexuais. Essas fontes termais continuam ainda ativas, e Tiberíades é uma cidade balneária. Os turistas que para cá vêm todos os anos hospedam-se nesses belos hotéis modernos à beira do lago, em meio de parques e jardins, e aqui fazem esqui aquático, pesca submarina e lagarteiam ao sol.

Entardece. Nosso carro passeia lento ao longo de graciosas avenidas orladas de palmeiras, oleandros, cedros e ciprestes. Alguns israelenses ricos têm aqui suas residências de inverno ou permanentes. Não parece importar-lhes que o inimigo mortal os espie da outra margem do rio, a pouco mais de dez quilômetros. Essa gente está habituada a viver perigosamente.

Emurchece o fruto do dia. A brisa que nos bate no rosto traz um prenúncio do frio da noite. O céu começa a colorir-se para as bandas do poente. Rumo a Sefad, amigo Jaime!

O resto da viagem é um subir e descer de colinas e montes — mais subir que descer — pois dirigimo-nos para a cidade mais alta de Israel. Estamos todos tomados dessa espécie de torpor de fim de viagem. O silêncio é para nós uma fofa almofada na qual reclinamos a nossa canseira. A pelada de futebol terminou. Brilham luzes escassas do outro lado do lago, contra os outeiros da Jordânia. Parece que as tintas do lago inundaram o céu, onde apontam as primeiras estrelas. Continuamos a subir e subir... Dentro de mais ou menos uma hora, avistamos as luzes de Sefad, pisca-piscando em meio da névoa. E de súbito é inverno.

SEFAD

Quando acordamos no dia seguinte no quarto dum hotel que, de tão cansados, não pudemos examinar direito na véspera, pois mal aqui chegamos caímos na cama com todo o chumbo de nossa fadiga, vemos que do vale em derredor da cidade sobe densa névoa ruça, que esconde por completo a paisagem. Sinto com os olhos que faz frio lá fora. A pasta dentifrícia sabe a Estados Unidos: lembrança dos nossos netos americanos: suas faces, seus gestos, suas vozes. A ducha é vigorosa e, como acontece quase sempre, antes de conseguir a temperatura conveniente, sofro primeiro um esguicho gelado e depois outro escaldante.

Enquanto o barbeador elétrico zumbe e desliza por uma cara para mim demasiadamente conhecida — e cada vez mais gasta — faço um exame não de consciência, mas de corpo. Ficou-me nos músculos e nos ossos uma espécie de "sarro" do resfriado. Sinto a cabeça ainda um tanto pesada. A voz me vai reaparecendo, mas sujeita ainda a falsetes cômicos. A tosse continua. Na minha opinião adoecer não é só incômodo como também um pouco ridículo e às vezes até indecente.

Descemos para o refeitório, onde os Dothan nos esperam. *Boquer tov!* Sentado a uma mesa, a pequena distância da nossa, um velho judeu todo vestido de negro, com um solidéu na coroa da cabeça, faz suas orações antes de começar a refeição, e movimenta o busto dum lado para outro, mexendo os lábios. Parece conversar com uma personagem invisível — e na verdade é isso mesmo que está fazendo.

Quedamo-nos por breve instante numa atitude quase hamletiana diante das saladas picantes e dos peixes defumados que nos provocam, em cima duma mesa. Mas acabamos tomando o nosso chá com *matzot*, louvado seja Jeová!

Saímos a pé pelas ruas. A luz do sol e o azul do céu lutam com a névoa pela posse da cidade e arredores.

Há várias maneiras de grafar o nome deste lugar: Sefad, Safad, Safed e ainda Zefat. Para resolver logo o problema escolho Sefad. Ou será melhor Safed? Bom, seja qual for a grafia escolhida, a cidade será sempre a mesma: continuará a ter a mesma altitude, pouco mais de oitocentos metros acima do nível do mar, e a mesma história. Dizem que já era conhecida no ano de 1400 a.C. Durante a Idade Média foi um centro de humanismo judaico. Ganhou particular importância no tempo das Cruzadas. Os templários apossaram-se dela em 1140, e em 1266 os mamelucos a destruíram. Violentos terremotos por mais duma vez a sacudiram. Muitas guerras a ensanguentaram.

Gosto destes becos pavimentados de pedra morena, com casas cúbicas caiadas ou pintadas de azul, e com suas escadinhas inesperadas, os seus pátios e muros que me lembram os de Córdoba, com toda a sua herança arquitetônica mourisca. Não creio que eu possa ser tachado de mórbido se disser que gosto de ver velhos cemitérios. Eles têm para mim um valor plástico, além do histórico. Encontro em Sefad um cemitério feito sob medida para minha fantasia. Está situado a "cinquenta varas dos muros da cidade", como recomendava a lei judaica, e nesse *Bet Kevarot* (casa dos túmulos) estão enterrados rabinos famosos. Visto de longe, cercado de flores silvestres, o velho cemitério parece uma pequena aldeia árabe abandonada.

Em muitas partes desta cidade encontramos a marca nada simpática dos turcos, e também vestígios duma triste época em que Sefad era a presa cobiçada de intermináveis lutas entre tribos de beduínos.

No século XVI da Era Cristã, Isaac Luria, um rabino místico, estabeleceu aqui o centro mundial da Cabala, tornando assim Sefad uma das quatro cidades santas da Palestina. (As outras? Jerusalém, Hebrom e Tiberíades.) Para quem quer que se interesse pelas ciências ocultas ou então pelo sentido mágico e simbólico das palavras, Sefad é uma fonte riquíssima de lembranças e sugestões. O judaísmo da Idade Média tinha espírito cabalístico, sendo uma "revelação" acessível aos poucos iluminados que a transmitiam a um pequeno grupo de discípulos. A Cabala inventou não só uma linguagem como também um sistema de símbolos segundo o qual os vocábulos perdiam o seu sentido ordinário e as letras passavam a ter valores numéricos, revestindo-se — tanto letras como palavras — de propriedades místicas. Ocorre-me agora perguntar a mim mesmo se Góngora não teria sido influenciado em sua poesia pela Cabala. E séculos mais tarde, o nosso Guimarães Rosa, talvez sem o saber nem querer? Bom, mas voltemos a Sefad, Safad, Zefat ou Safed, como quiserem.

Leio que aqui se imprimiu em 1563 o primeiro livro em hebraico, logo após a invenção de Gutenberg. Visitamos o estabelecimento onde essa impressão foi feita, e que hoje está transformado num museu de artes gráficas.

Continuamos o nosso passeio pela cidade mágica. Estamos no bairro árabe, onde há alguns anos se estabeleceu uma colônia de artistas. Vejo um senhor de meia-idade à frente de seu cavalete, junto a um parapeito de pedra, reproduzindo numa tela a paisagem do vale, agora completamente liberta da névoa. Será amador ou profissional? Não importa. Pinta, e isso é muito.

Espiamos para dentro de pequenas casas transformadas em estúdios e num relance (o romancista habitua-se a ser uma câmara fotográfica capaz de apanhar instantâneos: uns ficam fora de foco, outros mais nítidos, mas algo sempre se grava na "película") vejo esculturas, em sua maioria modernas, telas pintadas a óleo, tapetes nas paredes e vultos humanos em movimento. Num pátio uma mulherzinha metida num macacão de zuarte trabalha com martelo e cinzel uma pedra morena como sua pele. De alguma parte vem a música dum rádio: alguém canta uma canção plangente, dessas aparentadas com o grito vespertino do muezim no minarete da mesquita.

Dothan leva-nos a visitar um pintor, Moche Raviv, que encontramos no seu amplo estúdio de paredes de vidro com vista para o vale. O artista e sua esposa nos recebem com a maior cordialidade. Raviv nasceu em Vilna em 1905. Seus desenhos, excelentes, me lembram os da artista brasileira Noêmia. Suas pinturas, porém, revelam um homem que ainda busca uma forma. Raviv confessa que sofreu a influência de Klee e Kandinsky. Descubro que também se interessa por arquitetura e que, depois de cursar o famoso Bauhaus, em Dessau — quatro anos antes de o hitlerismo tornar impossível para a judeus a vida na Alemanha —, mudou-se para Paris, onde se dedicou à arte fotográfica, publicando sobre o assunto um livro prefaciado por Fernand Léger, seu amigo. Estabelecemos um breve diálogo:

— Quando veio para a Palestina? — pergunto.

— Em 1932, como enviado da revista francesa *VU*. Tornei a Paris, dei conta do meu recado e dois anos mais tarde voltei para cá e aqui me estabeleci definitivamente.

— E esta colônia de artistas... como nasceu?

— Ora, fui eu um de seus fundadores. Achei que esta era a cidade ideal para isso. Está perto do céu, tem história, sortilégio e a incomparável luz da Galileia.

Estamos junto de uma das janelas. Raviv olha para as ruas, casas e telhados na encosta do monte e murmura:

— Para lhe falar a verdade, encontrei aqui a atmosfera judaica de Vilna, minha terra natal. Esses becos com suas arcadas, seu calçamento de pedras irregulares, as suas sinagogas sombrias... Depois, as lendas! Porque a Cabala continua. Cada pedra dessas, cada canto de rua, cada telhado, minarete, cemitério pode incendiar-nos a imaginação. Quando sinto saudade de meu falecido pai, vou espiar a velha sinagoga de The Ari, entro e lá respiro o espírito dos tempos antigos. E é esse espírito que procuro exprimir em minhas pinturas por meio de associações e de cores, embora eles pareçam na superfície supermodernos... Mas talvez não seja fácil para um cristão compreender isso.

Fico em silêncio. O olhar de Moche Raviv perde-se nos verdes das encostas do monte Meron, sobre o qual se assenta a antiga cidade da Cabala.

O PASSADO DUM VALE

Em meio da manhã deixamos Sefad rumo dum lugar ao nordeste da Galileia, junto da fronteira com a Síria. Minha mulher não está muito feliz com essa aproximação, pois sabe que os sírios são os mais implacáveis e agressivos inimigos de Israel.

Aqui vamos com o pachorrento Jaime ao volante, subindo, descendo e contornando montes e montanhas, cruzando pequenos mas virentes vales, avistando a espaços colônias agrícolas onde homens e tratores trabalham a terra, e passando de largo por aldeias e vilas ativas como colmeias. Por fim chegamos ao nosso destino, que é o alto da colina de Matzudat Koah, onde se ergue um monumento em memória dos vinte e oito soldados israelenses do Haganá, que tombaram mortos no combate que em 1948 lhes valeu a captura deste outeiro então ocupado pelos árabes. Dum belvedere ao lado do monumento avistamos, a menos de quinhentos metros, terras da Síria: os contrafortes da cordilheira de Hermon, cujo pico culminante se desenha longe contra o céu, com sua perene coroa de neve. São encostas nuas, dum pardo rosado, duma acobreada beleza tocada de susto. Antes de nos voltarmos para o lado de Israel, para ter uma vista panorâmica do vale do Hule (H aspirado, por favor) creio que seria interessante contar rapidamente algo do não mui limpo passado desta planície.

Minha visão do mundo é frequentemente plástica: o ângulo do pintor. Olho as pessoas, a paisagem e as coisas como elementos dum quadro cujo sentido mais profundo e último tende a escapar-me. Sei que isso muitas vezes é perigoso para o romancista, que assim corre o risco de borboletear na superfície das criaturas e da vida.

Pierre Loti, oficial da marinha de guerra da França e que, como se sabe, fazia também a sua literatura, era, como seu colega Claude Farrère, um fascinado pelos aspectos exóticos do mundo oriental. Visitando a Palestina em princípios do século XX, e escrevendo sobre este vale, só viu aqui grandes rios coalhados de lírios aquáticos e garças brancas, campinas pintalgadas de flores amarelas, e terras férteis por entre cujos verdes o Jordão deslizava preguiçoso. Ora, isso era apenas *parte* da realidade ou, antes, o que o olho artístico de Loti escolheu ver. Felizmente o escritor não foi picado por nenhum dos milhões de mosquitos transmissores da malária e da febre negra que enxameavam sobre o vale então desolado, quase deserto de humanidade, e absolutamente improdutivo.

É verdade que esta planura, que a Bíblia já mencionava, sempre foi rica duma fauna e duma flora tropicais, e dotada duma certa beleza selvagem. Dos cinquenta quilômetros quadrados de sua superfície, mais da metade era formada de pântanos e atoladouros. Durante a guerra entre cruzados e muçulmanos o vale foi cenário de muitas batalhas. Muito sangue mouro e cristão tingiu as já impuras águas de seus lagos e o barro de seus charcos. A situação não melhorou durante o domínio do Império Turco, que deixou a região no mais completo abandono. Quem primeiro se estabeleceu no Hule no século XIX foram alguns judeus oriundos de Sefad. A primeira colonização foi ensaiada em 1879. A pouca gente que aqui tentou viver ganhava o seu magro sustento servindo-se dos búfalos aquáticos e tecendo esteiras de vime. Mas a média de vida desses colonos era baixa, pois as febres palustres dizimavam essa escassa população que, para cúmulo de males, sofria ataques esporádicos de bandoleiros árabes. Animava-os possivelmente, entre outras coisas, a ideia de que nos tempos bíblicos aqui se havia plantado arroz com êxito.

Em 1934 algumas instituições judaicas compraram a concessão do Hule com a finalidade de drenar parte do lago e os banhados. Estabeleceram-se alguns aldeamentos agrícolas, com pobres resultados, na periferia do lago, mas só depois que o Estado de Israel foi reconhecido pela Organização das Nações Unidas é que se tornou possível iniciar um trabalho sistemático de recuperação das terras desta região.

Para cá vieram centenas de trabalhadores, engenheiros hidráulicos e especialistas no cultivo do solo semiárido, e com eles grandes dragas perfuradoras do tipo mais moderno, e começou então uma luta metódica e tenaz contra os pântanos, as rochas e o deserto. Quatro milhões de metros cúbicos de terra foram escavados, abriram-se canais numa extensão total de mais de quarenta quilômetros. Quando se encontrava resistência no duro solo basáltico, os engenheiros abriam nele fendas nas quais metiam cargas de dinamite, fazendo ir pelos ares os obstáculos. O Hule encheu-se de sons de guerra. O ratatá das perfuradoras, tão evocativos de rajadas de metralhadoras, e o estrondo das explosões deviam ter posto em fuga os animais que habitavam o vale. A faina prosseguiu sem outra trégua que a da noite. De vez em quando tombava um trabalhador. Insolação? Fadiga? Talvez. Mas bem podia ser também que ele tivesse sido atingido pelo balaço dum atirador árabe atocaiado nos matagais de juncos e papiros.

O trabalho de recuperação do vale do Hule durou tantos anos quantos são os braços do *menorá*, o castiçal simbólico judaico. A zona alagada foi drenada. Sessenta mil hectares de terra fértil foram entregues à agricultura. Outros sessenta mil haviam sido consideravelmente melhorados. A malária estava liquidada. O vale povoou-se. Nasceram colônias agrícolas. (Hoje existem mais de trinta delas.) Criaram-se tarefas para milhares de trabalhadores. Plantaram-se lavouras de algodão, milho, amendoim. Produziram-se melões. Fizeram-se lagos artificiais para o cultivo de carpas. Um negócio que tem sido lucrativo para países como a Holanda apareceu aqui: a produção de bulbos de flores.

A Autoridade do vale do Hule — de cujas ações o governo de Israel possui 50%, a Agência Judaica 30% e o Fundo Nacional Judaico 20% — decidiu deixar uma área do vale destinada a uma reserva natural.

O PRESENTE

E agora o leitor pode voltar-se e olhar comigo a planície que se estende para o norte, o sul e o oeste, como uma vasta colcha de retalhos de cores variegadas. Não resisto à tentação de dizer que este é um esplêndido exemplo de "pintura coletiva", pois outra coisa não fizeram esses milhares de técnicos, operários e agricultores judeus, durante estes últimos anos, senão pintar a "tela" do vale com todas essas tintas que agora temos diante de nosso alegre espanto, a perder de vista: os quadriláteros das lavouras em diversas tonalidades de verde, desde o acinzentado até ao gaio, passando pelo esmeralda e pelo jade; os espelhos dum azul-celeste dos viveiros de carpas e mais as terras recém-viradas, à espera da semeadura, como retalhos cor de café, de cobre, e dum pardo-avermelhado ou quase negro... Os telhados de zinco e os silos de alumínio dos *kibbutzim* cintilam ao sol, a intervalos, na amplitude da planura. Diante desse quadro eu gostaria de dizer alguma coisa sublime ou pelo menos sensata, no entanto o mais que consigo, apesar de todo o meu comovido entusiasmo, é romper num acesso convulsivo de tosse.

ÁRVORES

O chefe de nossa caravana nos dá ordem de marcha. É preciso não perder tempo. O sol subiu para o zênite, começa a inclinar-se para o Mediterrâneo, e Josué não aparece para fazê-lo parar. Temos de andar ainda muitas léguas e ver outras geografias. Avante, pois!

Almoçamos muito bem no restaurante duma casa de repouso pertencente a um dos *kibbutzim* da zona. Após a refeição os Dothan nos sugerem uma breve sesta e nos deixam sozinhos: creio que vão procurar os amigos que têm nesta comunidade. Minha mulher e eu nos sentamos em preguiçosas de vime, à sombra do pavilhão do restaurante, e ficamos a conversar sobre este extraordinário país, que não se parece com nenhum dos muitos que já visitamos nas três Américas e na Europa. Israel, o mais novo Estado do mundo, situado numa das regiões mais antigas da Terra, é habitado por um povo cuja história tem cerca de quatro mil anos. Tratores de fabricação inglesa sulcam o solo onde há menos de cem anos só se conhecia o arado bíblico. Jovens israelenses jogam futebol nos campos que Jesus e seus apóstolos pisaram, há quase dois mil anos. Um reator atômico funciona no coração de pedra do deserto de Neguev. Uma nova raça, os sabras, aqui está em pleno processo de formação. Minha mulher confessa que ainda não está enxergando claro em tudo isso, mas pode desde já afirmar que o que viu deixou-a sensibilizada e cheia de admiração por este povo. O mesmo se passa comigo.

O canto dos passarinhos picota o leve e luminoso tecido do silêncio que nos envolve. Ficamos ambos contemplando calados as árvores do parque.

Julgo que só os escritores germânicos e anglo-saxões é que sabem a nomenclatura exata das plantas e das flores. Tenho aprendido alguns nomes de flores, árvores e frutas, menos por espírito de exatidão científica do que pelo prazer de ouvir-lhes o som e apreciar-lhes a forma gráfica. Pensem na beleza de palavras como álamo, nêspera, murta, romã, rosa, nardo, tâmara, nelumbo. Pêssego sugere penugem. Mandrágora tem feitiço. Casuarina, uma conotação de solitude à tardinha. Mística é a mirra. Macia a avelã. Áspero o cardo. Redonda a laranja. Balsâmico o benjoim. Limpa a alfazema. Mágico o gergelim.

Alegra-me a ideia de que desde o princípio do Estado de Israel seu governo já fez plantar mais de setenta milhões de árvores no território nacional. Vejo neste parque alfarrobeiras que me lembram o Sul de Portugal. Ali estão enfileirados alguns pinheiros de Jerusalém, com suas finas agulhas. Em meio deles, como intrusos, identifico algumas tamareiras, plantas que costumamos associar ao pardo arenoso dos desertos. E aquela árvore ao pé do chafariz? Creio que é um terebinto. Mais adiante, solitário, um loureiro. Não é preciso muita argúcia para reconhecer os carvalhos. Gosto do nome e do desenho daquele tamariz em um de cujos ramos agora pousa uma borboleta. Mas a árvore de minha particular afeição é a oliveira. Ali está uma... Deve ter mais de um século, a julgar pelo aspecto vetusto do tronco retorcido e cheio de nódulos. É uma planta de aspecto sofrido. Se em inglês a palavra *árvore* é substantivo neutro, em português ela é, mais acertadamente, do sexo feminino. Com sua face e suas mãos enrugadas, a sua serena dignidade, a sua coragem e a sua capacidade de *durar*, de sobreviver à intempérie e às guerras sem cessar de produzir flores e frutos, dona Sara Aloni me lembra uma oliveira.

Um poema de García Lorca me perpassa como uma brisa pela mente:

> *La niña de bello rostro*
> *está cogiendo aceituna.*
> *El viento, galán de torres,*
> *la prende por la cintura.*

— antes de o sono fechar-me os olhos e levar-me para uma misteriosa terra sem mapa nem limites.

O JORDÃO E OS JUDEUS

De novo no automóvel, na nossa habitual "formação de combate". M. e eu nos afeiçoamos mais e mais a nossos companheiros de viagem, mas a cada um de maneira diferente. Apreciamos a discrição e o espírito de fiel escudeiro de Jaime. Gostamos dos silêncios, que não creio sejam ausências, de Raquel, e das suas intervenções raras mas oportunas e temperadas dum discreto humor. Quanto a Dothan, o dínamo, solícito e prático, esse não me parece muito interessado em que gostemos ou não dele. O que lhe importa é servir-nos, proteger-nos, e interferir, sempre que necessário, com a informação exata e a interpretação correta.

Tornamos a deixar o carro em Horchat Tal, o parque onde se encontram alguns dos pequenos rios que formam o Jordão, e que nascem em território sírio. Saímos num passeio que nos conduzirá a um ponto em que ficaremos praticamente a um tiro de bacamarte da fronteira árabe. Raquel não vai conosco: conhece de sobra a região. M. decide ficar para fazer-lhe companhia. Sentam-se ambas à sombra duma frondosa figueira-brava, onde uma grande família israelense — pai, mãe, avó e quatro filhos, presumo — faz o seu piquenique. Outros visitantes movimentam-se no parque, sobre o tapete da relva. Crianças jogam bola. Dois soldados passeiam de mãos dadas, como namorados. (Devo explicar que um deles é do sexo feminino, pois em Israel as mulheres também fazem serviço militar obrigatório.)

Dothan me leva por entre árvores e arbustos até aos tributários do histórico rio em cujas águas são João batizou Jesus Cristo. São riachos tão estreitos, que em alguns trechos podem ser atravessados com o auxílio de três alpondras e três passadas não mui largas. Digo ao meu companheiro que no meu estado natal temos pelo menos mil sangas mais belas e caudalosas que estas, embora sem história. Chegamos a um ponto em que avistamos as encostas da cordilheira do Hebrom. Estamos a poucas centenas de metros da fronteira da Síria.

Relembro leituras antigas, do tempo em que eu fazia a minha primeira e única tentativa de ficção científica (*Viagem à aurora do mundo*, 1939). Durante os períodos Jurássico e Cretáceo o Mediterrâneo cobria por completo o território em que hoje se encontram a Síria e a Palestina. No período Terciário, porém, operou-se um vasto levantamento do leito desse mar, mas dum modo tão violentamente desigual, que se produziram fraturas, pregas e fossas nessa terra que emergia das águas. Foi assim que surgiram as colinas, montes, montanhas e vales do Líbano e da Palestina ocidental. Esse cataclismo foi também responsável por um dos mais impressionantes "talhos cicatrizados" de toda a crosta terrestre: a depressão do Gor, que forma o vale do Jordão e que se estende até ao mar Morto, seu ponto mais profundo, continuando até ao mar Vermelho e à África Oriental, para terminar no lago Vitória, na África Equatorial.

Tocou ao Jordão a sina de correr numa espécie de gincana cósmica através de boa parte dessa paráclase de lava vulcânica, hoje em muitos trechos transformada em solo basáltico.

De súbito ocorre-me a possibilidade de um paralelo entre o curso do Jordão e a história do povo judeu. Desenvolvo a minha improvisada teoria a Dothan, enquanto ambos aqui estamos à sombra duma árvore a contemplar os contrafortes do Hermon.

— Para principiar — digo — as fontes do Jordão são várias e um tanto vagas como a do povo hebreu... E este rio dramático e rico de história, tanto bíblica como profana, teve de correr, de "viver" quase sempre em solo hostil, como aconteceu com o povo de Israel, não só ao tempo em que habitava a Palestina como também quando mais tarde se dispersou pelo mundo. Esses extravasamentos de lava que no passado de vez em quando barravam o curso do Jordão podem ser comparados às perseguições, às restrições e aos pogroms sofridos pelos judeus através dos séculos...

Dothan escuta. Não parece sensibilizado nem sequer interessado pela minha tese: seu rosto moreno tem neste instante algo de pétreo, como as montanhas da Síria. Mas prossigo:

— Segundo minhas leituras, o Jordão é dos rios mais sinuosos da Terra. Para percorrer uma distância de cem quilômetros em linha reta ele se retorce em curvas numa extensão de mais de trezentos... Quando se imagina que o rio ficou estrangulado por uma dessas muitas gargantas ou se sumiu num dos incontáveis despenhadeiros desta depressão, eis que ele reaparece mais adiante e retoma o seu curso. Sinuosos a história obrigou os judeus a serem, a fim de tornar-lhes possível a sobrevivência como povo e como religião através das idades e das "depressões" do solo tantas vezes vulcânico do mundo muçulmano e cristão.

Calo-me. Voltamos as costas para a Síria e saímos a andar, de volta ao resto da caravana.

— E o mar da Galileia? — indaga meu companheiro.

— Bom, pode-se comparar esse belo lago azul e piscoso ao período de florescimento filosófico, científico, artístico e literário dos sefarditas na Espanha e mais tarde no resto da Europa... O Jordão alimenta o mar da Galileia e depois continua o seu curso na direção da parte mais profunda desta fossa terráquea, para enfrentar novos obstáculos, quedas, estrangulamentos... digamos, "injustiças cósmicas", se tal expressão tem algum sentido.

— Mas por fim o Jordão cai no mar Morto e ali termina. Qual é o símbolo?

Sinto-me perdido. Uma lagartixa verde-cinza, parada no tronco duma árvore, parece dizer-me num hebraico que entendo: "Sai dessa agora!".

— Bem... podemos comparar o mar Morto ao período das perseguições e dos campos de extermínio dos nazistas...

— Mas nosso povo continuou, apesar disso tudo.

— Pois é... Minha tese não presta. Mas não! Espere um momento. Pense bem. Veio o Estado de Israel, que é um "outro rio", embora feito da mesma água milenar. Vocês israelenses estão fazendo o Jor-

dão correr num outro leito, formado por canos de concreto e levando-o para onde querem, da mesma maneira que estão mudando o destino do povo judeu. Os sabras, em suma, dominam agora o rio, e os sabras hão de traçar o novo curso histórico do povo de Israel!
Olho orgulhoso para a lagartixa, mas ela desapareceu. Dothan caminha em silêncio a meu lado.

A RESERVA NATURAL DO HULE

Entardece quando chegamos à Reserva Natural do Hule. Dentro de cada ser humano, por mais autêntico que ele seja (e afinal de contas que é precisamente um "homem autêntico"?) esconde-se um esnobe de tamanho grande, pequeno ou médio, conforme a pessoa. Em alguns ele é tão grande que chega a ser todo o homem. No inglês esse esnobe é o "bem-nascido". No francês, o dono da cultura. No brasileiro o esnobe é o patrioteiro da paisagem: para ele, não há no mundo nenhuma terra com belezas naturais comparáveis às do Brasil. Pois esse demônio interior me cochicha que estamos perdendo tempo na visita a este minilago, nós que temos o rio Amazonas, o fenômeno das pororocas, as cataratas do Iguaçu, a baía de Guanabara etc. Mando-o calar a boca. O que temos — replico — foi Deus quem nos deu, ao passo que os israelenses estão aos poucos reformando, remendando, melhorando e embelecendo sua terra. O miserável esconde-se, encabulado.

Entramos todos — menos Jaime, que já deve ter visto este parque mil e uma vezes — numa barcaça de fundo chato, que em breve se põe em movimento, com o seu motor de gasolina a bater forte e acelerado como um coração em susto, e lá nos vamos por esses meandros de estreitos e sinuosos corredores d'água, por entre matagais de juncos e papiros, que formam o que me parecem eriçadas ilhas.

Estão conosco a bordo alguns turistas e um jovem soldado israelense que se compraz em tirar fotografias de tudo quanto vê: pequenas tartarugas e cobras-d'água que fogem à aproximação do barco, uma que outra libélula pousada nos pendões dos papiros ou nos caniços que balançam à brisa. À medida que o sol se aproxima da linha do horizonte, as montanhas da Síria se vão cobrindo das mais delicadas tonalidades de azul e violeta. Vejo samambaias dum lado e outro dos canais. Um prospecto distribuído pela Autoridade do vale do Hule informa que o papiro é uma planta anual que murcha no outono e se renova na primavera. No verão suas flores delicadas se empinam nas finas hastes.

Depois de alguns minutos a excursão se torna monótona, mas aqui e ali somos surpreendidos por uma colônia de nenúfares e ninfeias, as primeiras brancas e as últimas duma cor alaranjada.

Ouvi dizer que em certa época do ano passam por aqui em revoada alguns pelicanos, rumo do Mediterrâneo, e que duma feita seis dessas aves deixaram-se ficar como "residentes" da reserva. Não as encontramos, porém. Penso que seria de grande efeito pictórico se alguns desses pelicanos rosados decidissem agora, em homenagem aos senhores turistas, alçar o voo sobre estes caniços e lírios aquáticos, contra o céu carmesim do poente. Avisto uma nútria arisca por entre folhas e galhos. (Nos aldeamentos agrícolas das vizinhanças criam-se nútrias que um dia serão partes de casacões de pele.) Procuro em vão os linces que aqui vivem: deles só conheço o olho, que é um lugar-comum literário. Os gatos do mato, as lontras, as fuinhas escondem-se nos matagais, recusando aparecer. Avisto uma garça, que me evoca a figura de Pierre Loti, e quando mais tarde passa sobre nossas cabeças um pequeno bando de patos selvagens, penso em Papa Hemingway.

Às vezes, à noite, os grandes cormorões, as águias pescadoras, empoleiram-se nos galhos de algumas plantas e ali ficam com as asas estendidas, a secar, depois dos mergulhos que dão no lago com o fim de apanhar alguma carpa ou um certo peixe de má catadura que habita estas águas e é capaz de sobreviver muitas horas em terra seca, graças a um aparelho respiratório auxiliar.

Depois de muitas voltas pelos labirintos líquidos da reserva, o barco regressa a seu trapiche. Voltamos para o carro, que se põe em movimento rumo do sul.

ALMAGOR

Estamos a dois passos da noite. Sumiu-se o sol. Descemos em Almagor, pequeno *kibbutz* do tipo *nahal*, isto é, pertencente à organização da Juventude Pioneira Combatente, que destina seus membros em idade militar a estes postos perigosos de fronteira, onde lhes cabe trabalhar a terra como agricultores e ao mesmo tempo defendê-la como soldados contra possíveis invasões dos inimigos de Israel.

Vivem aqui apenas umas trinta pessoas, todas ainda na casa dos vinte anos. Recebe-nos um jovem sabra moreno, magro e não muito alto, com um vago ar de carioca. Faz frio e ele está em mangas de camisa, as mãos metidas nos bolsos das calças. Leva-nos a ver a terra que lhes compete cultivar com o risco diário de suas próprias vidas. Fazemos alto no ponto em que se ergue uma cerca de arame farpado, e onde uma inscrição em hebraico e outra em inglês, pintadas numa tabuleta, declaram laconicamente que corre perigo de vida o visitante que se aventurar para além desse limite. Diante de nós, na encosta dum outeiro em cujo topo se encontram as casas do *kibbutz*, estende-se uma lavoura de um quilômetro escasso de largura, que desce até às margens do Jordão. A esta hora crepuscular o solo, de origem vulcânica, me parece ainda mais negro. Voltando a cabeça para a direita, avisto o mar da Galileia, já meio sumido no lusco-fusco e na distância.

— De acordo com os tratados — explica-nos Dothan —, dez metros de terra do outro lado do rio pertencem a Israel, mas os sírios não nos permitem sequer atravessar o rio, quanto mais trabalhar em paz do lado de lá.

Percebo agora, a poucos passos de onde estamos, um carro blindado munido duma metralhadora pesada. Seguindo a direção de meu olhar, o sabra sorri e diz: "Isso é para nós o *complemento* dos tratores. Nossos vizinhos de vez em quando fazem tiro ao alvo em nossos companheiros".

Conta-nos que são obrigados a arar a terra, semear e colher sempre protegidos pelo carro blindado, com um homem atento ao pé da metralhadora. Há dois dias, sem a menor provocação, atiradores sírios alvejaram e feriram um dos habitantes de Almagor que trabalhava na lavoura.

Quero saber o que aconteceu depois, e o rapaz, sem ódio nem bazófia, conta: "Respondemos imediatamente ao fogo, trouxemos o ferido para o nosso ambulatório, levamos outro companheiro para substituí-lo e, quando o tiroteio cessou, continuamos a trabalhar".

Faz-se um silêncio. A emoção me aperta a garganta. Olho este chão trágico, vejo nele umas flores roxas que despedem um cheiro que lembra o do açafrão. Ouço vozes joviais que vêm do refeitório comum do *kibbutz*. O menino que tenho na minha frente parece estar agora despreocupado a uma esquina de qualquer vila ou cidade do mundo, esperando a namorada com quem marcou um encontro. Não se dá ares de herói nem de mártir.

Sinto por este sabra um profundo e afetuoso respeito. E considero um privilégio, uma honra mesmo, apertar-lhe a mão.

ACRE

Chegamos a Sefad surrados pelo cansaço. Aqui nestas alturas a temperatura agora deve estar entre sete e dez graus centígrados acima de zero. Antes de dormir, abro ao acaso o volume de poesias de Fernando Pessoa:

> *Brincava a criança*
> *Com um carro de bois*
> *Sentiu-se brincando*
> *E disse, eu sou dois.*

> *Há um a brincar*
> *E há outro a saber*
> *Um vê-me a brincar*
> *E o outro vê-me a ver.*

Penso: brinco de viajar, e viajando às vezes me digo que sou dois: um que viaja e outro que se vê viajar. No meu caso haverá um terceiro, o que vai escrever sobre o que viajou e o que se viu a viajar. Depois virá um quarto *eu*: o que ler o que o terceiro escreveu sobre o que viajava e o que se via viajar.

Minha mulher quer saber por que estou falando sozinho. "Nada", respondo. "Estou pensando umas coisas." Mas concluo que o melhor é não pensar. O bom mesmo é brincar. *Chalom!* Largo o livro e fecho os olhos. Pela tela de cinema das pálpebras me passa, louco, um filme natural com faces humanas, rios, lagos, cormorões, linces, pelicanos, velhas árvores, Jesus nas Bodas de Caná, o vigário alemão da igreja de Cruz Alta, minha avó materna salpicando de noz-moscada um prato de arroz de leite, um chão vulcânico, Fernando Pessoa, e o gigante Almagor em luta com o Adamastor...

Na manhã seguinte passeamos ainda a pé pelas ruas de Sefad, visitamos duas sinagogas antiquíssimas. E por volta das nove e meia nos pomos em movimento na direção do mar.

Os homens de minha geração, como eu fascinados pela civilização árabe, alimentaram sua fantasia na infância com histórias das *Mil e uma noites* e as fábulas e parábolas em torno da figura do sábio e equânime Harum al-Rachid, califa de Bagdá. Pois agora estamos entrando numa das cidades mais importantes da minha mitologia particular, Acre, em hebraico *Akko*, situada na extremidade setentrional da baía de Haifa.

Consulto o menino e ele me lembra que costumava associar a palavra *Acre* a lacre, escarlate e crista de galo. Acre só podia ser uma cidade vermelha. Engano! É dum pardo-claro, ora chocolate com leite ora areia. Visto de longe o seu casario apresenta um perfil que corresponde a minha expectativa: rotundas de tamanho vário, minaretes, enfim, a clássica cidade muçulmana. Não avisto o vulto de nenhum arranha-céu, e isso me conforta.

Os navios que ainda hoje se aproximam do porto de Acre têm de cuidar-se dos recifes que aqui ficaram do tempo dos assírios, quando esta cidade se chamava Tiro. Durante a guerra entre os persas de Xerxes e os egípcios, Acre tornou-se um porto cuja posse era de alto valor estratégico. Por aqui andaram também, é claro, os romanos. Seguiram-se os árabes. Acre foi a capital dos cruzados depois da queda de Jerusalém. Por suas ruas — dizem — andou Ricardo Coração de Leão. Gênova e Veneza também disputaram o direito exclusivo de usar este porto tão importante para o comércio entre os países do Mediterrâneo. Os exércitos de Napoleão tentaram, mas em vão, conquistar Acre. Aqui permaneceram durante séculos os turcos e, muito mais tarde, os ingleses. Acre teve sempre uma boa quantidade de habitantes judeus, os quais, ao que parece, sempre viveram em boa paz com a população muçulmana. E agora, depois de estabelecido o Estado de Israel, dos trinta e poucos mil habitantes desta cidade, apenas uns oito mil são árabes.

Nas suas praias, bem como nas areias da baía de Haifa, abundam os moluscos dos quais se extrai a púrpura, corante de apreciável valor industrial.

Saímos a andar pelas ruas da cidade, à sombra de suas belas arcadas multicentenárias. Afirma-se que a atmosfera medieval da velha Acre foi preservada. Eu não me admiraria se agora parasse toda uma caravana com seu chefe, criados e camelos à frente deste edifício que outrora foi um caravançará, e cujas abóbadas góticas parecem contar-nos histórias, como se guardassem ainda o eco das vozes de xeques, mercadores, bandidos e beduínos.

Durante o período turco da Palestina alguns cabalistas estabeleceram-se nesta cidade, trazendo consigo os seus segredos e magias.

Como em Nazaré, as ruas de Acre são estreitas, e em muitos trechos cobertas de toldos, não tão coloridos e limpos como aparecem nos cartões-postais e cartazes de turismo.

Um menino árabe aproxima-se de nós e nos diz em sua língua algo que Dothan imediatamente traduz. O moleque nos quer mostrar a casa onde os americanos filmaram cenas para o filme *Exodus*. Verifico mais tarde, decepcionado, que esta cidade, tão empapada de história antiga e legítima, parece orgulhar-se de ter fornecido parte do cenário natural duma película de Hollywood.

É uma delícia ficar observando esses mercadores árabes que, à frente de suas lojas, procuram atrair os passantes, principalmente quando estes têm ares de turistas, como nós. Paramos para olhar objetos velhos de cobre numa tenda, e o seu dono se dirige a nós em inglês, francês, iídiche, alemão, árabe e finalmente, descobrindo que minha mulher e eu somos do Brasil, diz-nos algumas palavras perfeitamente inteligíveis em português, essa Gata Borralheira das línguas neolatinas.

Compro numa loja um desses chapéus de pano usados pelos habitantes dos *kibbutzim*, de copa quase cônica e abas caídas. Hesito entre o azul e o cáqui e acabo preferindo o último. Meto o chapéu na cabeça para protegê-la da luz do sol, que a esta hora quase meridiana se faz cada vez mais forte.

Dum rádio, de dentro dum café, sai uma voz que canta uma canção cuja obstinada linha melódica (ou amelódica) parece um complicado arabesco. Um dos mercadores prepara o seu almoço — um *chachlique* que se tosta sobre as brasas dum braseiro de ferro. De alguma parte nos chega às narinas o cheiro de frituras de azeite. Uma moça que ostenta um vestido de lamê dourado atravessa a rua. "Uma drusa", diz Dothan.

Pergunto ao nosso chefe que progresso trouxe para Acre o governo de Israel, e ele responde: "Primeiro, a educação bicomunal, oportunidades para alfabetização das massas, que procuramos levar pelo menos até ao curso médio. Nos arredores da cidade existem uma importante fundição de ferro, uma fábrica de canos de aço, e outras de plásticos, tintas e vidro, isso sem contar as menores. Melhoramos também consideravelmente a indústria da pesca entre a população árabe".

Continuamos a andar. Espio para dentro duma padaria e vejo os padeiros tirando pão do forno. Pouco depois detenho-me para observar, fascinado, um árabe gordo que está sentado à frente duma tenda em que se vendem nozes, tâmaras, ervas e raízes medicinais. O homem tem um ar limpo e repousado de proprietário próspero. Traja uma curiosa roupa de pano verde-oliva, com dólmã de tipo militar, calças afuniladas, e tem na coroa da cabeça um fez cor de vinho. Suas mãos cheias de anéis repousam no castão da bengala, com algo de fálico, que tem entre as coxas. Sua sensualidade revela-se na beiçola carnuda. Sua cara é todo um tratado de anatomia patológica. Com os olhos miúdos mas luzidios, o homem olha os passantes, principalmente as mulheres, examinando-as da cabeça aos pés, tanto pela frente como por trás. Alguns transeuntes comprimentam-no com ar respeitoso. Deve ser um potentado local. Minha mulher me puxa pelo braço, dizendo que o figurão pode desconfiar da insistência com que o observo.

Pela rua trafegam automóveis de fabricação europeia. O trânsito é momentaneamente interrompido por uma grande carroça puxada por dois cavalos normandos. Passa por nós um árabe de cara triste montado num burrico de olhar igualmente melancólico.

Dothan olha para o relógio e nos diz que estamos já atrasados para a visita à mesquita local, onde nos esperam personalidades representativas da comunidade muçulmana.

Penetramos no claustro do templo e seguimos ao longo duma galeria com arcadas, na direção de um de seus ângulos. Avistamos, a uns vinte metros de nós, um grupo de aspecto solene, que nos aguarda nos degraus de pequena escada. A figura central é a dum homem de estatura meã, que veste uma túnica longa, dum azul de céu noturno, e tem na cabeça um chapéu branco parecido na forma com o dos popes ortodoxos, e nas mãos uma bengala. "É o cádi", informa Dothan, "o juiz religioso da comunidade." Os outros são homens baixos, um deles com um tarbuche negro na cabeça, quase todos morenos, com bons bigodes, e vestidos à maneira ocidental. Quem vem a nosso encontro é o mais alto e robusto do grupo, um sujeito ainda jovem, de tez clara. Aperta-nos a mão, pronunciando o seu nome, que não consigo ouvir claro, e o seu título: subprefeito de Acre. Diz que representa também o prefeito, que não pôde vir receber-nos porque neste momento toma parte num almoço do Rotary Club local. (O prefeito é judeu.) O subprefeito, que é muçulmano, sorri, revelando um rútilo canino de ouro, e apresenta-nos aos companheiros. Apertamos a mão do cádi e dos outros próceres e em seguida somos conduzidos a um pequeno escritório mobiliado de maneira nada árabe. Podia ser uma sala da prefeitura municipal de Cachoeiro do Itapemirim, de Caratinga ou Crato. Sentamo-nos. Vejo pela expressão do rosto de minha mulher que ela está achando tudo isso muito interessante, como eu. Agora posso observar melhor as feições do cádi. É um homem que se aproxima — e depressa — da casa dos cinquenta. Tem o rosto fino, moreno, e cobre-lhe as faces uma barba grisalha de dois ou três dias. Seus olhos negros crescem por trás das lentes espessas de seus óculos. A julgar pelo tipo físico, podia ser brasileiro, grego, italiano do Sul e até mesmo árabe, como de fato é. Não encara o interlocutor. Mantém a cabeça inclinada para a frente, os olhos baixos. Tem um ar tristonho. Começa a falar em sua língua, numa surdina monocórdia. Dothan, que é um arabista, vai traduzindo o discurso do cádi, que dá as boas-vindas aos visitantes e depois dirige suas palavras a mim, embora nem sequer uma vez volte a cabeça na minha direção. Sabe-me escritor — diz — e na sua opinião a missão primordial dos homens de letras no mundo de hoje é a de ajudar a preservar a paz e a promover um melhor entendimento entre as criaturas humanas de todas as raças. (Parodiando o menino do poema de Fernando Pessoa, ouço o cádi e me vejo a ouvir o cádi e já estou no futuro descrevendo o cádi a falar e a mim mesmo a ouvi-lo... Diabo de deformação profissional!)

Quando o juiz termina sua breve oração, faz-se um silêncio arranhado de pigarros, os próceres mexem-se nas suas cadeiras, que rangem. Sinto que se espera a minha resposta. Digo em português algumas palavras de agradecimento por esta cordial recepção, com pausas para que Dothan as vá traduzindo para o árabe. Faço uma profissão de fé pacifista e louvo a harmonia em que árabes e judeus vivem nesta cidade. Novo silêncio. O juiz bate palmas duas vezes e eis que entra em cena um homem de meia-idade que, pela corpulência e pelo brusco aparecimento, me lembra o gênio da lâmpada de Aladim. Será árabe? Turco? Druso? Tem espessos bigodes grisalhos e eriçados, curiosas calças abombachadas e arranjadas à maneira de cueiro de bebê, e um jaleco cor de vinho com bordados dourados. De uma de suas orelhas pende um pequeno aro de metal. Traz nas mãos uma bandeja com xícaras de café turco, isto é, negríssimo, com um dedo de borra e excessivamente doce. Servimo-nos. Surpresa: o café é gostoso.

O cádi ergue-se, despede-se de nós e entrega-nos aos cuidados dos outros próceres, que nos levam a visitar a mesquita, que tem o nome do paxá Ahmed Jezzar, o governador otomano do Acre que a mandou construir. Imagino-o um santo, mas Dothan me cochicha que o homem era conhecido como Ahmed, o Carniceiro. Um de seus sonhos — dos menos perigosos, afinal de contas — era o de transformar a sua Akka numa espécie de pequena Constantinopla. Para construir as arcadas desta mesquita mandou trazer para cá, em fins do século XVIII, as colunas de mármore de Cesareia. O que antes chamei de claustro, pedindo emprestada a palavra à arquitetura dos conventos cristãos, é este amplo pátio orlado de arcadas em três de seus lados, pavimentado de lajes, e onde se veem árvores, arbustos, flores, relógios de sol e uma fonte.

A mesquita propriamente dita fecha o quarto lado deste quadrângulo, que lembra um recolhido jardim, agora de repente cheio da algazarra de meninas e meninos árabes que saem da escola muçulmana — crianças morenas, de olhos graúdos, negros e lustrosos.

No momento em que estamos tirando nossos sapatos à porta da mesquita, somos apresentados a um professor árabe, homem baixo, de pele alva, com um bigode bem aparado, vestido à maneira ocidental e excessivamente perfumado. Gentilíssimo. Oferece-se para nos mostrar o santuário. Para principiar, afirma-nos que este é o maior templo islâmico de Israel. Pergunto-lhe, meio à socapa, se a comunidade árabe nunca teve conflitos religiosos com as autoridades israelenses. "Nunca!", assegura-me o professor. "O governo de Israel até nos ajuda financeiramente a manter este templo, meu caro senhor."

Estamos no salão das orações, o *maksura*, maior em largura do que em profundidade. Do teto abobadado, na ponta de longos cabos, pendem candelabros com lâmpadas de azeite. Na parede oposta à da entrada do templo vemos uma espécie de nicho. "É o *mihrab*", informa o nosso inesperado guia. "Está colocado na direção de Meca." Aprendemos que aquela espécie de púlpito, ali à direita, com a coberta em forma de pirâmide, é o *mimbar*. À esquerda do *mimbar*, apoiada em colunas e arcos, ergue-se uma plataforma, o *dikka*, da qual se leem as orações e os serviços. O soalho do *maksura* está coberto de grandes tapetes em tons de vermelho e púrpura.

Algo de embaraçoso começa a acontecer. Temos pressa, mas o professor não tem. Fala um inglês fluente, repetindo interrogativamente no fim de cada sentença a palavra *yes*. Perde-se em minuciosas e intermináveis descrições da arquitetura e do ritual muçulmanos, enquanto Dothan de instante a instante lança um olhar mal disfarçado para seu relógio-pulseira, e os dedos frios da fome começam a tocar uma leve sonatina no piano do meu estômago. O erudito professor agora nos explica algo sobre os candelabros e depois sobre o sentido simbólico das pinturas das paredes, *yes*? Por fim conseguimos sair da mesquita, *yes*?, meu relógio me diz que é meio-dia e o sol, alto no céu, confirma: *Yes! Yes!*

Rompemos num marche-marche, sempre guiados pelo professor, rumo dum museu onde outrora foi uma casa de banhos (turcos, naturalmente) e onde encontramos objetos de cerâmica da Idade Média intatos ou em fragmentos, tudo de grande valor histórico, como nosso obsequioso guia nos assegura, *yes*?, e nós acreditamos, *yes*, sem a menor dúvida. Mas venham ver estas figuras que mostram árabes e drusos com seus trajes típicos e alguns de seus objetos de uso doméstico! Dothan diz algo em árabe ao professor, que nos quer mostrar agora a todo o transe o que na sua opinião é o mais importante monumento dos tempos dos cruzados: a cripta de são João Batista. Quando, por ocasião da terceira cruzada, Acre foi retomada por Felipe II da França e Ricardo I da Inglaterra, a cidade ficou entregue aos cavaleiros templários de são João, *yes*?, motivo pelo qual passou a ser conhecida no mundo cristão como são João de Acre. *Yes!*

Metemo-nos em passagens subterrâneas, galerias de pedra, abobadadas e frias, e finalmente surgimos de novo à quente luz do dia. Protejo a cabeça com o meu chapéu de *kibbutznik* — do qual me orgulho e minha mulher muito se ri —, despedimo-nos de nosso prestativo professor e enveredamos por uma rua ao longo da qual, dum lado e outro, gritam pela nossa atenção tendas e oficinas de artesãos que trabalham em metal, e nas quais se alinham ou amontoam artefatos de ferro batido, cobre e latão. Imagino vários desses sedutores objetos postos em sossego em algum canto de nossa casa, no Brasil, mas tenho de dizer-lhes um adeus quase nostálgico, pois *tempus fugit*, como afirmava o meu velho professor de latim, e temos de cumprir todo um programa de visitas antes que o sol desapareça...

Entramos no automóvel, onde nos espera a paciência simpática de Jaime. "Vamos almoçar em Haifa", diz Dothan. Viva!

HAIFA

A viagem, feita ao longo duma baía em forma de ferradura, de águas dum vivo azul, leva menos de meia hora. Mal deixamos Acre e já avistamos Haifa, a bela cidade mediterrânea, solidamente assentada nas encostas do monte Carmelo. Como já é quase uma hora da tarde, resolvemos procurar imediatamente um restaurante. Entramos no primeiro cujo nome acena para a nossa imaginação: A Gazela. Fica a duas quadras do cais.

Minha mulher e eu nos atiramos com insopitável entusiasmo ao pão árabe — levedado! —, a *pita*, que tem a forma duma boina tostada e nos sabe muito bem ao paladar. O restaurante onde estamos se parece com dezenas de outros que temos encontrado pelo mundo. Podia estar tanto em Toulouse, como em Buenos Aires, Patras, Évora ou Belém do Pará. Refiro-me à sua decoração incaracterística, às mesas com tampo de fórmica, ao açucareiro de plástico e aos guardanapos de papel. A comida — churrasquinhos árabes e verduras — é bastante aceitável.

A um homem de "coração remendado" como eu os médicos proíbem o exercício físico logo após as refeições. Assim, resigno-me a ver a cidade de dentro do carro, que nos leva por estas ruas ricamente arborizadas. À primeira vista, por causa do monte, da baía e de sua vaga configuração de anfiteatro, Haifa nos faz pensar numa Gênova com sotaque ligeiramente levantino e acentuadamente britânico. Há sessenta anos Theodor Herzl, o pai do sionismo, previu um grande futuro para esta comunidade portuária, e não se enganou.

Haifa deve aos ingleses o seu excelente, moderno porto, dos mais ativos de todo o Mediterrâneo, e que pode dar conta de mais de três milhões de toneladas de mercadorias anualmente. É por aqui que os israelenses exportam para vários países do mundo o grosso de suas safras de frutas cítricas.

Haifa, repito, é acentuadamente britânica. Para começar, mantém-se impecavelmente limpa, e o mérito dessa limpeza cabe hoje em dia ao seu prefeito e à população israelense. É também uma cidade silenciosa, apesar de sua atividade industrial, comercial e social, pois aos que dirigem automóveis as autoridades municipais proíbem o uso das buzinas.

Haifa não tem passado bíblico. Com mais de duzentos mil habitantes, é a segunda cidade de Israel, em população. Já estou inclinado a dizer que, topograficamente pelo menos, é a mais bela, e se me contenho é porque ainda não vi Jerusalém. Existem nos seus arredores grandes refinarias de petróleo, fábricas de cimento, tecidos, vidro, oficinas de montagem de automóveis e indústrias de alimentos. Não faz muito o governo de Israel terminou a construção dum vasto bairro residencial, com confortáveis edifícios de apartamentos de cinco andares, e que se estende ao longo da baía, a noroeste da cidade antiga. Suas ruas são orladas de oleandros rosados e pinheiros-de-jerusalém. Nos seus jardins a relva é regada com o mesmo cuidado e abundância d'água que vemos nas metrópoles da Europa.

Pode-se dizer que Haifa é uma cidade de patamares. No primeiro patamar (simplifiquemos, pois evidentemente a coisa toda é mais complicada) fica a cidade antiga, que se parece com todas as cidades marítimas do mundo — a floresta de guindastes, mastros, cascos, quilhas e bandeiras ao longo do cais, as ruas movimentadas, com bazares, cafés, velhas fachadas batidas de vento, sol e tempo e que parecem contar histórias de náufragos, piratas, heróis, bandidos, imigrantes, aventureiros... Cada uma das tavernas desta zona do porto, com sua rica variedade de tipos humanos vindos de todos os quadrantes da Terra, é uma babel em miniatura, onde se fala árabe, hebraico, turco, iídiche, francês, inglês, ladino, alemão, italiano, grego... sei lá mais quê!

Se subirmos ao segundo patamar, a meia encosta do monte Carmelo, encontraremos já ruas de comércio mais fino, melhores edifícios e as residências do que imagino ser uma sólida classe média. Tenho um amigo que costuma dizer que existem no mundo dois tipos de gente que, melhor que ninguém, sabe escolher o local para edificar suas casas ou templos: padre e inglês. Os ingleses que aqui se estabeleceram durante o Mandato trouxeram consigo sua tradição de bem morar e bem viver, e sua afeição por parques e jardins.

Nosso carro percorre lentamente estas ruas, muitas delas serpentinas, passando por belas e repousadas mansões situadas em meio de bosques. Se lá embaixo no primeiro patamar há uma atividade frenética de pessoas, guindastes, barcos, automóveis e caminhões, aqui em cima prevalece um ar de domingo, de feriado ou, se preferirem, de Sabá.

Subimos ao último patamar, no topo do monte, onde vemos os alicerces da nova universidade, para cujo projeto colaborou o nosso admirável Oscar Niemeyer. Desta altura a vista é soberba: abrangemos com o olhar toda a baía com suas águas plácidas, vemos as encostas forradas de verdura, o vermelho pardacento dos telhados, as pedras trigueiras de muros e fachadas. Longe, para as bandas do norte, como uma espécie de miragem, as casas cor de areia de Acre — e por sobre tudo isso a luz do sol, a brisa de abril e uma bendita ilusão de que o mundo está em paz e de que nenhum perigo ameaça este pequeno e industrioso país.

E aquele edifício de grande cúpula dourada no meio da floresta de ciprestes? É o templo central da seita religiosa de Bahai, cercado pelo seu jardim persa. Uma escadaria de centenas de degraus, que começa na zona onde ficava a antiga colônia alemã, sobe numa sucessão de patamares até à porta do templo. Lembro-me de que, faz exatamente vinte e cinco anos, quando visitei os Estados Unidos pela primeira vez, vi em Chicago um santuário Bahai parecido com este, apenas num cenário menos imponente. Recordo as palavras de um dos membros dessa seita, que me resumiu a sua fé: "Deus se faz conhecer aos homens de diversas maneiras, através de seres privilegiados, os profetas, que aparecem em diversas etapas do progresso humano. Os membros da fé Bahai aceitam tanto Moisés como Cristo, Abraão, Maomé, Davi... Cremos na unidade de todas as religiões da Terra e na necessidade de descobrir uma linguagem internacional para um melhor entendimento entre os homens, principalmente no plano espiritual. Acreditamos também na paz, na educação universal e na igualdade entre homens e mulheres. Os adeptos de nossa fé devem levar uma vida simples e manter o espírito do Bom Samaritano".

Visitamos rapidamente um mosteiro construído pela Ordem dos Carmelitas, no lugar mesmo onde se supõe tenha sido a caverna onde viveu o profeta Elias. O padre que nos recebe é um homem ainda jovem, moreno e robusto. Descubro em seu semblante traços semíticos. Pergunto qual é o seu nome de família. Ele sorri e diz: "Bialek. O senhor acertou... Sou filho de judeus. Meus pais são da África do Sul". Sai a mostrar-nos as dependências do museu. Nosso frade recorda que Edith Stein, a freira carmelita que tanto se distinguiu por seus escritos teológicos e por sua piedade, foi arrebatada pelos nazistas a um convento da Holanda, onde se refugiara, e exterminada em Auschwitz pelo "crime" de ser judia.

Vamos ver mais tarde a exposição internacional de flores, a que concorrem vários países da Europa, da América, da África e da Ásia. Encontramos espécimes de quase todos os climas da terra, alguns duma beleza esquisitamente delicada e às vezes até improvável. A Alemanha Ocidental mandou lindas rosas. Se eu fosse religioso, faria agora mesmo uma oração, evocando o espírito de Edith Stein e pedindo a Deus que daqui por diante, pelos séculos dos séculos, Israel e a Alemanha não cessem de trocar rosas entre si. (Uma pitada de otimismo — mesmo que pareça cretino — nunca fez mal a ninguém.)

O auto nos leva por entre bosques de corticeiras e pinheiros, monte abaixo, e, depois de percorrer pouco mais de dez quilômetros, chegamos ao Instituto Tecnológico de Israel, conhecido como Technion. Os muitos edifícios de seu *campus* estão rodeados de bosques de pinheiros. Este é um dos mais antigos estabelecimentos de ensino superior do país. Com uma matrícula de quase três mil estudantes, oferece cursos de engenharia civil, mecânica, eletricidade, matemática, arquitetura, química, aeronáutica, organização industrial, metalurgia, minas, agricultura e estudos gerais. Em sua maioria os engenheiros que hoje trabalham em Israel diplomaram-se no Technion de Haifa, que nestes últimos anos criou um departamento de ciências nucleares. Aqui se encontram, graças a bolsas de estudo, mais de trinta jovens, naturais de doze países afro-asiáticos.

Deixamos Haifa às cinco da tarde. Levo a frustração de não ter conhecido melhor esta cidade. Gostaria de caminhar sem pressa por suas ruas e — já que tenho uma fascinação mórbida por escadas — subir um dia, à hora do poente, os degraus de mármore que, por entre solenes ciprestes, me levariam até à porta do templo Bahai... e talvez à salvação espiritual.

Mas aqui estamos de novo no automóvel, deixando para trás, mal vista e cheia de secretas promessas, Haifa, banhada — como diria um poeta parnasiano — na luz de ouro e rosa do entardecer.

OS DRUSOS

Conheci em Tel Aviv, em rápido encontro no Instituto Afro-asiático, um druso com suas vestes características — na cabeça um pano branco, uma variante do *kaffyeh* árabe, no resto uma espécie de paródia dum trajo de gaúcho platino —, um tipo musculoso, de pele rubicunda, olhos dum azul desbotado, cabelos e bigodes ruivos, parecidíssimo com o gen. Gamelin, que conheci em mil e novecentos e vinte não me lembro quantos, quando ele passou pela estação ferroviária de minha cidade natal, ao tempo em que chefiava no Brasil a missão militar francesa.

Em nosso caminho rumo do sul passamos de largo por algumas aldeias habitadas exclusivamente pelos drusos, que formam uma espécie de arquipélago étnico dentro de Israel. (Há em todo o país uns trinta mil deles.) Originários da Síria e do Líbano, os drusos pertencem a uma seita dissidente do islamismo e cultivam uma religião um tanto obscura. Afirmam eles que Al-Hakim, o sexto califa fatímida, que no século XI se apresentou ao seu povo como uma divindade, era realmente Deus. Ao tempo em que governavam a Palestina, os turcos encontraram forte oposição da parte dos drusos, que não se deixavam governar. No século XIX voltaram esses drusos a sua ira sobre os cristãos, principalmente os maronitas, organizando contra estes os seus pogromzinhos periódicos. Durante a Segunda Guerra Mundial, ajudaram como combatentes as forças britânicas e as da França livre contra os representantes de Vichy, que dominavam o Líbano.

Tudo parece indicar que os drusos de hoje são homens pacatos, ainda extremamente individualistas, mas que na Palestina vivem na melhor harmonia com os israelenses, ao lado dos quais lutaram contra os árabes em 1956. Dothan me assegura que são formidáveis soldados, tidos como os mais façanhudos da Ásia. Nada disso, porém, leio nas caras de expressão plácida desses homens que cultivam a sua terra e vivem em paz a sua vida. Excelentes cidadãos, têm um representante próprio no Parlamento israelense.

6
Os judeus e o judaísmo

UMA TOSSE E UM TEMA

Chegamos a Tel Aviv antes do anoitecer e tornamos a hospedar-nos no Hotel Dan. Enquanto fazemos uma refeição leve no quarto, minha companheira e eu pomos em confronto nossas impressões de pessoas e lugares vistos durante o dia.

Voltando do quarto de banho ela me torna a falar maravilhada na abundância e na limpidez da água que jorra das torneiras e do chuveiro. Conto-lhe uma piada israelita: "Sabes quem foi o primeiro hidrologista do povo judeu? Moisés. Durante o Êxodo, vendo que seus seguidores morriam de sede no deserto, o Profeta bateu com sua vara numa rocha e fez a água jorrar...".

M. deita-se na sua cama, põe-se a anotar numa caderneta as andanças do dia, mas em breve cai no sono, deixando-me acordado na má companhia da tosse e dum tema. Não preciso dizer o que é uma tosse. Quanto ao tema, é este: *Que é um judeu?*

Levo a pergunta para o quarto de banho, penso nela enquanto me dispo e planto debaixo do chuveiro. Que é um judeu? Ensaboo o corpo com uma fúria profética. Que é um judeu? Quem souber levante a mão. "Eu sei, professora!" Havia na nossa classe no curso primário um "russinho" que sabia tudo. Hoje, sessentão e talvez obeso, será que sabe o que é ser um membro de sua raça? Eu disse *raça*? A memória me manda num relâmpago uma imagem de 1944: miss Kinspel, judia-americana, minha aluna no Mills College, na Califórnia. Ficava indignada quando eu me referia à sua "raça". "Mas nós somos uma seita religiosa e não uma raça!", protestava. Muito bem. Só uma seita religiosa? Nada mais? Outro estudante meu, também de origem hebraica, costumava dizer que os judeus são um *folk*, isto é, uma gente.

A água do chuveiro cai-me no corpo, espécie de submissa chuva individual. É um dia de inverno em Porto Alegre, há muito tempo. O poeta Mario Quintana está a meu lado, olhando vago a gelada garoa cair sobre os telhados de nossa cidade. Estamos ambos deprimidos porque as tropas nazistas acabam de entrar em Paris. O poeta tenta consolar-se e consolar-me, dizendo: "Nem os alemães nem ninguém poderá jamais conquistar Paris, porque Paris não é uma cidade, mas um estado de espírito". Pergunto-me agora se ser judeu não será também um estado de espírito...

Enxugo o corpo com uma toalha felpuda, com um método bem maior que o de meus pensamentos. Lembro-me de ter lido um artigo em que Erich Kahler sugere que os judeus são "uma tribo transnacional" nascida duma religião, que constitui o seu cerne primordial. Bom, no princípio o povo judeu era formado por um conjunto de tribos... Kahler esclarece que aplica a essa "tribo" o adjetivo transnacional por causa de seu envolvimento histórico e de sua preocupação com os destinos da humanidade em geral. Em suma, a substância da particularidade dessa sociedade humana reside em sua universalidade.

Enfio o pijama, volto para o quarto de dormir e me deito. A pergunta deita-se comigo. Apago a luz, cruzo os braços, sinto que não me vai ser fácil armar uma boa arapuca para apanhar o arisco pássaro do sono. Sinto que estou nesta cama com todo o povo hebreu e seus problemas, e isso é uma perturbadora e confusa responsabilidade.

Tribo transnacional? Estou certo de que os antropólogos e os sociólogos refutarão a tese de Kahler, por falta de base científica. Seja. Mas... que é um judeu?

Esta visita a Israel já contribuiu, entre muitas outras coisas, para convencer-me de que não existe um tipo somático uniforme de judeu. Durante a ceia pascal no *kibbutz* de Gan Chmuel, tive uma prova viva disso.

Que terão os judeus em comum? Para principiar, a religião. Depois, o destino histórico. Tudo isso é óbvio. Vejamos o resto. Por que vivem nesse "esplêndido isolamento"?

De olhos fechados busco o sono, mas em vão. Meus companheiros de cama falam demais, não me deixam dormir.

Que características serão mais encontradiças no homem de origem hebraica? Penso em alguns dos lugares-comuns que se dizem e escrevem sobre ele. Um amigo meu, brasileiro e extremamente reacionário, está convencido de que, com raras exceções, os judeus são todos comunistas, empenhados numa sinistra conspiração para solapar e derribar o edifício do capitalismo. Para outros, entretanto, o judeu é o símbolo mesmo do capitalismo explorador e desalmado. Não temos então razões de sobra para malquerer uma raça que produz por um lado Karl Marx e Leon Trótski e por outro a família Rothschild?

Em que ficamos, então? Não ficamos. Com os judeus a gente nunca pode parar, está sempre a andar, empurrado de surpresa em surpresa, de perplexidade em perplexidade.

Examinemos o papel do povo hebreu no folclore cristão. "Assassinos de Cristo!", brada num remoto sermão um padre de minha província e infância. Os judeus crucificaram o Nazareno, e essa nos seria uma razão suficiente para odiá-los, mesmo que não existissem outras. O que, porém, entre nós não parece levar-se em conta é o fato de que Jesus Cristo era também judeu, escolheu seus primeiros apóstolos entre os judeus e teve discípulos e adeptos judeus. E não foi Ele julgado e condenado à morte ao tempo em que *romanos* pagãos governavam a Palestina? E é bom não esquecer que judeu era também Paulo de Tarso, que levou as ideias de Cristo para o Ocidente, evitando assim que o cristianismo permanecesse como uma obscura seita dissidente do judaísmo. Quando menino ouvi histórias terríveis sobre os "hereges que repudiaram e sacrificaram o Messias". Um dos casos passou-se na Idade Média. Numa cidade da Inglaterra desapareceu um dia um menino. Espalhou-se então a notícia de que os judeus o haviam assassinado para beber seu sangue num ritual religioso. ("Vocês sabiam que durante a ceia da Páscoa os judeus comem bolinhos coloridos com sangue de cristão?") Isso foi motivo para violentas manifestações de antissemitismo, não só naquela cidade como no resto do país. No entanto, quando mais tarde foi encontrado o cadáver do rapaz desaparecido, verificou-se que ele tinha morrido de causas naturais. É muito conhecida a lenda, segundo a qual um judeu, com a cumplicidade de uma criança cristã que ele corrompeu, conseguiu roubar duma igreja uma hóstia para furá-la com um instrumento cortante e fazer escorrer dela o sangue de Cristo, repetindo assim o ato da crucifixão.

Parece-me que a sina de todas as sociedades e instituições herméticas é a de provocar suspeitas a seu respeito, fornecendo motivos para fantasias descabeladas e sempre de caráter sinistro. Tomemos, por exemplo, a Maçonaria. Lembro-me de outro vigário, do interior de meu estado natal, que de seu púlpito atacava os "pedreiros-livres", afirmando que em suas sessões secretas esses inimigos implacáveis da Igreja se entregavam às mais nefastas orgias de sangue, e que para conseguir o cobiçado grau 33, um maçom tinha de primeiro matar um certo número de pessoas.

Esse antissemitismo católico tem raízes em escritos de vários doutores da Igreja. Santo Agostinho escreveu — e nisso santo Tomás de Aquino estava de acordo com ele — que Deus pôs a marca de Caim nos judeus e recomendava a seus fiéis que não os assassinassem, pois que deviam ser preservados "como testemunhas de sua culpa, e de nossa verdade", servos para sempre dos povos cristãos. (O Concílio Vaticano II reconheceu que "se bem que os principais dos judeus, com os seus seguidores, insistiram na morte de Cristo, aquilo com tudo que se perpetrou na sua Paixão não pode indistintamente ser imputado a todos os judeus que então viviam, nem aos de hoje. Embora a igreja seja o novo Povo de Deus, os judeus, no entanto, não devem ser apresentados como condenados por Deus, nem amaldiçoados como se isso decorresse das Sagradas Escrituras".)

Continuo a ouvir vozes da minha infância e adolescência. O judeu merece nosso desprezo pela sua mesquinhez, pelo seu amor ao dinheiro e pelas infernais artimanhas que usa para vender e ganhar mais e mais. Ora, tudo isso que se diz do judeu no mundo ocidental se diz do chinês na área asiática. Quanto à esperteza para negócios, ouvi na Grécia que é preciso dois judeus para enganar um grego e três gregos para lograr um armênio...

Deixando de lado o domínio do folclore e da mitologia — o que parece fora de dúvida é que o povo hebreu possui aquilo a que Miguel de Unamuno chamava "o sentimento trágico da vida". Não é, pois, de admirar que essa gente tenha a vocação e até mesmo o "hábito" da tragédia. As durezas do exílio, o pavor dos massacres, dos pogroms, das expulsões — parecem estar no seu inconsciente coletivo. Nenhuma dor no mundo é mais profunda, dilaceradora e desesperada que a dos israelitas. Não existe velório mais trágico do que o do judeu, com suas mulheres a chorar, a balançar o busto para a frente e para trás, a soltar exclamações de dor, de mistura com interpelações ao seu Deus. (Nisso se parecem com os povos do Sul da Itália, da Espanha e da Grécia — ah, aquelas mulheres eternamente vestidas de preto! — e eu aqui já estou a me perguntar onde está então a decantada alegria pagã do Mediterrâneo, e a me responder que as generalizações, meu caro insone, são sempre perigosas.) Às vezes uma conversa entre judeus — refiro-me principalmente à gente simples — parece um torneio apocalíptico de desgraças em que leva a palma aquele ou aquela que provar (dificílimo!) que tem em sua vida e em sua família o maior número de doenças incuráveis e de dolorosos problemas insolúveis.

Às vezes somos levados a perguntar se não haverá um certo sadomasoquismo nessa compulsão para verbalizar desgraças com tanta insistência, veemência e minúcias.

Mas o curioso é que, apesar desse convívio tão íntimo com a tragédia, não conheço povo com mais pronunciada veia cômica do que o

Os Verissimo no Instituto Weizmann de Ciências, na companhia de Raquel e Alexandre Dothan. Rehovot, Israel, 1966.

Erico Verissimo e Alexandre Dothan
em Asdode. Israel, 1966.

Erico Verissimo e sua mulher, Mafalda, com
Alexandre Dothan em Asdode. Israel, 1966.

Os casais Verissimo e Dothan durante visita a Asdode. Israel, 1966.

Erico Verissimo e Alexandre Dothan. Ao fundo,
as ruínas de Ascalom. Israel, 1966.

Erico Verissimo e Alexandre Dothan nas ruínas de Ascalom. Israel, 1966.

PÁGINA AO LADO:
Erico Verissimo em Ascalom. Israel, 1966.

Erico Verissimo com a poetisa Lea Goldberg na
Universidade Hebraica de Jerusalém. Israel, 1966.

Os casais Verissimo e Dothan em visita à Universidade Hebraica de Jerusalém. Israel, 1966.

Erico Verissimo no Museu de Israel. Israel, 1966.

Erico Verissimo no *campus* da Universidade Hebraica
de Jerusalém. Israel, 1966.

Os Verissimo com Marisa e Henrique Steinberg no
kibbutz Gan Chmuel. Israel, 1966.

Os casais Verissimo e Steinberg em Israel. No verso desta foto, anotação do autor: "Saímos a andar pelos verdes meandros do Jardim de Samuel, na companhia dos Steinberg". 1966.

judeu. Creio que foram eles os criadores do humor negro. Chegam ao ponto de inventar anedotas em torno das suas próprias desgraças!

O que agora passa por humor tipicamente americano — e que para meu gosto é o melhor do mundo — deve-se em grande parte aos judeus. Observei isso desde a minha primeira visita aos Estados Unidos, em 1941. É que os mais importantes caricaturistas e fazedores de *gags* (piadas) que naquele país trabalham para o cinema, o rádio, o teatro e, mais recentemente, para a televisão, são em sua maioria de origem hebraica. O povo americano absorveu esse tipo de humor (tocado tantas vezes do *nonsense*, isto é, do contrassenso, do absurdo, o que em parte é uma herança britânica) — e hoje não só o aceita como também o pratica como uma expressão nacional.

O POVO VERBAL

Alfred Kazin, um dos críticos literários mais lúcidos dos Estados Unidos, falando num ensaio sobre os judeus, dos quais descende, declarou que eles são o povo mais verbal da história.

Verbal? Claro. O judeu é em geral livresco e tem a paixão da discussão, da polêmica, sendo dotado duma veia filosófica ou, melhor, *filosofante*, que se revela até nos homens de pouca ou nenhuma cultura. Muitas vezes tenho seguido, fascinado, no Brasil e nos Estados Unidos, em cafés ou praças públicas, discussões entre dois ou mais judeus, frequentemente pessoas de meia-idade ou velhas. Grandes citadores do Talmude, do Torá e do Velho Testamento, bem como de autores que de certo modo encarnam a experiência, a sabedoria e a filosofia da vida adquiridas pelos israelitas nos ásperos caminhos da Diáspora — esses velhotes engalfinham-se em intermináveis e emaranhados duelos verbais. Descobrem profundezas oceânicas nos mais rasos dos riachos. Seu prazer nesse torneio é duplo. Apaixonados da Verdade, cada qual quer sempre ser o dono dela: voluptuosos do verbo, comprazem-se no puro jogo de palavras com que expõem suas ideias. E — que diabo! — sempre é bom a gente dar um espetáculo de sabedoria, e uma das coisas mais difíceis do mundo para um sabichão é pronunciar estas simples palavras: "Não sei". Corre entre os próprios judeus um ditado segundo o qual quando dois "patrícios" discutem, há sempre três pontos de vista diferentes. Conta-se que, divisando um vulto solitário numa pequena ilha deserta em alto-mar, o capitão dum transatlântico mandou um barco com dois marinheiros para salvar o infeliz. Chegados à ilha, os marujos verificaram logo que o náufrago era um judeu, e que havia construído com folhas de palmeira e troncos de árvores três cabanas. Para que três habitações se o homem estava sozinho? — quiseram saber. E o náufrago, já pronto para uma polêmica, explicou: "A casa do centro é a minha residência. A da esquerda, uma sinagoga ortodoxa. A da direita, uma sinagoga reformada. Quando eu me desentendo na primeira, passo para a segunda, e vice-versa".

Conheço uma anedota que ilustra muito bem o espírito não só desconfiado como também sinuoso do judeu, para quem as coisas nunca são tão simples como parecem e as palavras não devem ser nunca tomadas ao pé da letra. Um dia Samuel encontra Nathan na estação ferroviária de Tel Aviv e lhe pergunta: "Para onde vais?". O outro, já dentro do trem, responde: "Para Jerusalém". O comboio põe-se em movimento e Samuel fica na plataforma a refletir: "Esse Nathan é um mentiroso. Disse que vai para Jerusalém para eu pensar que ele vai para Sefad. Mas eu não me deixo enganar assim tão facilmente. Ele vai mesmo para Jerusalém".

Deixando o mundo da anedota, mas continuando no da palavra, poderíamos dizer que durante o período da Dispersão o povo hebreu construiu no plano do espírito uma espécie de pátria verbal com bases em seus escritos sagrados. Alguns judaístas concordam em que nestes últimos quatro mil anos o povo hebreu se tem mantido por assim dizer em comunicação direta com Jeová. Se lermos com atenção o Velho Testamento encontraremos trechos em que o Povo Escolhido, o filho dileto, fala de igual para igual com o Pai, queixando-se dele e reivindicando direitos. Mais de uma vez a paixão verbal dos judeus levou alguns de seus filósofos e teólogos a afastar-se da estrada real do talmudismo. Uma dessas instâncias foi o período do domínio grego da Palestina em que muitos rabinos se deixaram fascinar por ideias helenistas. Na era islâmica alguns doutores hebreus mantiveram com o caraísmo um namoro que os desviou do Talmude. Creio entretanto que a crise mais séria ocorreu durante a Idade Média, quando alguns letrados de Israel se dedicaram à Cabala. Esse perigoso desvio durou séculos, como observa Max I. Dimont em seu interessante *Os judeus, Deus e a História*, livro que os ortodoxos do judaísmo parecem detestar e os críticos chamados sérios menosprezam por causa de seu tom muitas vezes jocoso e um tanto irreverente. A Cabala foi por largo período a expressão mística do judaísmo, nascida do desejo dum contato e duma comunhão mais intensos com a Divindade. Na dimensão filosófica os cabalistas não só tratavam de explicar, à revelia do Talmude, a relação entre Deus e a Criação, como também o problema do Bem e do Mal. Buscavam, em suma, um novo caminho para a perfeição espiritual. Ao que parece, Jeová permitiu que seus filhos transviados falassem à vontade e impunemente. Feita a catarse verbal, voltaram os filhos pródigos à Casa do Pai, que os esperava com a vitela gorda e o anel para celebrar o retorno e a reconciliação.

Martin Buber, o notável filósofo e teólogo israelita, concebe a fé religiosa como um diálogo entre o homem e Deus. Na sua opinião Israel é um exemplo, no plano coletivo e nacional, dessa "relação dialogal". A Bíblia é a arca que contém o tesouro dessa experiência pela qual Israel ouve o chamado de Deus e tenta responder a ele.

Afirma Martin Buber que o *leitmotiv* da história dos judeus é a relação entre eles e Jeová. Deus deu ao homem liberdade de ação (e nisso Buber pensa exatamente como o católico Jacques Maritain e o protestante Paul Tillich), de sorte que as criaturas humanas, de acordo com o próprio arbítrio, podem tanto voltar-se para Deus como afastar-se dele. E o que acontece entre o homem e Deus constitui a História.

O que me parece importante nesse diálogo milenar é que os judeus jamais desesperaram de seu Deus, a despeito de todas as suas querelas com Ele e com os gentios. Creio que foi o escritor católico Georges Bernanos quem falou no "pecado contra a esperança". Os judeus nunca desesperaram de seu futuro e isso os ajudou a sobreviver como povo (ou tribo ou raça) e como religião.

E dito isso, senhoras e senhores, vou dormir.

A FEIRA LIVRE

Mas não consigo. Sou sacudido por um novo acesso de tosse. E continuo a pensar. Meu cérebro agora é uma praça pública na qual desembocam as avenidas, ruas e becos da memória, com o seu rico e imprevisível trânsito de imagens, lembranças, vozes, impressões, vivências, espectros de figuras humanas, vivas e mortas, da vida chamada real — tudo isso de mistura com os deuses e duendes de minha mitologia particular. É dia de feira na praça. Feira livre. Vejo aqui Karl Marx e os irmãos Marx. Albert Einstein e Danny Kaye. Davi Ben-Gurion e o dr. Sigmund Freud. Marc Chagall e Golda Meir. Quantos mais? Diviso, escondido à sombra dum muro do gueto de Praga, o vulto esquivo de Franz Kafka. Lá vem Martin Buber com as barbas ao vento. Vislumbro também cristãos no meio desses hebreus. Reconheço o prof. Arnold Toynbee, o famoso historiador inglês, autor do alentado *Um estudo de história*. Em meio da turba circulam pessoas cujas faces não posso distinguir com clareza, pois minha praça não é lá muito bem iluminada: reina nela um lusco-fusco que se parece com o que habitualmente envolve os problemas que pretendo discutir com essa gente. Não seria má ideia começar pelo dr. Toynbee, que não morre de amores pelos judeus. (É preciso ouvir também a oposição.)

— Meu caro professor, muito prazer em vê-lo aqui. Não esperava essa honra...

Toynbee sacode brusco a cabeça completamente branca e, com sua voz oval, levemente hesitante e muito britânica, balbucia:

— Não creio que tenhamos sido apresentados...

— Exato. O senhor não me conhece. Mas eu o conheço, não tanto como devia, mas conheço... Estou fazendo um breve inquérito para meu uso particular. Permita que lhe formule uma pergunta: "Que são os judeus?".

— Os judeus são uma relíquia fóssil da antiga civilização siríaca, tal como esta se apresentava antes da intromissão dos gregos.

— Mas não lhe parece, mestre, que para fósseis os judeus são vivos e ativos demais?

— Caro senhor, espere um momento e escute. Judá, de onde vieram os judeus, era, como as comunidades fenícias, aramaicas e filisteias, um Estado paroquial da civilização siríaca. Ora, quando as suas coirmãs perderam a identidade e a condição estatal, como resultado de choques fatais com seus vizinhos babilônicos e helênicos, os judeus, estimulados por esses choques, por esse "desafio", conseguiram criar para si mesmos um novo modo de existência corporativa no qual lograram sobreviver à perda de sua terra e da condição de Estado, preservando sua identidade na Diáspora, e no meio de maiorias e governos estrangeiros.

— Sempre desconfiei que a sobrevivência dos judeus se deva à Diáspora.

— "Desconfiou"?

— Bom, sei que o verbo é indigno dum historiador. Mas acontece que sou um *estoriador*, um romancista, compreende? Mas faço-lhe outra pergunta. *Como* foi que os judeus preservaram sua identidade?

— Ora, graças à improvisação de novas instituições e à especialização em novas atividades. Na elaboração de suas leis religiosas encontraram um novo cimento social. Sobreviveram às desastrosas consequências econômicas trazidas pelo seu desenraizamento do solo de seus ancestrais, desenvolvendo no exílio uma habilidade especial no comércio e em outros negócios urbanos, já que não podiam continuar a sua atividade pastoril, por falta de terra própria.

— Falemos agora nas penalidades que os judeus sofreram na Diáspora.

— A reação dos judeus a essas perseguições são bem conhecidas, quero dizer, esses exilados começaram a revelar certas qualidades que os distinguiam dos outros povos. Agora, resta-nos descobrir se essas qualidades se devem, como geralmente se supõe, ao "judaísmo" dos judeus, olhados como raça ou seita religiosa, ou se elas foram simplesmente produzidas pelo impacto da penalidade, como estou inclinado a crer.

— O mestre acha então que tais penalidades constituíram um desafio ao qual os hebreus responderam de maneira positiva?

— Sim. Observamos que a exclusão tirânica dessa minoria do gozo da plena cidadania estimulou seus membros a prosperar e a distinguir-se nas atividades que lhes eram permitidas. E nós nos maravilhamos ante todos esses *tours de force* nos quais essas minorias se revelaram como a encarnação mesma da invencibilidade da natureza humana. Agora quero que me entenda bem. O âmago da tragédia do antissemitismo está no fato de que, se por um lado a punição estimulou essa minoria punida a uma reação heroica, por outro conseguiu deformar a sua natureza humana...

— O senhor acha, professor?

— Os judeus têm sido vítimas da ilusão de que são não *um* povo escolhido, mas *o* Povo Escolhido. O Velho Testamento nos mostra o exemplo histórico mais notório de autoidolatria dum ego efêmero. E esse foi o erro dos judeus. Num período de sua história, que começou na infância da civilização siríaca e culminou na Era dos Profetas, o povo de Israel e Judá ergueu-se muito acima do povo siríaco, graças à sua concepção monoteísta da religião. Conscientemente e com todo o direito orgulhosos desse tesouro espiritual, eles se deixaram trair pela idolatria dessa fase notável mas transitória de seu desenvolvimento espiritual, está me entendendo? Claro, não nego que eles eram dotados duma lucidez espiritual sem par, mas depois de terem adivinhado uma verdade que era absoluta e eterna, deixaram-se cativar por uma meia verdade relativa e temporária. Convenceram-se de que sua descoberta do Deus único e verdadeiro tinha feito de Israel o Povo Escolhido. E essa meia verdade engodou-os a cometer o erro fatal de considerar uma eminência espiritual momentânea, que eles haviam atingido a duras penas, como um privilégio a eles conferido por Deus numa aliança eterna. E foi por isso que os judeus rejeitaram o tesouro ainda maior que Deus lhes ofereceu na vinda de Jesus de Nazaré.

— Meu caro mestre, com sua licença direi que não acho o seu raciocínio completamente válido. Primeiro, porque não aceito a ideia de que os judeus sejam o Povo Eleito, mesmo porque não tenho nenhuma certeza quanto à existência do Eleitor. Segundo, porque podemos criticar os cristãos por terem aceito o Messias quase com os mesmos argumentos com que o meu caro professor criticou os judeus, por se imaginarem os escolhidos de Deus. Crença por crença, veja bem...

Na cabeça dum homem tudo é possível acontecer: todos os encontros, todos os debates, todas as audácias e irreverências.

ANTISSEMITISMO

Ah! Esta tosse! Esta praça! Esta gente! Estas vozes!

Avisto uma figura monumental: o dr. Oswald Spengler, sentado a uma mesa, bebendo cerveja. Com sua grande cabeça raspada de huno, ele me inspira um certo temor só comparável ao que me produziu o seu compacto volume de *A decadência do Ocidente*. Enfim, como a "praça" é minha, ouso perguntar-lhe, não sei bem em que língua: "*Herr professor*, que me diz do povo judeu?". O filósofo nem se dá o trabalho de me olhar. Golpeia o ar com a palma da mão e faz: "Ach!". Nada mais.

Está bem. Vou falar com o dr. Sigmund Freud, com quem me sinto mais à vontade. O Velho está sentado a uma mesinha, num café vienense, fumando o seu charuto. Convida-me a sentar a seu lado. Peço-lhe que me diga algo sobre os judeus, e o pai da psicanálise começa a expor a tese que desenvolveu em *Moisés e o monoteísmo*. Quando se cala para reacender o charuto, aproveito a pausa para dizer: "O senhor me desculpe. Conheço a tese. É fascinante mas não vai me ajudar muito agora. Quero que o meu estimado mestre desça um pouco dessas alturas metafísicas, se me permite o termo, e me fale um pouco das razões do antissemitismo no mundo ocidental".

O Velho me fita com seus claros olhos agudos e diz:

— Um dos motivos mais falaciosos do antissemitismo é a acusação de que os judeus são *estrangeiros*, invocada na Alemanha de Adolf Hitler... lembra-se dessa peste? Bom. Você sabia que os judeus chegaram, por exemplo, a Colônia, trazidos pela onda romana, muito antes de lá aparecerem as primeiras tribos germânicas? Vamos a outro motivo. Os judeus vivem como uma minoria no meio de outros povos e, como se sabe, o sentimento de solidariedade das massas para ser completo necessita alimentar-se da animosidade contra uma *minoria forasteira*.

— Temos aí a velha história do bode expiatório.

Neste momento surge em nossa frente um homem franzino, de gestos nervosos, metido num uniforme do Exército francês de fins do século XIX. Inclina-se de leve, bate os calcanhares, faz uma continência e diz: "Capitão Alfred Dreyfus, ex-membro do Estado-Maior do Exército francês. Acho que meu caso é bastante conhecido e dispensa explicações. Sou um excelente exemplo de *bode expiatório*. Quem, entre todos os outros oficiais do Estado Maior, podia ter vendido documentos secretos à Alemanha? Quem senão eu, o judeu, o venal, o apátrida? *Au revoir!*".

Faz uma meia-volta militar e se vai por entre a multidão. O dr. Sigmund segue-o com o olhar, murmurando: "Estava inocente da culpa que lhe imputavam, como ficou sobejamente provado. Mas era um neurótico. Precisava dum bom tratamento psicanalítico, coitado. Mas agora é tarde demais".

— Bom, doutor, na sua opinião quais são as causas mais profundas do sentimento antijudeu?

— As raízes do antissemitismo — responde o Velho, soltando uma baforada de fumaça na minha cara — estão no inconsciente dos cristãos. Vêm do ciúme que estes sentem dum povo que se apresenta como o filho dileto de Deus.

— Mas será que os cristãos acreditam nisso?

— Eu falei em *inconsciente*. Veja bem. Entre os costumes judeus que marcaram o afastamento, a separação desse povo dos gentios está o da circuncisão, que causa no gói uma impressão desagradável, talvez porque lhe sugere a ideia da castração e de coisas de seu passado primevo que ele deseja esquecer.

— Sutil, doutor, muito sutil. E que mais?

— Não esqueça também que os povos que agora se distinguem na prática do antissemitismo tornaram-se cristãos em tempos relativamente recentes, e não raro foram forçados a isso por pressões sangrentas. Em suma, podemos dizer que os cristãos continuaram a ser o que seus antepassados eram, a saber, barbaramente politeístas! Não conseguiram ainda dominar o seu ressentimento contra as novas religiões que lhes foram impostas e projetaram esse ressentimento na fonte de onde lhes veio o cristianismo, isto é, o judaísmo. O fato de os Evangelhos contarem um drama que foi representado entre judeus e que na verdade trata apenas de judeus, facilita muito tal projeção...

— Devo concluir, caro mestre, que o ódio dos cristãos ao judaísmo no fundo não passa dum ódio ao cristianismo?

— Exatamente. O senhor não é tão estúpido como parecia.

— Sempre achei que para o mundo cristão os judeus constituíam uma espécie de consciência viva. Eles não só nos legaram o Deus severo e vingativo do Velho Testamento, como também se tornaram, por assim dizer, fiadores do compromisso que assumimos de obedecer aos Dez Mandamentos. Bem no fundo, o que sentimos mesmo é uma nostalgia do paganismo, que tudo permitia ao nosso corpo, nos seus impulsos na busca do prazer. Mais ainda: não perdoamos ainda ao povo hebreu *por ter Deus decidido mandar-nos Seu Filho no corpo dum judeu da Galileia.* Devemos concordar em que isso é demais, doutor. Obrigadíssimo!

Levanto-me e saio a andar pela praça. Vejo um Ford modelo T, acerco-me dele, curioso, e reconheço o homem que está ao volante. É o próprio mr. Henry Ford: roupa cinzenta como os olhos, palheta na cabeça, colarinho muito alto — moda da década dos 20. Lembro-me de que o grande industrialista americano publicou há muitos anos sob seu nome um livro intitulado *O judeu internacional*, no qual, revivendo documentos antissemitas forjados pelo governo do czar da Rússia, em fins do século XIX (*O protocolo dos sábios de Sião*, procurava provar que os doutores do judaísmo se haviam reunido secretamente para engendrar uma imensa conspiração com o fim de alterar os rumos da História e corromper e destruir a civilização cristã. Essa obra, que teve larga divulgação, contribuiu imensamente para aumentar em todo o mundo o sentimento antijudeu. "Não é verdade, mister Ford", pergunto-lhe, "que o senhor não só se arrependeu de ter publicado esse livro como também foi obrigado a retratar-se publicamente? Mais: não é certo que seu empenho em 'desmascarar o judeu internacional' nada mais foi que o desejo de agredir seus rivais judeus da General Motors, uma companhia que fazia forte concorrência à sua?". Mr. Ford fita em mim seus olhos de aço e murmura: "Como cidadão americano invoco o artigo da nossa Constituição que me dá o direito de calar-me sempre que minhas próprias palavras possam ser usadas para me incriminar. *Good night!*". Aperta na seringa da buzina do seu carro (naquele tempo chamava-se *fom-fom*), põe o forde de bigode em movimento e se vai, passando rente ao prof. Toynbee, que neste momento, no centro da praça, discursa para um grupo de curiosos: "Seja qual for o veredicto da Humanidade sobre a civilização ocidental no moderno capítulo de sua história, uma coisa fica manifesta, a saber, que o Homem Ocidental Moderno sujou as mãos cometendo dois crimes de indelével infâmia. Um deles foi o de ter trazido escravos negros da África para trabalhar nas plantações do Novo Mundo; o outro foi a exterminação de uma diáspora judia na sua pátria europeia. Mas atentemos agora para as sombrias ironias da História. De todas elas nenhuma lança uma luz mais sinistra sobre a natureza humana do que o fato de os judeus nacionalistas de novo estilo, no dia seguinte à mais pavorosa das muitas perseguições sofridas pela sua raça, empenharem-se sem perda de tempo a demonstrar, à custa dos árabes da Palestina, que a lição aprendida pelos sionistas nos sofrimentos que os nazis infligiram aos hebreus foi não a de evitar de cometer o crime idêntico ao de que haviam sido vítimas, mas perseguir por sua vez um povo mais fraco do que eles?".

Ouso perguntar: "Professor, como pode o senhor comparar a ocupação da Palestina pelos judeus aos campos de concentração e extermínio de Hitler? Ao declarar que a sociedade judaica é um ramo da siríaca, o senhor lhes deu igual direito às terras da Palestina... ou estarei raciocinando errado? E não esqueça que o Estado de Israel foi legalmente reconhecido pela Organização das Nações Unidas".

Mr. Toynbee prossegue: "Os judeus israelenses não seguiram as pegadas dos nazistas a ponto de exterminar os árabes palestinenses em campos de concentração e câmaras de gás, mas despojaram a maioria desses árabes (mais de meio milhão) das terras que eles e seus pais ocuparam e cultivaram por muitas gerações, e das coisas que eles não puderam carregar consigo na fuga, reduzindo assim esses homens à miséria, como refugiados sem terra".

Ben-Gurion surge do meio da turba para defender o seu povo e eu me desinteresso de ouvir o que vai dizer o fantasma desse grande homem na praça de meu cérebro, pois depois de amanhã terei o privilégio de vê-lo em carne e osso. (E *nervo*, devo acrescentar.)

Neste momento um desconhecido acerca-se de mim, apresentando-se: "Meu nome é Max I. Dimont. Sei que você leu o meu livro". Não lhe posso distinguir as feições, o que não é de admirar, pois jamais lhe vi o retrato.

— Ah, professor! Podemos agora conversar sobre um fenômeno histórico que me intriga: a sobrevivência dos judeus como povo e religião através de quatro mil anos e de várias civilizações poderosas para as quais eles muito contribuíram material e intelectualmente, e muitas das quais hoje em dia estão defuntas.

— E que é que você sugere?

— Ora, quem sou eu! Mas vou dar-lhe o meu "palpite", à boa feição brasileira. Sempre me pareceu que a Diáspora, longe de ter sido um acontecimento mortal para o povo de Israel, foi, ao contrário, uma espécie de providencial "tática de sobrevivência" que as circunstâncias históricas impuseram a essa gente que, consciente ou inconscientemente, acabou por adotá-la, no seu permanente "estado de guerra" no mundo dos gentios. Foi algo assim como um regimento que se divide em bandos de guerrilheiros para melhor poder enfrentar exércitos infinitamente mais numerosos e bem armados.

— Está bem. Só não me agrada a imagem bélica.

— Que quer, mister Dimont! São os sinais dos tempos. Mas qual é a sua opinião sobre o "milagre" judeu, se me permite a palavra?

O autor de *Os judeus, Deus e a História* faz um sinal na direção do dr. Spengler, que agora come apolineamente uma salsicha e pergunta: "Conhece-o, não? Pois esse cavalheiro nos oferece a sua teoria cíclica, fatalista e antilivre-arbitrista da História. Uma vez que um povo se impregna do esperma da civilização, seu futuro é tão previsível quanto o curso e os resultados da gravidez, de modo que podemos assim predizer o período de gestação, o nascimento e a infância da 'criança', sua adolescência, sua maturidade e por fim sua velhice e sua morte. Agora, o prof. Toynbee, que acredita no livre-arbítrio, propõe-nos a sua teoria do 'desafio' e da 'resposta'. Que aconteceu com os judeus? Tanto Toynbee como Spengler consideram o judaísmo uma 'civilização interrompida' e a excluem da lista das civilizações. Mas eu acho que foi graças a essa 'interrupção' que os judeus sobreviveram, respondendo positivamente ao desafio da História".

— Como? Por quê?

— Parece-lhe um paradoxo? Bom, tudo ficará claro se definirmos o judaísmo como uma *cultura* e não como uma *civilização*, percebe?

— Uma cultura é a meu ver um modo de vida baseado em valores originais, numa estrutura psicológica, espiritual, intelectual, capaz de produzir arte, ciência, leis, códigos de moral...

— Essa é a definição de Amaury de Riencourt. Diz ele ainda que uma cultura preocupa-se mais com o indivíduo do que com a sociedade. A criação original é para ela mais importante que sua preservação e duplicação. Uma cultura dá mais valor aos protótipos do que à produção em massa, à perspectiva estética da vida do que à ética. A cultura é capaz de rasgar caminhos. Agora, a civilização representa a cristalização numa escala gigantesca (continuo a citar) dos pensamentos e estilos maiores e mais profundos da civilização precedente. A civilização vive das formas ordinárias petrificadas oriundas da Cultura mãe, e é basicamente não criadora, culturalmente estéril, mas eficiente (note bem esta palavra: *eficiente*) na sua organização de massa, prática e ética, espalhando-se sobre vastas superfícies do globo e terminando finalmente num estado universal.

— Possivelmente imperialista.

— Possivelmente.

— E foi na Diáspora, então, que os judeus encontraram as condições de sua sobrevivência como cultura...

— Exatamente. E assim sobreviveram às civilizações nas quais se envolveram através de toda a sua história.

— E agora que Israel é um Estado independente — pergunto, entre dois acessos de tosse —, que irá acontecer?

Mas Dimont desapareceu.

A praça está cada vez mais escura.

Respondo à minha própria pergunta. Se aceitamos a tese spengleriana, temos de considerar Israel uma "criatura" excepcional, pois, concebida no "útero" da civilização siríaca e tendo passado sua infância e adolescência (digamos, o período dos Profetas e dos Reis) e a mocidade (a era dos reinos de Judá e Israel) sempre numa condição "intrauterina" — atingiu sua maturidade ainda no corpo de outras civilizações, primeiro no da islâmica, depois no da europeia ocidental. Por tudo isso o Estado de Israel já nasceu adulto. E se agora, com o passar do tempo, deixar de ser uma cultura para se transformar numa civilização, já perto portanto do período do inverno, da velhice e da morte, não seria impertinente perguntar se com a "decadência" da civilização do novo Estado sionista (estou pensando em termos de séculos) vai terminar a cultura judaica, principalmente se levarmos em conta que a tendência dos sabras parece ser a de se afastarem cada vez mais do Talmude, do Torá e do Velho Testamento.

Inclino-me para uma resposta negativa, pois tenho a impressão de que a Diáspora continuará de qualquer modo e, apesar de todas as tentativas dos assimilacionistas, o judaísmo será preservado como religião, como etnia e mesmo como mitologia, graças, entre outras coisas, ao sentimento antissemita, manifesto ou latente dos cristãos.

Noite completa na praça. Não sei bem quando nem como, surgidos das intraçáveis vias que nela desembocam, agora se vão esgueirando os misteriosos fantasmas do sono e do sonho. E apossam-se da feira.

7
Rumo do deserto

REHOVOT

Começaremos esta manhã nossa viagem na direção Neguev, e nossa primeira visita será a Rehovot, que está situada ao sul de Tel Aviv, na planície costeira da Judeia.

Às nove horas, mal dormido mas muito bem tossido, desço com minha companheira e mais nossas armas e bagagens para o saguão do hotel. Minutos depois estamos com os Dothan, dentro do automóvel pilotado sempre pelo nosso bravo Jaime.

O dia está duma limpidez ensolarada, seca e coruscante. Deixamos para trás Tel Aviv e, ao cabo de uns quarenta minutos, incluídas as paradas voluntárias no caminho, chegamos a Rehovot, cidade de mais de trinta mil habitantes, e o mais importante centro meridional do país no que respeita à produção de frutas cítricas. Está claro que não viemos ver laranjas, limões ou toronjas, mas o Instituto Weizmann de Ciências.

Como se sabe, Israel tem de enfrentar muitos e urgentes problemas de cuja solução depende sua sobrevivência: o da produção de alimentos, o da captação e distribuição de águas para irrigar as lavouras, o da energia elétrica, o do fomento à agricultura e à incipiente indústria etc. Imaginar, porém, que por todos esses motivos o país se tivesse preocupado apenas com fazer ciência aplicada seria ignorar uma faceta importante do caráter deste povo. Se por um lado os judeus têm um profundo senso realista, os pés firmemente plantados na terra (e sempre "um pé atrás") — e isso, por exemplo, os leva a amparar e estimular cientistas como Alexandre Zarchin, inventor dum novo processo para baratear o processo de dessalinização da água do mar —, por outro o seu amor à cultura pela cultura, a sua sede permanente de conhecimentos, a sua necessidade de saber, descobrir, ir ao fundo das coisas, levou-os aqui em Israel a criar este instituto, que tem hoje o nome do químico Chaim Weizmann, o grande sionista que foi seu primeiro diretor e também o primeiro presidente desta jovem nação.

Dothan nos diz que em sua terra atualmente se fazem com a mesma intensidade ciência pura e ciência aplicada, e que as fronteiras entre uma e outra se confundem cada vez mais, numa harmonia ditada pela necessidade.

Visitamos no nosso galope habitual, mas nem por isso com menos entusiasmo e interesse, as dependências deste centro de cultura.

Trabalham aqui em caráter permanente nada menos de trezentos cientistas israelenses, além dos pesquisadores estrangeiros que são periodicamente trazidos para cá sob contrato ou com bolsas de estudos.

O Instituto oferece cursos da mais alta qualidade nas seguintes matérias: biofísica, matemática aplicada, bioquímica, biologia das células, biodinâmica, genética humana e de plantas, eletrônica, imunologia química, física nuclear, isótopos, química orgânica, química física teórica, fotoquímica e espectroscopia, cristalografia dos raios X...

O jovem cientista que nos acompanha através de alguns departamentos, depois de mostrar como funciona um microscópio eletrônico, conta-nos que pesquisas aqui realizadas no campo da estrutura nuclear e da natureza do câncer deram a este instituto grande reputação mundial.

Pouco antes de nos levar ao "santuário" onde se acha entronizado um computador eletrônico e de nos enumerar alguns dos vários projetos nos quais seus colegas trabalham no momento, o cientista acrescenta: "Mas também tratamos de coisas práticas. Nossos geólogos procuram petróleo no solo de Israel. Já se encontraram alguns poços. Nossos matemáticos concentram-se no problema das marés oceânicas e dos terremotos. E os geneticistas procuram descobrir meios de melhorar cada vez mais a produção de frutas cítricas".

Ao sairmos do "santuário" nosso guia sorri e diz: "O primeiro computador que tivemos aqui chamava-se Weizac. Este novo foi batizado com o nome de Golem". Batizado? Estranho o termo cristão e o jovem israelense encolhe os ombros: "Quem nos pode assegurar que esse computador é judeu?". E conta-nos que se chamava Golem o famoso autômato com forma humana criado, segundo a lenda, pelas artes mágicas do rabino Elias de Chelm, no século XVI.

Pergunto se o Instituto tem um reator atômico e sou informado de que o grande reator de Israel se encontra isolado no coração do deserto de Neguev. E — para minha surpresa — fico sabendo que noventa por cento da água pesada usada no mundo é produzida neste país.

Com suas estruturas metálicas e sua abundância de vidros, hígidos e funcionais, os edifícios do Instituto erguem-se em meio dum parque. Vem dos laranjais vizinhos um intenso aroma de flores de laranjeira, que para nós já é "o perfume de Israel".

Vamos ver a sepultura de Chaim Weizmann, que se encontra no próprio jardim da casa onde viveu o grande homem. É simples: um sarcófago sem adornos, de granito escuro, no centro dum canteiro de relva, cercado de flores. Um bando de turistas aglomera-se agora à pequena distância do túmulo. De cima dum banco um guia profissional descreve em inglês (preço, nome do arquiteto, número de salas) a residência outrora ocupada por Weizmann. Os passarinhos cantam. Uma brisa quase fria bole nas folhas das árvores. Minha mulher e eu, distraídos, falamos em voz alta, comentando a beleza deste lugar, que há menos de trinta anos era um deserto de areia. Cabeças voltam-se para nós, chegamos quase a sentir fisicamente na pele os olhares de ígnea indignação que os turistas nos lançam. Um deles faz *cht*! — olhando na nossa direção carrancudo como um mestre-escola antigo. Baixamos a voz. Os passarinhos, no entanto, continuam a chilrear com o maior entusiasmo, pois são os donos do lugar por direito natural.

Matronas alvoroçadas e multicores destacam-se do grupo turístico e vêm tirar fotografias da sepultura. Fazem gestos frenéticos, exigindo que nos afastemos do sagrado campo de visão das suas objetivas. Obedecemos.

Mas um homem que empunha uma câmara pede agora que nos aproximemos do túmulo, pois quer fotografar-nos junto dele. O desconhecido apresenta-se: é Zvi Glaser, fotógrafo profissional, designado por um dos departamentos do governo para nos seguir nesta viagem e documentar fotograficamente nossas visitas. É um homem de seus quarenta e tantos anos, que se nos afigura — altura, feições, formato da cabeça — um Jean-Louis Barrault mais fornido de carnes e de aspecto menos boêmio, pois o nosso fotógrafo está elegantemente vestido, embora com leveza esportiva.

Depois de tirar mais alguns instantâneos nossos, despede-se com um *so long!*, dizendo que nos vai seguir no seu próprio carro.

ASCHDOD, ACHDOD OU ASDODE?

Vou acabar sofrendo duma "neurose ortográfica" por causa dos nomes destes lugares antigos de Israel. A cidade onde nos encontramos agora aparece em certos mapas como Aschdod, em outros como Ashdod, mas como me nego a usar o *sh* com som de *ch*, devia escrever Achdod, o que no entanto não me satisfaz, por alguma razão misteriosa. Sei que ao se estabelecerem nesta velha cidade devastada por uma das muitas guerras da história da Palestina, os gregos a reconstruíram, dando-lhe o nome de Azotus. Muito mais tarde para cá vieram os árabes, que lhe chamaram Isdud. Para simplificar a coisa, vou usar o nome com que aparece no Velho Testamento, na tradução portuguesa de João Ferreira de Almeida. Feito! Estamos, pois, em Asdode. E agora vejamos o lugar, que me parece mais importante do que o nome com que é designado, seja qual for a ortografia.

Como uma flor que brota da areia, nasce aqui uma cidade moderna não apenas no sentido cronológico de *nova*, mas também por surgir já dotada dum hospital, dum jardim de infância, dum ginásio, de escolas primárias, ruas asfaltadas e iluminadas com lâmpadas de mercúrio, bom comércio e uma população tão ativa que só nos falta agora ler ou ouvir que, à maneira da nossa São Paulo, *Asdode não pode parar*.

O que de bom e mau fizeram gregos, assírios, romanos, filisteus, turcos e outros povos que andaram por aqui, há algumas dezenas de séculos — hoje é assunto arqueológico e atração turística. O que mais nos interessa são as obras do novo porto que o governo israelense está fazendo construir aqui para dar escoamento à crescente produção agrícola e industrial do Neguev e evitar as despesas de transporte por via terrestre desta região até Haifa, e aliviar o porto desta última cidade, já sobrecarregado de trabalho.

Duma pequena elevação de terreno os Dothan e nós ficamos a observar a atividade de engenheiros e operários sabras que movimentam seus guindastes, dragas, caminhões e jipes sob o olho de fogo deste sol do deserto, cujo furor nesta manhã de primavera uma brisa fresca atenua, tornando a atmosfera duma tepidez que está mais para o lado do frio que do quente.

Pela longa linha dos molhes, podemos ver as dimensões do novo porto que, quando pronto, poderá abrigar navios de grande calado e terá capacidade para dar conta de quarenta milhões de toneladas de carga, anualmente.

Quando voltamos para o carro, ofuscados pela luz claríssima que reverbera nas areias e nas pedras de Asdode, o nosso novo amigo Zvi Glaser corre à nossa frente, fotografando-nos repetidamente, e para isso ora fica de pé — *clic!* —, ora se acocora — *clic!* —, como a fazer em nossa homenagem alguns passos do frevo pernambucano.

ASCALOM

Estamos agora em Ascalom, que fica a uns míseros oito quilômetros de Asdode, por uma excelente estrada asfaltada. (Não resisto à tentação de fazer aqui uma anotação de almanaque. Deve seu nome a este lugar a cebolinha verde sem bulbo que os romanos tanto apreciavam, a *Caepa ascalonia*. Só agora compreendo por que em inglês essa planta é conhecida como *scallion*.)

Herodes, que aqui nasceu, parecia amar esta cidade, onde mandou construir belos palácios cercados de jardins. Já antes do tempo desse famigerado rei, Ascalom havia sido um centro de cultura helênica, bem como uma espécie de campo de batalha crônico entre hebreus e filisteus. Por aqui andaram também os assírios (734 a.D.), e lá por volta de 1270 o sultão Baibars liquidou o saldo da população judia que havia sobrado da fúria cristianizadora dos cruzados, nossos piedosos irmãos.

Ascalom é uma das cidades mais antigas do mundo. Já existia alguns séculos antes de Moisés ter conduzido seu povo para fora do Egito.

Caminhamos ao sol por entre vestígios da cidade primitiva. Avistamos as ruínas duma muralha marítima. Conta-se que a velha Ascalom tinha quatro grandes portas: uma delas voltada para Jerusalém, outra para Jafa, a terceira para a Gaza e a última para o mar. O governo de Israel plantou árvores e organizou um parque para emoldurar estas ruínas. Zvi Glaser nos segue como um misto de anjo da guarda e *paparazzo* e apanha um instantâneo dos visitantes brasileiros no momento em que eles emergem duma cripta romana e pouco depois os fotografa ao pé dum alto relevo em que uma deusa de face apagada (Niké?) se encontra esplendidamente de pé em cima dum globo terrestre sustentado por um miniatlas. Mais tarde o "conhecido romancista" é surpreendido pela objetiva de Zvi junto duma planta, a *spina-christi*, da qual se crê foi feita a coroa de espinhos que cingiu a cabeça do Salvador. Apreciamos o que resta das cem colunas que sustentavam o pórtico monumental do palácio de Herodes.

O nome de Josué (sim senhor, o mesmo que fez parar o Sol e a Lua) está muito ligado a estas paragens da Palestina. Outra figura que por aqui andou foi Sansão, pois conforme narra o livro dos Juízes, em Gaza, a poucos quilômetros de onde estamos, o atlético juiz derrubou as colunas dum templo, matando todos os seus inimigos que estavam no recinto e morrendo, ele próprio, esmagado sob os escombros. (Depressa, uma interpretação simbólica!)

Josué e Sansão podem ter feito coisas miríficas, mas como não tive o privilégio de conhecê-los pessoalmente nem de ser testemunha ocular de suas façanhas — confesso que me interesso mais pelo que os sabras estão fazendo hoje neste lugar tão importante pela sua posição estratégica, entreposto que é na rota do Egito.

Hoje a Grande Ascalom (Migdal Ascalom) é formada de duas partes: a cidade árabe abandonada, isto é, a Migdal propriamente dita, e onde se estabeleceram os imigrantes judeus, e Afridar, a nova comunidade, mais próxima do mar. Bem, podemos acrescentar uma terceira parte ao conjunto: o bairro residencial que o governo de Israel está fazendo construir a leste da rodovia principal.

Entre as minhas paixões confessáveis, além da música e da pintura, devo salientar a da arquitetura e a do urbanismo. Cidades como Nova York, Londres, Chicago, São Paulo, Xangai fascinam em mim o romancista, embora assustem um pouco o homem de província que ainda sou. Há quatrocentos anos Leonardo da Vinci propôs ao duque de Milão a construção duma dezena de cidades com população não superior a trinta mil almas cada uma, para "separar este grande conglomerado de gente que vive como bodes uns por cima dos outros". O homem da Mona Lisa já em sua época compreendia que as grandes metrópoles estavam condenadas à extinção por congestionamento, esclerosamento de artérias e superpopulação. Hoje em dia a Inglaterra está já começando a levar a cabo o plano de Leonardo, isto é, construindo pequenas comunidades que podem oferecer todo o conforto e nenhuma das desvantagens dos grandes centros urbanos: facilidades de tráfego, casas funcionais, ar puro, áreas verdes, centros comerciais concentrados, escolas, bibliotecas, hospitais, *playgrounds* etc. (Aqui me vejo enredado numa ambivalência, pois morro do mais lírico amor por pequenas cidades antigas — se muradas tanto melhor —, como Óbidos, Évora, Salamanca, San Gimignano, Toledo, Santiago de Compostela, Córdoba, Rotemburgo, Ouro Preto, Taxco, St. Paul de Vence...)

Israel felizmente nada tem a ver com minhas idiossincrasias. É talvez no mundo inteiro o único país que, em matéria de urbanismo, pode na maioria dos casos começar da estaca zero.

No centro comercial de Afridar alteia-se uma torre com relógio, e as calçadas cobertas e com arcadas, à feição duma *loggia*, passam ao longo de supermercados, padarias, livrarias, um teatro, um cinema de dimensões consideráveis e até um museu arqueológico. As ruas formam círculos concêntricos, o que torna muito fácil o acesso ao centro, evitando o tema do labirinto, tão comum aos velhos burgos não planificados. Cercada de pomares, onde crescem principalmente as laranjeiras e os limoeiros, Afridar, como o sabra, dá a impressão de que tem muitos compromissos com o futuro e pouquíssimos com o passado. Seus habitantes parecem cultivar a jardinagem como passatempo. Aqui praticamente não há casa sem canteiros floridos. Dothan nos conta que todos os anos o governo municipal confere um prêmio ao mais belo jardim da cidade. A praia fica a pequena distância, e as brisas do Mediterrâneo são um bálsamo para esta florescente comunidade situada na franja setentrional do deserto.

Boas estradas asfaltadas ligam Ascalom a Berseba, Tel Aviv e Jerusalém. Outra vantagem desta municipalidade é a sua riqueza de água potável, oriunda de vertentes e poços subterrâneos.

Pouco depois do meio-dia vamos almoçar num excelente restaurante rústico, numa das extremidades do parque das relíquias arqueológicas. Minha mulher, boa católica, lembra-se de que hoje é Sexta-feira da Paixão e pede peixe. Carpas comemos todos, com verduras e legumes dum viço extraordinário, produtos deste solo. Pelas janelas do restaurante entra a brisa que nos traz o aroma dos laranjais. Zvi Glaser está sentado à minha frente. Puxo por ele, e o fotógrafo me conta a sua história. Nasceu numa pequena aldeia da Lituânia, de pais judeus. Muito jovem, alistou-se no Exército russo para lutar contra os invasores nazistas. Terminada a guerra, como não conseguisse licença do governo soviético para emigrar, fugiu e, ao cabo de peripécias novelescas, chegou a Paris sem um centavo no bolso. Viveu lá como pôde e finalmente se mandou para Tel Aviv, onde agora reside e trabalha. "Feliz?" — pergunto com uma indiscrição de diabo rengo. Ele sorri, sacode a cabeça afirmativamente e murmura: "Não pretendo sair mais de Israel".

OS BEDUÍNOS

A caminho de Berseba, rumando para sudeste, começo a sentir o deserto mais com os olhos do que propriamente com a pele, pois a brisa que entra pelas janelas do automóvel, envolvendo-nos, é tão fresca, que nem me passa pela cabeça a ideia de despir o pulôver de lã. É evidente, entretanto, que a paisagem começa a mudar de semblante. Ainda vemos verdes nos pomares e plantações pelos quais passamos, mas as árvores que orlam a rodovia vão aos poucos diminuindo de estatura, e a gente percebe que a areia e a pedra estão como que atocaiadas aqui e ali, mal escondidas, como sentinelas avançadas do Neguev. De quando em quando avistamos cactos, bosquetes de tamareiras e palmeiras. A terra das ombreiras da estrada é dum pardo de chocolate. Sinto nas narinas a secura do ar.

Que vulto é aquele que lá vem na estrada, movendo-se em sentido contrário ao em que vamos? A figura solitária é um árabe com seu *keffyeh* na cabeça, uma saia ruça e um casaco de brim — estudo em cinza, pardo e preto. Vem montado não num dromedário, mas numa velha bicicleta que o homenzinho pedala valentemente. Quando cruzamos por ele, num par de segundos vislumbro-lhe o pergaminho da face magra, trigueira e triste.

Minutos mais tarde, passamos por um pequeno acampamento de beduínos, onde mulheres e crianças encardidas, algumas destas últimas seminuas, movimentam-se à frente de suas tendas negras de pele de cabra. A uma centena de metros da estrada, um beduíno metido numa túnica dum preto ruço lavra a terra, segurando a rabiça dum arado bíblico puxado por um camelo de pequeno porte. Longe, contra o horizonte, como uma pincelada de lavanda num caquemono, os montes da Judeia. (Ou da Jordânia, pois nesta altura a minha geografia já começa a ficar confusa.)

Tiro do bolso uma caneta esferográfica e a caderneta na qual, desde que cheguei a Israel, venho tomando rápidas notas e fazendo esboços de caras, casas, trechos de rua, objetos, embora sabendo que dentro de um mês ou dois, quando tentar decifrar estes garranchos, hei de sentir-me quase como se sentiu Champollion ante os hieróglifos egípcios, modéstia à parte.

Submeto o amigo Dothan a um interrogatório. Quantos beduínos existem em todo o Estado de Israel? Uns vinte mil. Quantos deste total vivem no deserto de Neguev? Pouco mais de setenta por cento.

Aprendo que os beduínos vivem em tribos ou grupos de famílias, geralmente na periferia do deserto. Armam suas tendas onde quer que encontrem aguada, pasto e terra arável, mas mudam-se logo que a água e o pasto se esgotam e a terra se nega a continuar produzindo.

Quero saber se há alguma esperança de que um dia essas populações nômades possam integrar-se na nação israelense. Dothan considera essa integração muito problemática, embora não impossível a longo prazo. O que dificulta a solução do problema é o fato de — diferente dos outros árabes que habitam, por exemplo, a Galileia — os beduínos do deserto não se fixarem em aldeias. Seguem a sua sina milenar de andar, andar sempre. Mas não era assim que viviam as tribos primitivas de Israel, muitas vezes impelidas pelo mesmo motivo dos beduínos, isto é, a fome? Dothan sacode a cabeça, concordando.

Quero saber se esses árabes nômades revelam alguma habilidade, algum talento. Raquel nos diz que são em geral hábeis fazedores de joias, excelentes cavaleiros, e que como dançarinos rivalizam com os judeus iemenitas. Passa-me num relâmpago pela cabeça a imagem de meu avô materno, velho tropeiro que no físico parecia um chefe beduíno, e ouço-lhe a voz lenta e quadrada repetindo um ditado gaúcho: "Duas coisas nunca vi na vida: petiço parelheiro e árabe cantor". No entanto Dothan nos assegura que os beduínos cantam muito bem, acompanhados por seus instrumentos monocórdios.

Ainda existem xeques? "Claro" — responde Dothan. — "Cada qual tem a sua tribo, entre cujos membros gozam de grande prestígio. Esses chefes colaboram com o Estado na campanha em prol da alfabetização e da melhoria das condições de saúde e trabalho das populações beduínas."

Quais são as doenças a que com mais frequência estão sujeitos esses nômades? Resposta: "Avitaminoses e enfermidades dos olhos. Havia antigamente entre eles muitos casos de tuberculose, que felizmente estão desaparecendo, graças aos nossos médicos e aos muitos dispensários que existem em várias cidades do deserto. Só em Berseba funcionam cinco, exclusivamente para os beduínos. Mas o curioso é que essa gente só acredita em tratamento que dói, que queima. São loucos por injeções e cauterizações".

Aprendo também que os casos de arteriosclerose entre os beduínos são raríssimos.

— De que se alimentam? — pergunto.

— De pão, arroz e raízes, principalmente os que vivem perto de lugares como Berseba, em cuja feira vão adquirir alimentos por compra ou troca.

— Alguma carne?

— Pouquíssima. Mas bebem muito leite de cabra e de camelo.

Numa rápida operação mental concluo que é muito alto o preço que eu teria de pagar para evitar o colesterol.

Raquel conta-nos que os médicos têm de usar de muitos estratagemas para obrigar os beduínos a se alimentarem de legumes e verduras. Costumam dizer-lhes que os remédios que prescrevem só produzem o efeito desejado quando "comidos" com um tomate, uma fruta ou uma verdura ou legume. Outro problema difícil é o de convencer as gestantes beduínas a irem ter seus filhos nos hospitais, em melhores condições higiênicas e atendidas por obstetras e enfermeiras profissionais.

— Este ano — informa-nos Dothan — um jovem beduíno forma-se em medicina na Universidade Hebraica de Jerusalém.

É a Histadrut (Confederação Geral do Trabalho) a entidade estatal que organiza os trabalhadores beduínos do deserto, defende seus direitos sociais e profissionais, mantendo dispensários e equipes de assistentes sociais. Sob o pálio da Histadrut, melhoraram consideravelmente as condições de vida dessas populações nômades e a mortalidade entre elas tem diminuído de maneira extraordinária.

— Mas não há conflitos entre os métodos modernos da Histadrut e as tradições e superstições dos beduínos? — indago.

— Muitos! Por exemplo, a poligamia ainda continua entre eles. Quando quisemos convencer os beduínos de que as mulheres devem ter direitos iguais aos dos homens, eles protestaram com paixão. Usamos então com paciência a vagarosa técnica da persuasão. Pode-se dizer que hoje em dia a situação da mulher beduína é muito melhor do que nos milênios que ficaram para trás...

O XEQUE SULIMÃO

Avistamos, a umas duas centenas de metros da rodovia, um casarão de pedra sobre cujo telhado se empina uma antena de televisão.

— Ali mora talvez o mais rico e prestigioso dos xeques de Israel — conta-nos Dothan. — Sulimão ben Ali ibn Hussein el Husseyl. Tem no seu harém trinta e oito mulheres, segundo uns, cinquenta, segundo outros.

— Que idade tem o herói?

— Está perto dos setenta anos... ou já passou dessa marca.

Segundo Raquel, Sulimão é um belo homem de aspecto imponente, que não revela no físico a idade que tem. Como é uma das curiosidades do deserto, costuma ser visitado pelas personalidades importantes que passam por suas terras. Numa da salas de seu casarão servido (fantasia ou fato?) por escravos núbios, à maneira dos palácios de *As mil e uma noites*, existe um anacrônico sofá vitoriano no qual um dia se sentou, entre outras celebridades, a sra. Eleanor Roosevelt, à qual o generoso xeque deu de presente nada mais nada menos que um camelo.

Conta-se também que os guardas do xeque usam albornozes brancos como os dos românticos beduínos do cinema, e montam belos cavalos bem ajaezados e com plumas coloridas nas cabeças. É voz corrente que este lendário potentado beduíno — cuja maneira de viver lembra a de certos patriarcas dos tempos bíblicos — tem posto no mundo dezenas de filhos, os quais acaba perdendo de vista. Seu apetite por mulheres jovens continua ou, melhor, se aguça com o passar dos anos. Um dia, numa feira, Sulimão avistou uma moça de feições e formas de tal maneira atraentes para seu paladar de macho, que não resistiu ao desejo de chamá-la, acariciar-lhe a cabeça e dizer-lhe o que costumava dizer a todas as raparigas que lhe despertavam o apetite. "Ó menina, diga a seu pai que preciso muito falar com ele..." A criaturinha sorriu com ar de espanto e exclamou: "Mas não te lembras mais de mim, papai?".

Perto do *kibbutz* de Choval encontramos a tribo de Sulimão ao redor de suas tendas: gente duma pobreza de felás. Crianças em profusão brincam descalças e molambentas em meio de vacas magras e cabras negras. (Quantas delas serão filhas de Sulimão?) O governo de Israel construiu um reservatório d'água para servir essa pobre gente que à noite decerto se contenta com olhar para as estrelas dum céu frio, enquanto o velho Sulimão se regabofeia em sua mansão, olhando no seu televisor os programas transmitidos por uma estação do Cairo e em que não raro aparecem lindas raparigas que dançam seminuas a dança do ventre. Chego a *ver* o brilho safado nos olhos do xeque.

O POÇO DO JURAMENTO

Narra o Gênesis que um dia Abraão e Abimeleque, o rei filisteu de Gerar, tiveram uma querela. Pedia este último ao patriarca: "Agora pois jura-me aqui por Deus que não mentirás a mim nem ao meu filho nem ao meu neto; segundo a beneficência que te fiz, me farás a mim e à terra onde peregrinaste". Abraão respondeu: "Jurarei". Mas antes repreendeu o monarca por causa dum poço que os servos deste lhe haviam tomado pela força. Abimileque negou ter conhecimento do fato. Abraão separou sete cordeiras de seu rebanho e disse: "Tomarás estas sete cordeiras de minha mão, para que sejam em testemunho de que cavei este poço". Por esta razão o lugar onde estavam recebeu o nome de Berseba, isto é, "poço do juramento". Abimileque tornou ao seu reino e Abraão plantou um bosque junto ao poço. Três mil e quinhentos anos depois, por volta das quatro horas duma tarde de abril, nossa pequena caravana chega a Berseba neste negro camelo mecânico dirigido por Jaime Gigi. Muita coisa, porém, aconteceu depois que o patriarca, tendo dado de beber a seus familiares, fâmulos e rebanhos, saiu em peregrinações pela terra dos filisteus.

Após a morte de Abraão, os filisteus entulharam o histórico poço. A razão prática desse gesto me escapa, pois uma vertente d'água no deserto é uma dádiva sem preço. Passaram sobre Berseba os sóis, os ventos e as areias dos dias, e duma feita, aperreado por uma seca medonha, Isaac, filho de Abraão, tornou a cavar o poço para salvar seus rebanhos da morte pela sede.

Quando a Terra da Promissão foi dividida entre as Doze Tribos de Israel, coube esta zona meridional ao povo de Simeão. Berseba nada mais era então que uma espécie de entreposto entre o Norte da Palestina e o Neguev, parada obrigatória das caravanas de mercadores que desciam para o Egito ou de lá vinham, aguada providencial para as tribos nômades do deserto.

Um dia chegaram os romanos, com seus deuses, suas armas e sua glória imperial, e a primeira coisa que fizeram foi construir aqui um forte de proporções modestas. Mais tarde vieram os templários com a Cruz de Cristo. Seguiram-se os turcos — e esta última conquista explica a existência hoje, no Museu de Berseba, dum belo chão de mosaico em estilo bizantino.

Em 1917 soldados da cavalaria australiana do Exército britânico comandado pelo gen. Allenby tomaram Berseba aos turcos e enterraram seus mortos num pequeno e *very British* cemitério militar. Quando em 1948 se processou a divisão da Palestina, esta região coube aos egípcios, mas nesse mesmo ano as tropas israelitas atacaram e tomaram Berseba, feito o que plantaram neste solo árido não só os cadáveres dos soldados tombados no combate, mas também centenas de árvores. Assim, com o nascimento do Estado de Israel, começou uma nova era na vida de Berseba.

Com seu talento para as coisas práticas e sua obsessão pelo tempo, os norte-americanos de nossos dias inventaram ou pelo menos universalizaram o uso do *instant coffee*, isto é, do café instantâneo, ao qual se seguiu uma série de outras maneiras sumárias de preparar alimentos e bebidas. Pois em 1948, após seu reconhecimento como Estado independente pela Organização das Nações Unidas, os sionistas se viram diante da tarefa tremenda de criar uma *instant nation*.

Creio que Berseba em parte ilustra muito bem esse problema e mostra algumas das soluções de emergência que os israelenses encontraram para ele.

Os primeiros colonos judeus que chegaram a esta cidade — que é uma espécie de portão aberto para o deserto de Neguev — deram de cara com uma poeirenta, árida e semimorta aldeia de beduínos. Alguns dos recém-chegados ocuparam as pequenas e primitivas casas de pedra que os árabes haviam abandonado. Outros instalaram-se em tendas. O governo da nação recém-nascida mandou armar as primeiras duzentas e cinquenta casas pré-fabricadas. Não eram bonitas? Pouco importava: serviam o seu propósito e isso por ora bastava. Era, porém, indispensável, urgente, povoar Berseba, dotá-la de condições de vida não só aceitáveis como também atraentes, a fim de trazer para cá mais e mais imigrantes.

Criou-se um centro de saúde, que atendia tanto os colonos judeus como os beduínos. Inaugurou-se uma agência de correio e o serviço postal começou a funcionar. Abriram-se escolas. Construiu-se uma sinagoga.

Dois anos depois da declaração de independência de Israel, Berseba era elevada a municipalidade, com uma população de quinze mil habitantes. Seu aspecto e seu ritmo de vida eram o de uma *boom town* muito parecida com as do Oeste americano de fins do século XIX.

Sempre que se fala em *boom town* nós brasileiros pensamos em Londrina, no norte do Paraná — uma prova concreta da capacidade de trabalho, da ousadia e do talento empreendedor do brasileiro, um desmentido concreto da nossa apatia e da nossa "inferioridade racial" tão divulgada por uma mitologia negativa que só agora, nestes últimos vinte anos, começa a desmascarar-se.

Londrina tem, entre outras facilidades de natureza geográfica, uma enorme vantagem sobre Berseba: a fertilidade de sua terra roxa que propicia a plantação de café, fonte principal da riqueza da cidade paranaense. Berseba vivia e vive ameaçada pela invasão da areia, pela erosão. Era, pois, urgente deter a marcha das dunas, que os ventos aceleravam. Plantaram-se então, ao redor da cidade e de suas lavouras incipientes, vastos renques de árvores em filas de duas ou quatro, espécies de avenidas que tinham a finalidade de quebrar os ventos, diminuir-lhes a velocidade, reduzindo não só a erosão como também a evaporação da água dum solo batido por verões longos e ardentes. As plantas mais indicadas para formar essas trincheiras contra a carga das areias e dos ventos são as tamargueiras, que com tanta bravura resistem à seca, os eucaliptos e principalmente um tipo de acácia de folhas longas que deita raízes fundas no solo, facilitando não raro a busca de água.

A CAPITAL DO DESERTO

Eis uma comunidade isenta de qualquer ortodoxia urbanística, o que lhe aumenta a personalidade e a desajeitada graça. Tenho a impressão de que ao redor do velho núcleo beduíno e turco cresceram vilas e subúrbios residenciais e industriais, que ainda não decidiram juntar-se a sério para formar uma cidade. Há quem considere pouco *estéticos* (detesto essa palavra) esses edifícios de apartamentos de quatro andares, como que feitos na mesma fôrma e pintados das mesmas cores, numa uniformidade que pareceria militar não fosse o seu leve e alegre aspecto antibélico. Acho essas habitações não só aceitáveis como também muito simpáticas.

Li em alguma parte que em Berseba as ruas, a rede hidráulica e a elétrica têm de correr continuamente "de língua de fora" para poderem acompanhar o ritmo do crescimento urbano. Hoje em dia noventa por cento da população local possui residências permanentes. De quantas cidades no mundo se poderá dizer o mesmo?

Estatísticas publicadas por agências do governo nos dão uma ideia do progresso desta capital econômica e cultural do deserto. Dezessete mil de suas crianças frequentam jardins de infância, escolas primárias e ginásios. O Hospital Central do Neguev, aqui localizado, e mantido pela Histadrut, conta com uns quatrocentos leitos e excelentes médicos. Está claro que Berseba possui também um centro comunal com piscina, biblioteca, um auditório para concertos e um cinema de proporções avantajadas.

Quanto a suas indústrias, as principais são as de fiação e tecelagem, materiais de construção, aparelhos sanitários, objetos de vidro, além de centenas de outras menores.

Duas visões auspiciosas tivemos ao entrar em Berseba: um cinturão verde — lavouras de trigo e beterraba — e um bando de raparigas e rapazes de calções curtos, mochilas às costas, e que iam para um *camping* ou voltavam dele — mostruário variado de faces queimadas de sol, umas morenas como de beduínos ou iemenitas, outras dum branco a que o sol dava esse tom rosado do camarão. E tanto os adolescentes como os talos de trigo acenaram para nós.

Ao passar pelas ruas de Berseba tenho a oportunidade de ver muitos de seus habitantes. Usando como instrumento de aferição o olho, à boa maneira de meu povo, concluo que a média de idade da população desta cidade não vai além de trinta anos. Pode ser que eu me engane, mas a minha primeira impressão é essa. Diminuto — ou nulo? — é o número de pessoas idosas que encontramos. Sinto a atmosfera e as criaturas como que tocadas desse entusiasmo e dessa alegria que parece andar em partículas elétricas na atmosfera das cidades novas em processo de crescimento. A figura de mestre Toynbee me visita a mente. O deserto lançou o grande desafio aos israelenses e estes levantaram corajosamente a luva de pedra, aceitando o duelo.

Em Berseba, mais do que em qualquer das outras comunidades de Israel que até agora visitamos, sentimos a força da presença do sabra, que estou começando a olhar como uma "raça" à parte ou, melhor, um judeu novo — note-se que não digo melhor ou pior que o da Diáspora, mas *diferente*. Fisicamente é um tipo robusto, sem passado, que caminha de cabeça erguida para o futuro e olha para os forasteiros (e aqui entra em cena a minha imaginação e meu absurdo e crônico sentimento de culpa) dum jeito que nos faz ter vergonha de nosso conformismo, de nosso comodismo e de nosso horror à vida perigosa.

O DESERT INN

Temos acomodações reservadas no Desert Inn, hospedaria moderna, a melhor da cidade, espécie de motel de luxo, com ar-condicionado, piscina e outras "facilidades", se quisermos traduzir ao pé da letra o inglês de seus prospectos de propaganda. No vasto saguão de entrada, as colunas quadradas são revestidas de pelo de camelo, o que deve saber muito bem ao paladar do turista guloso de cor local.

Um dos moços que nos recebe na portaria lamenta em voz alta que não tenhamos chegado antes, pois ontem foi dia de feira, com beduínos do deserto, seus camelos carregados de mercancias, e suas mulheres com os rostos velados, *"very colorful, sir, very picturesque!"*. Com um sorriso amarelo exprimo a minha decepção por ter perdido o espetáculo e penso: "Bom, se tivéssemos chegado não ontem, mas há trinta e cinco séculos, teríamos visto talvez o velho Abraão cavar o seu famoso poço e plantar ao pé dele a sua tamareira".

A hospedaria, de dois andares, não tem elevador. Subimos pela escada até nossos aposentos. Contra as paredes dos corredores do andar superior alinha-se uma série de belas fotografias ampliadas, em preto e branco — camelos, beduínos, cavalos, dunas de areia (motivo muito ao gosto dos fotógrafos artísticos), tendas, cabras, montanhas de pedra, em suma, temas do Neguev.

Nosso quarto é agradável. De suas janelas avistamos suaves colinas dum verde opaco. À hora do poente o horizonte é uma breve opala, e o sol, enorme fruto vermelho, produto talvez dos pomares de Berseba, com a colaboração do Centro de Pesquisas das Zonas Áridas que o governo mantém nos arredores da cidade — derrama o seu sumo cor de chá sobre o casario e o arvoredo. A paisagem de repente assume a meus olhos um aspecto outonal, que me lembra os violinos de Verlaine, provocando em mim um *langueur monotone* — ou será apenas este diabo de resfriado que ainda me amolenta o corpo? É! Desato a tossir sobre o crepúsculo. Observo em mim três coisas importantes. A primeira é que estou metafórico. (O artista.) A segunda, que meu estado de saúde piorou. (O hipocondríaco.) A terceira, que estou com fome. (O homem natural.) Descemos para o refeitório. Os Dothan nos esperam a uma mesa, à qual nos sentamos também. O serviço da hospedaria é lento devido ao excesso de turistas. Todos naturalmente têm pressa. Os rapazes e moças que nos servem parecem pouco interessados no que fazem. A noite caiu. Amanhã é Sábado de Aleluia. Lembro-me dos brinquedos da infância. Quantos judas de trapos ajudei a enforcar? Bom, carrasco mesmo nunca fui: era sempre o que pintava a cara do condenado, com carvão e carmim.

Comemos uma sopa cautelosa. M. vê canseira no meu rosto e interpela-me em voz baixa. Não nego: estou fatigado. Dothan nos informa que o dr. Carlos Silberman, médico judeu-argentino há pouco imigrado para Israel e residente em Berseba, convidou-nos para uma reunião em sua casa, onde encontraremos outros judeus sul-americanos.

Retornamos ao quarto. Experimento a acústica dos corredores com um acesso de tosse. Atiro-me depois na cama. Silêncio breve e rico de significação. Sei o que M. vai dizer e — mais ainda! — estou certo de que suas palavras, como sempre, estarão carregadas de bom-senso. Minha mulher tem os pés na terra. Podia ser uma sabra. Eu sou um pobre judeu da Diáspora que tem expiado sua culpa em incontáveis guetos do espírito. (Onde se meteu Zvi Glaser, o fotógrafo? Deve ter voltado para Tel Aviv, para passar o Sabá em casa.) A voz da companheira de viagem:

— Acho que devíamos cancelar o programa desta noite.
— Também acho. Mas não podemos.
— Por quê?
— O doutor Silberman e seus amigos nos esperam.
— Mas tu estás cansado.
— Estou mas vou.
— A coisa é assim tão importante?
— Eles me esperam...
— Serás por acaso o Messias?
— *Quién sabe!* — exclamo, recordando outro país, outro povo, outra viagem.

A REUNIÃO

Pouco antes das oito da noite, Alexandre Dothan me telefona do saguão. "Estamos prontos." Nós também. Vamos descer.

A noite está fria, e as estrelas parecem cristais de geada no firmamento escuro. Nosso carro nos leva ao longo de ruas, à luz de lâmpadas de mercúrio.

— Fica no andar térreo a casa do doutor Silberman? — arrisca M.
— Creio que no segundo — responde Dothan. — Mas não se preocupe: são poucos degraus.
Doce engano. A casa do dr. Silberman fica num terceiro andar. O nosso anfitrião é um homem alourado, de seus trinta e poucos anos, robusto de porte, a face corada. É muito acolhedor. Simpática também é a sua senhora. Desde o primeiro momento noto neles uma pronunciada saudade da Argentina.
O apartamento dos Silberman é pequeno mas confortável. Encontro na sala de estar várias pessoas sentadas em cadeiras dispostas em fileiras, à maneira dum auditório. Desconfio que esperam de mim uma conferência. Não me engano. Depois das apresentações, dão-me a palavra. Ora, se há coisa que não quero neste momento é a palavra. A tosse continua. Minha voz soa como a dum papagaio. Mas não há como escapar: falo. (No "auditório" — umas vinte pessoas — estão dois judeus-brasileiros, um médico do Rio e um químico de Curitiba.) Conto o que temos visto e sentido em Israel. Ao cabo duns vinte minutos provoco um diálogo. Estou interessado em saber a opinião dos presentes sobre o futuro dos *kibbutzim*. Estarão condenados à morte, como afirmam alguns observadores, por já haverem cumprido sua missão de pioneirismo? Ou serão ainda indispensáveis à economia do país? As opiniões divergem.
Voltamos para o hotel pouco depois das dez horas.

A MORTE NO DESERTO

Se foi má a noite que passei no *kibbutz* de Gan Chmuel, com tremores de frio e sonhos de febre, a que passo hoje nesta hospedaria é ainda pior, pois a tosse recrudesce quando me deito sob as cobertas. M. medica-me como pode: duas aspirinas, chá quente com suco de limão, e palavras de conforto. Amanhã, por volta das nove horas — reflito — desceremos para o deserto. Nosso programa informa que visitaremos Massada, o rochedo histórico, de cujo topo avistaremos o mar Morto e o deserto em derredor. Depois desceremos para o famoso lago, para conhecê-lo pessoalmente, isto é, mais de perto. Ao anoitecer seremos recebidos por Ben-Gurion em sua residência no *kibbutz* de Sde Boker — o ponto mais meridional de nossa penetração no Neguev. Tudo isso me interessa, tudo isso vale a pena, minha alma não é pequena — pelo menos vivo nessa ilusão —, mas este resfriado de má morte, esta tosse insistente, convulsiva como uma coqueluche serôdia, me tritura a carcaça. Pobre M.! Consigo manter a boca fechada por alguns segundos, para facilitar-lhe o sono, mas qual! — lá vem a maldita comichão, que vai descendo cada vez mais para o fundo da garganta. Rompo a tossir, sacudindo o corpo, a cama, o hotel, a cidade, o deserto inteiro. Os sismógrafos de Israel devem estar registrando um grande tremor de terra com seu epicentro localizado em Berseba. Tenho já o peito dolorido. Como se portará esta noite meu coração? Há instantes benditos em que tudo parece bem, respiro aliviado e quase feliz, mas de repente lá vem outra ânsia e a tosse me sai explosiva, rascante, com uma força capaz de arrancar mucosas, rasgar o céu da boca, enchendo o quarto com pedaços sangrentos do meu pulmão. Bom, sei que estou exagerando. Mas exagerar — que diabo! – é o único consolo que me resta neste transe.

Refugio-me no quarto de banho — branco, fresco, polido, hígido, impessoal — para lá dentro tossir sem perturbar o sono de minha desventurada companheira. Olho-me no espelho oval, acima da pia. Essa cara! Os olhos de minha mãe me contemplam do fundo de minhas próprias órbitas. Meto na boca uma das pastilhas contra tosse que comprei ao entardecer, chupo-a desconsoladamente e de súbito estou num cinema de Cruz Alta, menino, um caramelo dançando na boca, Tom Mix matando índios na tela, e dona Gabriela tocando uma valsinha no seu piano. Volto para o quarto e torno a deitar-me, com a trêmula esperança de que tudo agora vai melhorar. Penso nas ruínas de Ascalom, imagino o encontro com Ben-Gurion, rechaço a tiros um ataque de beduínos (*Beau geste*, da Paramount, com Gary Cooper.). *Cóf! Cóf! Cóf!* Outro acesso violento. Soergo-me na cama em agonia, meio engasgado e fico a olhar para a janela. *Vejo* um insuspeitado aneurisma rebentar no meu peito, o sangue a jorrar. Minha mulher salta da cama e vem em meu socorro. Minto-lhe que estou bem. Ela não acredita. "Se amanhã continuares mal assim, temos de cancelar o nosso programa", diz, resoluta. "Quê?", reajo. "Deixar de ver Massada, o mar Morto, o deserto, o velho Ben-Gurion? Núncaras!" M. volta para sua cama, tonta de sono. Torno a estender-me na minha. A lividez da lua entra pelas vidraças. Ergo-me brusco, sentindo necessidade de mais ar, e abro a janela. O bafo frio da noite me envolve. Pneumonia dupla! Encolho-me, torno a fechar a janela, e fico contemplando as colinas ao luar. E se o aneurisma estoura? Se o coração fraqueja? Imagino a notícia nos jornais do Brasil: *Berseba, 8 de abril — Faleceu ontem subitamente numa hospedaria desta cidade o escritor brasileiro...* Sorrio para meus pensamentos. Não consigo nunca ser absolutamente dramático. Nas piores situações sempre posso ver o seu lado humorístico ou grotesco. E, no fundo, a esperança jamais me abandona.

Volto para os lençóis. Minha viúva parece adormecida. Naturalmente o cadáver será embalsamado. Talvez o próprio dr. Silberman possa encarregar-se do trabalho. Pobre M.! Voltar para o Brasil com um defunto na bagagem... Penso nos filhos, nos netos, nos amigos, na minha casa. Passam-me pela cabeça alguns projetos de livros. E o corvo de Poe diz: "Nunca mais!". E lá vem o novo acesso da tosse, já agora rouca, como de cachorro. Fico mirando longamente o teto. Se eu pudesse dormir pelo menos umas quatro horas esta noite, teria amanhã combustível suficiente para funcionar razoavelmente bem durante o dia...

Vocês sabem quem morreu? (Vozes brasileiras conhecidas.) Não? Pois é. Em pleno deserto, na estranja, Turquia ou Arábia, sei lá! Eu sempre achei que um homem que já teve um enfartaço como o dele devia sossegar o pito, não se meter a fogueteiro e andar burlequeando pelo mundo como se tivesse coronárias de vinte anos. Uma velha tia suspira: "Coitado! Descansou". Protesto. Esse tipo de descanso não quero. Dormir, isso sim. O meu reino por uma soneca! Um bom sono sem tosse nem sonhos.

E, não sei como, esse sono vem. Desapareço do mundo, mergulho numa espécie de Nada. Desperto com o sol na cara e M. ao lado de minha cama. "Que horas são?", pergunto. "Oito e meia", responde ela. "E como te sentes?" Consulto-me e concluo: bem. Minha mulher quer saber se vamos cumprir o programa do dia. Respondo que sim. E começamos a nos preparar para a jornada.

DIÁLOGO COM UM CAMELO

Depois do café saímos a andar no relvado que se estende, ralo e pardacento, à frente da hospedaria. Aproximamo-nos do camelo que passa o dia à disposição dos turistas para fotografias, a uma lira por pose. É um animal grande, cuja idade se revela no pelo falho e numa certa magreza senil. Seus olhos me parecem duas jabuticabas graúdas incrustadas em esferas de gelatina. O animal fita-os em mim, enquanto move a boca no seu incessante ruminar. Sempre acreditei que os animais falam. Mas é indispensável a gente possuir o terceiro ouvido nietzschiano capaz de ouvi-los e entendê-los. Este camelo agora me diz:

— Veja você a que estou reduzido.

— Compreendo e deploro a sua situação.

— Compreenda mas não deplore. A sua, meu caro, não é lá muito melhor que a minha. Presto-me a tudo. Tenho sido fotografado de mil maneiras com homens e mulheres e crianças vindos de todos os quadrantes da Terra. O sujeito que me explora paga-me com comida, e tenho de ficar aqui o dia inteiro, sujeitando-me a todas as ridicularias que você possa imaginar.

Sacudo a cabeça, penalizado, e o bicho prossegue:

— Qualquer turista cretino, incapaz de dar um tiro num rato, sobe para meu lombo e se imagina logo Lawrence da Arábia no deserto, lutando contra os turcos. Está vendo aquela matrona gordota e enfeitada que está olhando para cá, na frente da hospedaria? Pois ontem tirou um retrato sentada no meu lombo e depois escreveu no verso da fotografia: "A rainha de Sabá no seu camelo".

Antes que eu possa fazer qualquer observação, o animal continua:

— Por que será que ninguém está contente com o que é, e vive a meter-se na pele de heróis? Você, por exemplo, quantas vezes quis livrar-se do seu euzinho quotidiano?

— Muitas — confesso. — Quando criança identifiquei-me com Juca Ratão que no dia de suas bodas caiu na panela de feijão. Depois fui o *Herói de quinze anos*, de Júlio Verne, mais tarde Marco Polo, D'Artagnan... Aos vinte anos virei Rodolfo Valentino, com toneladas de brilhantina na cabeleira.

— E a mocidade e a cabeleira se foram...

— Tu o disseste — replico biblicamente.

— Pois eu me consolo com a ideia de que não sou um camelo qualquer. Um de meus ancestrais trouxe para Berseba o profeta Abraão. Outro, talvez o meu pai, foi montado pelo general Allenby. Havia antepassados meus nos exércitos de Cleópatra. Júlio César um dia acariciou o pelo de meu tetravô.

Com os olhos viscosos ainda fitos em mim, o bicho pergunta:

— E *agora*, quem é você?

— Ah! Agora estou alimentando a minha maior fantasia, tentando talvez o impossível. Procuro ser eu mesmo. Mas, como você sabe, a vida é uma dança com máscaras. Usamos tantas, que acabamos perdendo de vista a face natural.

E, para minha surpresa, o camelo cita um verso de Alberto Santiago:

> *Nos quitamos la máscara*
> *Y entonces descubrimos*
> *que no existe la cara.*

A CAMINHO DO NEGUEV

Barbeado de fresco, rosado e risonho, Jaime está ao volante. Com nossos amigos, os Dothan, aboletamo-nos no automóvel, e a marcha rumo de Massada começa. Céu dum azul intenso, limpo e luminoso, como que mandado pintar especialmente para esta viagem. No ar uma discreta imitação de frio.

O Neguev, *grosso modo*, tem a forma dum triângulo cujo vértice, formado pelos lados mais longos, toca o mar Vermelho. Em extensão territorial corresponde a mais da metade de todo o Estado de Israel e é uma zona pouquíssimo povoada. Creio que, contados judeus e beduínos, sua população não chega a cem mil habitantes.

Um poeta panfletário, olhando para o deserto, poderia exclamar, patético, à melhor maneira romântica: "Terra madrasta!". No entanto estaria redonda ou, melhor, quadradamente enganado. A região do Neguev pode, na pior das hipóteses, ser comparada com uma severa figura materna, sem as verdes e dadivosas doçuras da Galileia. Não nega, entretanto, suas riquezas à prole que a habita. Esconde, isso sim, os seus tesouros, com aparente avareza, talvez para exigir de seus filhos inteligência e esforço para descobri-los e merecê-los. Quantas mulheres gaúchas conheço — e pintei tantas delas em meus romances! — que não sabem dar a seu amor materno expressão verbal, sérias e impassíveis de face, parcas e às vezes até ríspidas de gestos. A verdade é que, metáfora à parte, o Neguev muito tem dado a Israel, e acham os entendidos que tem ainda muito mais a dar em riquezas minerais. Nem todo o seu chão é estéril. Nos arredores de Berseba, por exemplo, encontramos no solo cor de ocre queimado o *loess*, uma terra sedimentária, às vezes misturada com argila, e formada de elementos calcáreos trazidos pelos ventos — em suma, uma terra fértil cujo único defeito é o de ser constituída duma poeira demasiadamente fina, difícil de fixar-se, presa fácil dos ventos. Protegidos, porém, pelos renques de árvores que já mencionei, devidamente regados com água trazida de várias fontes, em grandes canos de concreto, e arados constantemente para que se lhes aumente o poder de absorção — os solos de boa parte do norte do Neguev tornaram-se ricamente produtivos. Os recursos minerais desta zona desértica são consideráveis: cobre, sílex, bário, areias silicosas, caolim, rocha betuminosa, granito, mármore, gases naturais, petróleo, manganês...

Deixamos a região suavemente ondulada de Berseba, no chamado platô do Neguev, e seguimos na direção de nordeste para depois embicar para o sueste, pela estrada da Independência, que liga Berseba a Massada.

Estamos já em pleno deserto da Judeia — o reino do cacto e da pedra. Suas cores? Matizes de cinza e pardo. Fico surpreso quando, apontando na direção do norte, para Lahavat, Dothan me diz que nesse lugar se produzem as mais deliciosas maçãs de Israel.

Os eucaliptos que orlam a estrada agora minguaram a ponto de parecerem pigmeus. Por fim desaparecem. A primavera, porém, nos acompanha no vento.

LIÇÕES DE PEDRA

Chegamos a Arad por volta do meio-dia. Esta é uma das comunidades mais novas de Israel e está nascendo numa zona onde, nestes últimos quatro mil anos, já surgiram e morreram dez outras cidades.

Segundo os planos de arquitetos israelenses esta área urbana no futuro poderá abrigar confortavelmente cinquenta mil pessoas. No momento Arad, com seus seiscentos habitantes, é uma espécie de dormitório para os trabalhadores das usinas e minas do mar Morto, que, ao fim dum dia de trabalho naquele buraco onde o calor é infernal vêm dormir em paz na frescura das noites desta cidade. Os economistas têm grandes esperanças com relação a Arad, onde querem estabelecer um centro de indústria petroquímica, utilizando para isso não apenas os minerais do mar Morto mas também o gás natural descoberto em Roch Zohar, perto daqui. Um mapa econômico da região me informa que estas montanhas do nordeste do Neguev são riquíssimas em fosfatos.

O auto estaca. Desembarcamos. O ar continua picante. Seu teor de umidade não deve estar acima de 10%. Cegonhas passam em revoada sobre as casas de apartamentos de três andares, que surgem da rocha gris, uniformes como as de Berseba.

Alguém nos pergunta se não vamos ver o famoso vaso egípcio da Era do Bronze que se encontra no pequeno museu local. Infelizmente não temos tempo para isso. Devemos seguir imediatamente para Massada — informa-nos Dothan, consultando seu implacável relógio. Não vemos também o centro cívico de Arad, que neste sábado está fervilhante de turistas que, como nós, vão visitar o histórico penhasco.

Dothan dá instruções a Jaime: ele deve seguir com o carro por outra rota e ir esperar-nos junto dum restaurante que fica no sopé de Massada, já no nível do mar Morto. Metemo-nos os quatro num jipe conduzido por um sabra de vinte e poucos anos, corpulento, tostado de sol, um chapéu de *kibbutznik* na cabeça e uma expressão pícara no rosto. E saímos aos solavancos por uma estrada de pedra, onde é intenso o movimento de ônibus e outros carros que conduzem turistas para destino idêntico ao nosso. O sabra parece rir-se de nosso desconforto, dos gemidos que não podemos conter quando o jipe sacoleja. E lá nos vamos subindo e descendo, num interminável zigue-zague, por entre colinas, gargantas, chapadas...

Penso no poema do nosso João Cabral de Melo Neto:

> *Uma educação pela pedra: por lições;*
> *para aprender da pedra, frequentá-la,*
> *captar sua voz inenfática, impessoal*
> *(pela dicção ela começa as aulas.)*
> *A lição de moral, sua resistência fria*
> *ao que flui e a fluir, a ser maleada;*
> *a de poética, sua carnadura concreta;*
> *lições de pedra (de fora para dentro,*
> *cartilha muda) para quem soletrá-la.*

Olho para os largos ombros do sabra, para seu pescoço taurino e seus sólidos braços, e penso: este rapaz "frequenta a pedra", aprende com ela a soletrar o deserto. Pertence a um mundo à parte do nosso. Nesta breve viagem não tenta comunicar-se conosco, limita-se a responder em hebraico às perguntas que Dothan lhe faz na mesma língua. E eu sinto o idioma que usam como uma barreira de pedra.

O sabra atira sua alegria para fora do carro, em gritos e gestos, mas dirigidos apenas aos companheiros que vai encontrando pela estrada, ao volante de outros jipes, ônibus ou caminhões. Deve desprezar-nos um pouco porque somos turistas, gente do asfalto e da sombra, ao passo que ele é da rocha e do sol aberto. Ou tudo isto será apenas imaginação minha?

Assim, quase em silêncio, sacudidos dentro deste veículo de molejamento tão duro como o solo do Neguev, percorremos os vinte e seis quilômetros desta trilha sinuosíssima, misto de serpente e porco-espinho. A posição do sol confirma a hora que meu relógio-pulseira indica. Ou vice-versa. Meio-dia em ponto.

O carro para. Apeamos e vemos diante de nós, contra a porcelana do céu, um penhasco formidável eriçado de arestas, um gigantesco bolo de chocolate que a erosão vem mordiscando há milênios, com metódica e lenta gula. Massada! Lembro-me de que, quando pela primeira vez vi a cordilheira dos Andes, senti no peito seu peso e sua majestade. Cortou-se-me a respiração. Massada, apesar de seu tamanho, de sua estranha forma, de sua solidão e de suas dramáticas conotações históricas, não me causa temor ou angústia.

Tão limpo está o firmamento, tão fresco e fino o ar, tão nítidos os contornos das coisas, que tudo me parece um pouco cenário pintado. Mas que cenário!

A EPOPEIA DE MASSADA

O drama de Massada começou no ano 66 da Era Cristã, quando na Judeia a resistência dos judeus ao jugo romano tomava o caráter de guerra revolucionária. Tendo compreendido a importância deste penhasco como fortaleza natural de alto valor estratégico, um grupo de hebreus comandado por Menachen Ben Yehuda assaltou-o e conquistou-o, liquidando a guarnição romana que aqui se mantinha desde os tempos de Herodes, o Grande.

No ano de 67 Nero incumbiu Vespasiano de reprimir a revolta dos judeus. Em 68 este comandante romano havia já completado a conquista da Galileia, da Transjordânia e do litoral da Judeia. Os judeus, porém, haviam reconquistado Jerusalém, instituindo um governo nacional, que proclamou os objetivos de sua guerra. Eram contra o imperialismo e o colonialismo de Roma, contra a idolatria e o tráfico de escravos. Inspirados na justiça de Jeová, o Deus único, queriam estabelecer em sua terra um regime em que se respeitasse a dignidade tanto moral como física do homem.

Morto Nero, Vespasiano tornou a Roma, onde foi coroado imperador, deixando seu filho Tito no comando das forças romanas que ocupavam a Judeia. Como é sabido, no ano de 70, após um cerco de cinco meses, as hostes de Tito reconquistaram e saquearam Jerusalém, ateando fogo ao Segundo Templo. Para escaparem ao massacre ou à escravidão, muitos judeus fugiram para o deserto da Judeia e alguns deles, em companhia de suas famílias, buscaram refúgio na fortaleza de Massada, então sob o comando de Eliezer ben Jair.

Senhores agora de toda a Palestina, os romanos poderiam tranquilamente permitir que os defensores de Massada, imobilizados no alto de seu rochedo, se cozessem no próprio caldo, sob o sol do deserto. Era-lhes porém incômoda a ideia de que novecentos e sessenta e sete pessoas pertencentes ao partido religioso dos zelotes — homens, mulheres e crianças — continuassem livres, recusando submeter-se à autoridade do mais poderoso império do mundo. Ademais, consideravam um perigo deixar vivo aquele foco de insurreição e esperança. Era preciso conquistar Massada!

Com oito acampamentos fortificados, os soldados romanos estabeleceram metodicamente o cerco da fortaleza dos rebeldes. O sítio durou vários anos. O ataque final começou em fins de 72 e foi levado a cabo pela Décima Legião romana, forte de dez a quinze mil homens.

O que se sabe desse dramático episódio nos é narrado de maneira magnífica por Flavius Josephus no seu livro *A guerra dos judeus*. Tendo perdido toda a esperança de continuar a resistência e vendo que os romanos estavam prestes a derrubar e transpor as muralhas de Massada, Eliezer Ben Jair reuniu seus companheiros e falou-lhes assim: "Nós que nunca pudemos suportar nem mesmo a menor das servidões não nos devemos desonrar com uma escravidão que significará sem dúvida o mais terrível sofrimento, se cairmos nas mãos dos romanos. Penso que Deus nos faz um favor particular colocando-nos numa posição de morrer como homens livres".

Segundo ainda Flavius Josephus, todos os homens de Massada aceitaram e cumpriram o pacto de morte que seu chefe lhes propôs. Cada um deles liquidou com as próprias mãos sua mulher e seus filhos. Depois amontoaram as coisas que possuíam e atearam-lhes fogo. Dez deles foram sorteados para executar os demais companheiros. Cada homem deitou-se ao lado do cadáver da esposa e dos filhos, abraçou-se com eles e ofereceu a garganta aos executores. Os dez sobreviventes então liquidaram-se entre si: o nono matou o décimo, o oitavo matou o nono e assim por diante, até que restou um único homem no topo de Massada. E essa personagem de tragédia grega se pôs a vaguear por entre os corpos, para verificar se em algum deles restava ainda algum vestígio de vida, caso em que ela lhe daria o golpe de misericórdia. Terminada a horrenda missão, o sobrevivente incendiou o palácio da fortaleza e por fim suicidou-se, tombando ao lado dos membros de sua família.

Penso nessas nove centenas de cadáveres sobre a rocha manchada de sangue, ao sol cru do deserto. E imagino que o silêncio desses mortos deva ter pesado como uma derrota no espírito de Flavius Silva, o procurador romano na Judeia.

O NOSSO ASSALTO

Agora, neste princípio de tarde de Sabá, Massada está sendo de novo assaltada, desta vez por uma legião de turistas de ambos os sexos e das mais variadas idades, não só cidadãos israelenses como também, a julgar pelas línguas que ouço a meu redor, de vários outros países do mundo. Faz apenas um ano e pouco que as ruínas deste penhasco foram franqueadas aos visitantes. Escalar Massada é a um tempo um esporte, uma aventura histórica e arqueológica e, para muitos judeus, também uma espécie de romaria religiosa. Como fileiras de coloridas e diligentes formigas, os excursionistas sobem pelo esporão que, numa rampa, vai do ponto em que estamos até quase ao topo do rochedo.

— Vamos? — convida-nos Dothan.
Minha mulher franze a testa.
— Mas vocês pretendem subir a pé até lá em cima?
— E por que não? — sorri nosso amigo.
M. consulta-me com o olhar, talvez esperando de mim uma recusa.
— Vamos embora! — digo.
— Estás doido?
— Tenho alma de alpinista.
— Alma pode ser, mas coração... não sei. Bom, afinal de contas és tu quem sabe. Estou por tudo...

— Como sempre — termino-lhe a frase.

Minha mulher me faz uma recomendação sensata: "Dá sete passos e faz uma paradinha para descansar". Por que sete? Os sete dias da semana. Os sete sábios da Grécia. Os sete braços do castiçal simbólico judaico. Os sete anões de Branca de Neve. As sete maravilhas do mundo.

Começamos a escalada. Sete passos e... alto! Passam por nós bandos de moças e rapazes com mochilas às costas. Creio que esses dois sujeitos ruivos, de peles brancas como queijo, que aqui vão à minha frente, de calções curtos e máquinas fotográficas e cinematográficas a tiracolo, são alemães, pois só alemão — reflito folcloricamente — é que anda munido de tantos aparelhos ópticos: binóculos, lentes telescópicas, filtros, câmaras de vários tipos, fotômetros... Sim, e só esse tipo de turista visita tão estudiosamente os lugares históricos, com o nariz metido em livros, e nesse passo meio marcial de quem caminha para uma conquista não só cultural como também territorial.

Sinto-me leve, bem-disposto, a cabeça despejada. Não tenho nada a ver com o brasileiro que faleceu ontem numa hospedaria de Berseba. Este claro sol do deserto me limpou os pulmões e a alma. Tenho a impressão de que o ar fino não oferece a menor resistência a meu corpo. Caminho rampa acima com um entusiasmo de escoteiro. E como sete, pelo menos no Brasil, é conta de mentiroso, começo a "roubar": dou dez, doze, vinte passos entre um descanso e outro. M., que me controla à distância, protesta: "Devagar, homem! Não temos hora marcada para chegar lá em cima". Raquel e Alexandre, esses sobem em passadas largas e rápidas, estão já bem distanciados de nós e de vez em quando fazem alto, voltam-se e acenam em nossa direção.

Penso: por aqui subiram os soldados da Décima Legião romana. Protegidos por suas flechas e por pedras lançadas por suas catapultas, construíram lenta e perigosamente este caminho que agora trilhamos. Os rebeldes de Massada defendiam-se atirando sobre os assaltantes pedaços de rocha, as únicas armas que lhes restavam no último ano de resistência. Duma feita os romanos aproximaram-se tanto da entrada ocidental da fortaleza, que conseguiram atear fogo à estacada de madeira que os zelotes haviam erguido por trás da muralha de pedra. O fogo, porém, foi dominado e o inimigo mais uma vez repelido. Mas o fim estava próximo. Os golpes dos aríetes dos romanos que forçavam as entradas de Massada deviam soar ao ouvido dos judeus como as batidas da Fatalidade.

Desta vez roubo trinta passos. M. já não protesta mais. Um senhor com uma corpulência e um perfil de senador romano passa por mim bufando forte.

Flavius Josephus afirma em seu livro sobre a guerra dos judeus que Herodes, o Grande, construiu neste penhasco uma fortaleza e um palácio de inverno porque temia que o povo da Judeia se rebelasse e o depusesse, caso em que ele viria refugiar-se aqui. Outro temor que assombrava esse paranoico era o de que um dia Cleópatra, rainha do Egito, voltasse seus olhos cobiçosos para esta região, e atirasse contra ela os seus exércitos. Homem de bom gosto, epicurista refinado, Herodes não se preocupou apenas com o aspecto militar da fortaleza: deu a seus palácios todo o conforto, dotou-os de banhos, piscinas, soalhos de mosaicos, altas colunas e, levando mais longe sua fantasia, fez construir, cortando a rocha da encosta setentrional de Massada, um palácio de três patamares semicirculares superpostos, cujo perfil avistei antes de começar a subida.

Quantos minutos faz que começamos a escalada? Sinto que minha noção de tempo dissolveu-se na atmosfera do deserto. O céu, como uma rotunda, parece cobrir um espaço vazio de tempo. Se a Terra não se movesse (Herodes teria dito "se o Sol não se movesse") creio que perderíamos por completo a ideia de duração.

De onde estou agora avisto as ruínas dos quadriláteros de muralhas de três dos oito acampamentos romanos que sitiaram Massada. Deste lado ocidental o penhasco deve ter quase cem metros de altura.

A "procissão" engrossa. Mães afogueadas e aflitas puxam pela mão os filhos, que relutam em continuar a subida. Outras tratam de resolver os problemas hidráulicos de seus pequeninos. Se Herodes pudesse ver todas estas crianças — reflito —, que festa para seus olhos!

Não sei de onde tira tanta energia física este velho magro, todo vestido de negro, que aqui vai a meu lado, ofegante, os passos arrastados, os olhos postos no alto do monte, como numa visão celeste. Continua a subir com o zelo e a obstinação de quem paga uma promessa da qual dependerá o destino final de sua alma.

A rampa termina junto do flanco do rochedo, num pequeno patamar onde começa uma escada em zigue-zague, cujos degraus galgamos lentamente para percorrer os trinta e poucos metros que nos separam ainda do cume do penhasco. Sinto agora a força do sol. Dispo o pulôver, embora a brisa que vem das bandas do Mediterrâneo ainda me arrepie a pele com a pungência duma remota paródia de inverno.

O DESERTO E O MAR MORTO

O topo de Massada é uma chapada de rocha áspera onde se encontram os vestígios de época herodiana. Passamos quase desatentos por entre essas relíquias arqueológicas, a passo acelerado, pois estamos curiosos por ver o mundo que nos espera do outro lado do monte. Os Dothan nos levam a um ponto de observação situado na muralha oriental deste platô — que deve medir uns bons oitocentos metros de ponta a ponta — e então nossa visão e nosso espanto se perdem num dos territórios mais estranhos que tenho visto em toda a minha vida. Belo? Sim, mas duma beleza ominosa, quase aterradora. Não ousamos abrir a boca nem para dizer *ah!*. O deserto nos impõe silêncio com o seu silêncio. O que temos diante de nós é uma paisagem lunar. A face dum planeta morto. O mundo antes do aparecimento da vida vegetal e animal. A Terra depois de hecatombe atômica. Sempre imaginei que o chão do Neguev fosse de areia. É de pedra — uma sucessão de colinas, montes, montanhas, penhascos, gargantas, ravinas, mesetas, planícies, fissuras, grotas, vales, nas mais ricas variações da gama do pardo, com sombras esparsas dum azul violáceo, alternadas com manchas cor de iodo.

O que nos primeiros segundos de contemplação deste espetáculo nos salva do pânico é o azul sereno do céu, que parece assegurar-nos que tudo está bem e que a vida não desapareceu ainda da Terra. Às vezes temos a impressão de divisar na distância os contornos de cidades fantásticas (assírias? babilônicas? egípcias?) com palácios, torres, terraços, minaretes, muralhas, escadarias, jardins suspensos... Pura ilusão. É ainda o deserto trabalhado pela erosão, o mais lento, paciente e implacável dos escultores.

Passados os primeiros minutos de contemplação muda e meio ofegante, começamos a sentir-nos mais à vontade diante da paisagem, tomamos até algumas intimidades com ela. Aos poucos vamos descobrindo em sua "carnadura concreta" cores semiescondidas — uns tons rosados, uns amarelos sulfurosos, uns lampejos de cobre.

A pouco mais de um quilômetro deste penhasco — distância medida a olho, com um brasileiríssimo desprezo pela exatidão — estende-se para o norte o mar Morto, rumo do vale do Jordão, tendo à esquerda as montanhas da Judeia e à direita as escarpas do platô de Moab. Se eu andasse ainda pela casa dos vinte, talvez tivesse a coragem de dizer que esse lago, dum azul-esverdeado, parece uma turquesa engastada no duro peito do deserto. Mas como já entrei na chamada idade provecta, é evidente que não me vou dar ao desfrute de usar a imagem. Seja como for, eis o mar Morto, conhecido também nos tempos bíblicos como mar do Sal, mar do Oriente, mar da Planície, e mar da Morte, pois nele não existe nenhuma vida animal ou vegetal. Os árabes chamavam-lhe mar de Ló. Mar de Sodoma é outro de seus nomes antigos, não porque este corpo d'água tenha cultivado qualquer hábito contra a natureza, mas sim porque, segundo os arqueólogos, Sodoma e Gomorra acham-se submersas em suas águas, como resultado dum tremendo tremor de terra — o que nos leva a pensar no fogo e no enxofre com que, segundo o Velho Testamento, Deus destruiu aquelas duas cidades do pecado com todos os seus habitantes, menos o patriarca Ló e sua excelentíssima família. Flavius Josephus usou a expressão *Lacus Asphaltitites* para designar este singular lago em cujo leito existe betume em grande abundância. Debrua suas praias uma crosta irregular de sal, dum branco encardido, com manchas amareladas, enegrecidas aqui e ali pelo asfalto que de seu fundo sobe à superfície, flutuando até às margens.

O mar Morto tem pouco mais de oitenta quilômetros de comprimento para uma largura máxima de dezessete. Apenas um quarto de sua área é explorada pelo Estado de Israel, que dessa parte extrai uma quantidade considerável de bromos, sulfatos, carbonatos e vários cloretos, como o de sódio, o de potassa, o de magnésio e o de cálcio.

O Jordão e o Arnon despejam diariamente, neste lago "introvertido" e fechado em si mesmo no fundo desta impressionante fossa, mais de seis milhões de metros cúbicos d'água. Isso, entretanto, não contribui para aumentar seu volume, porque, devido ao calor ardente dos dias, a evaporação é tão intensa que chega a anular a contribuição daqueles dois rios. Os peixes que estes trazem na sua corrente morrem logo ao entrarem em contato com a água salgada, e seus corpos ficam boiando à superfície, servindo de alimento aos cormorões e outras aves pesqueiras.

Pergunto: "Onde ficava a famosa Cidade do Sal, de que fala Josué em seu livro?". Respondendo, Dothan aponta para o norte, para Khirbat Qumran, invisível desta distância. Foi nesse local também que em 1947 um jovem beduíno que se dedicava ao mercado negro — e na ocasião contrabandeava para Belém um rebanho de cabras — encontrou por acaso numa caverna as jarras que continham os preciosos documentos hoje conhecidos como Manuscritos do mar Morto. "Os arqueólogos", diz Dothan, "desenterraram em Khirbat Qumran o mosteiro essênio onde os Manuscritos foram copiados."

Em Ein Gedi, ainda à margem ocidental do mar Morto, existiu cerca de 590 a.C. uma fábrica de perfumes, no mesmo lugar em que Davi, tendo encontrado um dia o seu inimigo Saul ferrado no sono, limitou-se a cortar-lhe as vestes, poupando-lhe generosamente a vida. Ao sul de Ein Gedi, em Nahal Hever, na fronteira com a Jordânia, descobriram-se entre 1960 e 1961 manuscritos que datam do período entre os anos 88 e 135 da Era Cristã, e que lançam luz sobre a última e malograda revolta dos judeus contra os romanos, comandada por Bar Kochba.

Cansados da subida e da pedra (a primeira lição neste aprendizado é sempre a mais dura), sentamo-nos num banco, ainda de pedra. Os Dothan convidam-nos para descer até às ruínas da residência de Herodes, na encosta setentrional do penhasco. Ergo-me para segui-los, mas minha mulher me faz sentar, dizendo sensatamente: "Descansa, homem. Estás pior que essas velhotas turistas que tanto ridicularizas por quererem ver tudo às carreiras, custe o que custar". Tem razão. Fico.

Os Dothan já conhecem de muitas visitas o "ninho da águia" e se agora lá vão de novo — explicam-nos — é porque querem ver mais uma vez um lugar que para eles tem um valor sentimental, pois costumavam visitá-lo juntos quando noivos, ao tempo em que as escavações da vila particular de Herodes não estavam ainda terminadas.

Depois de breve descanso não consigo conter meu bicho-carpinteiro, e saímos a examinar os vestígios herodianos deste platô — os restos do grande palácio onde o rei da Judeia vivia, dava audiências e realizava cerimônias. Procuro sinais das trinta e sete torres que se erguiam ao longo das muralhas de doze cúbitos de altura que cercavam esta fortaleza. Continuo ainda analfabeto em pedra. Um prospecto sobre Massada nos descreve os magníficos banhos públicos que, à melhor maneira romana, Herodes mandou construir aqui para uso de sua corte e de seus hóspedes. Olho para o buraco onde foi a grande piscina, e fico a imaginar as orgias de que este lugar foi teatro (ou circo) nas noites do deserto, à luz de tochas. (Quem mais imoral? Herodes, que promoveu essas farras romanas ou eu, que séculos mais tarde estou a reconstruí-las mentalmente com os mais escabrosos pormenores? Seja como for, cada qual se diverte como pode.)

Sentimos sede. Dois jovens sabras, uma rapariga e um rapaz, distribuem água perto da muralha oriental, postados ao pé duma torneira atarraxada à extremidade dum cano. Aproximamo-nos. Não somos bem-sucedidos no diálogo que tentamos estabelecer com eles. Parecem entender apenas o hebraico. Não reagem às nossas perguntas em inglês, mas sorriem com divertida benevolência. Vestem ambos *blue jeans*, camisas de zuarte para fora das calças, sandálias, chapéus de pano. Ele é magro, usa bigode e barba, muito negros, e é moreno como um beduíno. Ela parece uma fruta ou uma flor. (O leitor que escolha.) Servem-nos. E aqui no lugar onde um dia Herodes e seus convivas libaram o vinho de suas bacanais em taças lavradas, nós bebemos água do mar da Galileia numa caneca de lata. Enquanto bebo contemplo a moça, radiosa à dourada luz da tarde. Como já disse, meus olhos possuem uma certa capacidade tátil: sinto que os seios dela negam a dureza áspera destas rochas, ó rosa do deserto! Devolvo-lhe a caneca murmurando: *Todá rabá!* E nos vamos.

A DESCIDA

Os Dothan voltam de sua excursão. Começamos os quatro a descida. Deste lado oriental o topo de Massada fica a uns seiscentos e vinte e poucos metros acima do nível do mar Morto. Devemos seguir pela trilha da Serpente, cortada rusticamente na vertente do penhasco. A senda não tem mais de um metro e meio de largura. À direita está a rocha, à esquerda, o vácuo sem nenhuma amurada protetora, a não ser, de longe em longe, uma grade de ferro em algum cotovelo extremamente perigoso. Se Massada deste lado caísse a pique, não creio que eu me arriscasse a descer. A trilha, justificando o nome, serpenteia escarpada, ora no sentido longitudinal ora no transversal da encosta, sobre uma sucessão de pequenos abismos não medonhamente vertiginosos, mas suficientemente altos e cobertos de pedras pontiagudas para a gente não desejar cair neles.

Quando começo a descer, à frente dos companheiros, Dothan me aconselha: "Olhe sempre para o lado do monte para evitar a vertigem". E aqui me vou... Mas como é possível olhar só para o lado do rochedo quando a paisagem à minha esquerda me chama em voz alta com a sua dramática beleza — pedra, sal, sombra, lago e sol? O computador da memória me manda à mente, nítida, uma lembrança acompanhada de fantasmas de sensações olfativas e táteis. Entardecer dum longínquo dezembro na casa paterna. Cheiro de frituras de azeite vindo da cozinha: aroma de jasmins-do-cabo subindo do jardim. Estendido na cama com um livro nas mãos, sou o moço Axel, que acompanha seu tio, o sábio dr. Otto Lidenbrock, na sua viagem ao centro da Terra. O professor conseguiu decifrar a mensagem de Arne Saknussemm, escrita em caracteres rúnicos! O texto mágico tem para mim um sabor de poema. "Desce na cratera do Yocul de Sneffels que a sombra do Scartaris vem acariciar antes das calendas de julho, viajante audacioso, e chegarás ao centro da Terra. Foi o que fiz."

É o que faço agora, quase cinquenta anos mais tarde. Olho para o alto. Perdi de vista os companheiros. Continuo a descer... De vez em quando o declive é tão acentuado que, não conseguindo que as pernas me obedeçam, rompo a correr e tenho de me agarrar à primeira anfratuosidade que a rocha me oferece, para poder estacar. Passam por mim outros excursionistas. Não posso admitir que aquele velhote que ali vai desça mais depressa que eu. Estimulado pela competição, sigo apressado em seu encalço, ultrapasso-o, glorioso, desafio os abismos, ergo os olhos para o sol, tenho a idade de Axel... E quando começo a orgulhar-me de minhas proezas de "alpinista", eis que avisto pessoas que seguem a trilha da Serpente mas de baixo para cima. Sobem, os miseráveis! Escalam Massada deste lado só para me desmoralizar! Cruza por mim um homem de meia-idade, o rosto afogueado, os olhos meio desvairados, a respiração forte mas metódica, à maneira dos iogues. E passa um bando de rapazes e raparigas sérios e silenciosos. E lá vem uma senhora gorda, galgando alegremente a escarpa, duplo queixo, rádio transistor colado à orelha. E outros, muitos outros... Fanáticos!

Piso em seixos soltos, que rolam e me impelem contra a minha vontade trilha abaixo, num galope desajeitado e aflito de cavalo velho, e assim vou até à primeira quina salvadora. Por fim chego ao sopé do monte. Consulto o relógio. Levei quarenta e cinco minutos na descida. Doem-me os músculos das pernas e das coxas. Mas foi divertido, palavra. Fico à espera dos companheiros. Sento-me numa pedra e de repente acordo para o fato de que neste momento estou pisando o solo da mais funda depressão do globo.

Já reencontramos Jaime e o nosso automóvel. Estamos os cinco reunidos e famintos. No restaurante informam-nos que pouca coisa nos podem dar. É tarde e os turistas que por aqui passaram antes de nós comeram o que havia. Estou disposto a aceitar até sopa de pedra. Pois dão-nos coisa parecida: bolotas de *matzot* mergulhadas num caldo turvo.

Depois do almoço Raquel nos sugere uma sesta. Minha mulher e eu procuramos a sombra dum alpendre, estendemo-nos em cadeiras preguiçosas. Fico de olhos entrecerrados, contemplando o mar Morto na distância, mas ainda não acreditando bem em que estamos aqui. Sopra uma brisa que a princípio recuso aceitar como fria. Minha epiderme, porém, arrepia-se, contrariando minhas convicções ou superstições geográficas. Está frio de verdade. M. já vestiu o pulôver. Faço o mesmo. Dentro de poucos minutos ambos arrastamos nossas cadeiras para fora do alpendre, procurando o sol. É incrível que, a quase quatrocentos metros abaixo do nível do mar, estejamos sentindo frio às quatro da tarde. Está tudo errado.

SODOMA

De novo dentro do automóvel, deixamos Massada para trás e aqui vamos rodando na direção do sul, através duma paisagem singular: à nossa direita o mar Morto debruado de sais e betume: à esquerda uma sucessão de penhascos que me custa acreditar sejam de sal maciço, pois estão cobertos duma poeira negra, como vulcânica, que lhes dá a aparência de basalto.

Passamos por um lugar chamado Sodoma, na extremidade meridional do lago. Acredita-se que nestas vizinhanças estavam localizadas Sodoma, Gomorra e as outras cidades da planície que Deus condenou à morte. Segundo lendas que por aqui correm, o pilar escuro do qual agora nos aproximamos, e para o qual Dothan aponta, é a própria esposa de Ló na expressão salina a que ficou reduzida como castigo por sua curiosidade. Dothan faz parar o carro, apeia, arranca um pedaço do penhasco — não sei de que parte da anatomia da bíblica senhora — e entrega-o a minha mulher, que o guarda como lembrança.

Passamos de largo pelas grandes usinas de potassa e bromo, que me parecem fantásticas estruturas de aço, ferro e alumínio, armadas por astronautas da Terra dentro da cratera dum planeta remoto e desabitado, para explorar seus minerais preciosos. Às margens do lago erguem-se, atarracados, grandes cubos de sal. Diques de terra dividem as águas em quadriláteros, à feição de açudes, onde se processa a sua evaporação.

O quadro me fascina. Tenho a impressão de que o espectro de van Gogh costuma assombrar este reino do sal, aplicando-lhe a esmo insensatas pinceladas de amarelo. Por analogia, a imagem dum outro lugar me vem à mente: Antofagasta, que em 1941 vi da amurada dum navio, com seu horizonte de pedra e guano — um estudo em tons de mostarda.

Nas vizinhanças de Neot Hakikar, nosso veículo toma a direção do oeste. Estamos subindo para a superfície do mundo e da vida. A noite começa a cair sobre o deserto. E mais tarde, sumido o sol, avistamos em Nahal Sorek, contra a brasa do poente, o vulto do edifício onde se encontra o maior dos dois reatores atômicos de Israel.

Agora é noite. Li ou apenas imaginei que existem chacais no deserto de Neguev? Mas o que eu não esperava mesmo encontrar por aqui era o fantasma de João Cabral de Melo Neto, conversando com as estrelas minerais desta fria noite:

> *Outra educação pela pedra: no Sertão*
> *(de dentro para fora, e pré-didática).*
> *No Sertão a pedra não sabe lecionar,*
> *e se lecionasse, não ensinaria nada;*
> *lá não se aprende a pedra: lá a pedra,*
> *uma pedra de nascença, entranha a alma.*

Agora na distância piscam as luzes dum *kibbutz*. É Sde Boker.

8
Visita a um profeta

A GUARDA

Deixamos o carro aos cuidados de Jaime, à entrada do *kibbutz*. Saímos a andar quase às escuras por entre casas. Sinto grama sob a sola de meus sapatos. Vejo o perfil de árvores a nosso redor. Fragrância de flores e ervas, no ar. Não divisamos vivalma. Luzes em raras janelas. Esta deve ser a hora em que os membros deste aldeamento agrícola-militar encontram-se reunidos no refeitório comum.

Dothan guia-nos na direção da residência do ex-primeiro-ministro de Israel. Dum alpendre tibiamente iluminado emergem dois homens — soldados armados de metralhadoras portáteis. São ambos comovedoramente jovens e de aspecto frágil. Alexandre põe-se a confabular com eles em hebraico. Ao cabo dum minuto faz-nos um sinal para que nos aproximemos. Obedecemos. Nosso companheiro bate à porta da casa, que logo se abre. Depara-se-nos, então, a segunda linha de defesa — e a mais dura — da "fortaleza" de Ben-Gurion: sua esposa Paula. É sólida, morena, de aspecto enérgico. Recebe-nos bem, mas sem festa. Noto-lhe no rosto uma leve expressão de contrariedade. Alexandre conversa animadamente com ela, decerto lhe informa sobre quem somos e por que viemos a esta hora. Faz depois as apresentações em inglês. O caráter franco e forte da matrona revela-se no seu aperto de mão. Ocorre-me uma frase que lhe atribuem: "Muitas mulheres casam-se com primeiros-ministros. Eu *fiz* um primeiro-ministro".

"Estão certos de que Davi espera mesmo vocês com hora marcada?", quer saber. Sacudo afirmativamente a cabeça. "Mas ele ainda está trabalhando!" Um remorso antecipado me assalta. Dona Paula afasta-se de nós, entra no gabinete do companheiro, fecha a porta atrás de si e, após alguns segundos, reaparece e diz: "Está bem". Entramos.

O HOMEM

A sala é de bom tamanho, mobiliada com gosto simples, as paredes completamente cobertas por estantes cheias de livros. Muita luz. Davi Ben-Gurion vem a nosso encontro, de mão estendida. É um homem de pequena estatura (mais baixo que minha mulher) — robusto, pele rosada, bochechas coradas, olhos cor de mel queimado, cheios duma vivacidade juvenil, negação límpida de seus oitenta anos. Está sem casaco — camisa e calças de brim caqui — e tem o aspecto não de quem passou a tarde trabalhando mas sim de quem acaba de sair, bem esfregado e luzidio, dum bom banho. Pronuncia meu nome clara e corretamente, o que me surpreende. "Acomodem-se, por favor", diz com afabilidade. Volta para a sua cadeira, atrás da ampla mesa de trabalho, sobre a qual vejo a folha de papel em que está escrevendo, um tinteiro, várias canetas e lápis dentro dum pote de cerâmica, livros abertos... Sentamo-nos todos na frente de nosso anfitrião. Seu sorriso é contagioso. A julgar pelo seu exterior, este líder político, este impávido guerreiro, este incansável pensador e homem de ação, não passa dum avô benévolo e bonachão. (Podia ser também, com essa famosa cabeleira branca e esfalripada, um professor universitário, um regente de orquestra sinfônica ou um mágico...) Quero dizer-lhe o quanto o admiro, mas sinto que vou pronunciar frases convencionais. Continuo calado. O melhor é deixar que ele comece a conversa. Não vim propriamente entrevistá-lo, não preparei perguntas. Quero que o diálogo se processe naturalmente.

Ben-Gurion fica por alguns segundos a examinar minha mulher com olho simpático, depois volta-se para mim:

— Fui informado de que o senhor é romancista...

— Pois é... — respondo, constrangido como se ele me tivesse perguntado se sou estelionatário ou traficante de brancas. — Admito que seja uma profissão um pouco rara...

Ele faz com a cabeça um sinal na direção do papel que tem à sua frente.

— Pois eu também escrevo livros, embora essa não seja a minha profissão. No momento trabalho numa história de Israel, desde a fundação da cidade pioneira de Petach-Tikvah, em 1878, até nossos dias.

Seu inglês é correto e fluente, mas tem a sombra dum sotaque, embora menos carregado que o meu.

Dona Paula puxa uma conversa lateral e doméstica com minha mulher, que em dado momento lhe conta que nossa única filha se casou com um físico judeu-americano e nos deu três netos homens.

— Pois nosso filho — intervém Ben-Gurion — casou-se com uma moça inglesa cristã. Também temos netos!

Segue-se um desses diálogos que só os avós compreendem e estimam. Depois, Dothan conta aos donos da casa de nossas andanças durante o dia e acaba por fazer uma referência elogiosa ao zelo dos soldadinhos que montam guarda à porta.

— Ah! — exclama o Velho. — Coitados! Todas as manhãs costumo caminhar de seis a sete quilômetros nos arredores do *kibbutz*, e esses meninos me seguem, apesar de meus protestos.

— São anjos da guarda sabras — digo. — Em vez de asas têm metralhadoras.

— Hoje abstive-me de fazer o meu passeio para não obrigá-los a trabalhar durante o Sabá.

Compreendo as precauções que o *kibbutz* toma com relação ao seu hóspede mais ilustre. Afinal de contas, as fronteiras da Jordânia e do Egito não ficam muito distantes daqui, e os árabes teriam um dia de festa se pudessem agarrar ou liquidar este líder israelense.

A FIGURA HISTÓRICA

— O senhor tem algum sangue judeu? — pergunta-me Ben-Gurion.
— Não, que eu saiba.
— Até que ponto conhece sua árvore genealógica?
— Até um senhor chamado Manoel Veríssimo da Fonseca, natural de Ervedal da Beira, em Portugal, e que emigrou para o Brasil em 1810.

Que sei eu sobre Ben-Gurion? Nasceu em Plonsk, na Polônia, em 1886. Muito moço, apaixonou-se pela ideia sionista. Veio para a Palestina, onde se fez agricultor, fundou um jornal e um partido político.

Pergunto ao velho se esses dados estão certos. Ele sorri o belo sorriso que lhe acentua os zigomas e ilumina o rosto.

— Sim. Sou o que se pode chamar de "ativista".
— É verdade que estudou direito na Universidade de Constantinopla em 1912? — Ele sacode afirmativamente a cabeça e eu prossigo:
— É certo também que as autoridades turcas o expulsaram da capital, como elemento indesejável?

Desta vez Ben-Gurion solta uma sonora risada.

— Sim, os turcos expulsaram-me de seu país e mais tarde, lá pelo fim da Primeira Guerra Mundial, de certo modo eu ajudei os ingleses a expulsar os turcos da Palestina. Não só recrutei soldados judeus para os regimentos de Jabotinski (já ouviu falar neste nome?) como também eu próprio me alistei como soldado.

Sei que depois da Primeira Guerra Mundial Davi Ben-Gurion dedicou-se à política, sempre orientado para o sionismo.

— É verdade que foi o senhor um dos que mais usaram da sua influência junto à Liga das Nações para que esta criasse um mandato na Palestina?

— Sim, isso significou um passo rumo da criação do Estado de Israel. E nenhum outro país poderia exercer esse mandato melhor que a Grã-Bretanha.

Dona Paula ergue-se e convida-nos para jantar em sua companhia no refeitório do *kibbutz*. Como recusamos, retira-se sem insistir no convite. (Gosto dela.) Depois dum curto silêncio Ben-Gurion torna a olhar na minha direção e, com o ar de quem se diverte, repete:

— Então o senhor é romancista! Pois tenho de lhe confessar que há trinta anos não leio romances.

— Faz muito bem. É tempo perdido.

— Não digo que seja. Mas prefiro ler os filósofos.

— Eles às vezes também fazem ficção.

O estadista sorri. Depois nos conta que um dia recebeu de presente dum amigo a obra completa de Espinosa no original, e julgou-se na obrigação de aprender o espanhol para lê-la, assim como aprendera o grego para poder entender melhor Platão, que considera um dos maiores pensadores que a humanidade já produziu.

— Mas o meu escritor favorito de todos os tempos e de todas as línguas é aquele... — Aponta afetuosamente para uma pequena reprodução da conhecida estátua de Moisés, de Michelangelo, que branqueja entre livros, numa das estantes. Conta-nos também que aprendeu hebraico com o avô, sentado em seus joelhos.

Quer saber quanto tempo vamos permanecer em Israel. Que lugares visitamos? Que pessoas encontramos? Pretendo escrever alguma coisa sobre este país? Respondo a esta última pergunta de maneira vaga. E ele:

— Tem tomado notas, muitas notas? Acho perigoso confiar na memória. Um historiador deve estudar e pesquisar durante três dias e só escrever no quarto. E para compreender Israel o senhor precisa ficar aqui muito, muito tempo.

Já me sinto culpado, pois sei que desta visita de vinte dias me vai sair fatalmente um livro. Estou a pique de invocar minhas imunidades de ficcionista, mas acho melhor não dizer nada. Seria uma irreverência confessar diante *deste* homem que vou escrever sobre o Estado que ele ajudou a construir e está contribuindo para manter.

O Velho faz uma pergunta que me surpreende:

— Por que é que as repúblicas latino-americanas não se unem todas para formar um único país? Falam a mesma língua (com exceção do Brasil), têm a mesma religião... Por quê?

— Essa união — respondo — não me parece possível e talvez não seja desejável. Já imaginou qual seria a capital das Repúblicas Unidas da América Latina? (Penso, mas não digo, que essa capital acabaria por ser, inescapavelmente, Washington, DC.) Creia, senhor Ben-Gurion, que o fato de o Brasil ter permanecido unido desde a proclamação de sua independência até hoje é uma espécie de milagre que me surpreende e encanta. Veja bem: apesar das distâncias, da precariedade dos meios de transporte e comunicação (que só agora melhoram) falamos uma única língua, com pequenos matizes regionais, mas não temos propriamente dialetos. A Itália, muito menor que o Brasil em extensão territorial e culturalmente mais importante e antiga, tem mais de setenta.

Ben-Gurion brinca com um corta-papel, murmurando :

— Conheço pouco o Brasil, infelizmente. Quando lá estive encontrei-me com Jânio Quadros, de quem tive muito boa impressão. Sua renúncia deixou-me desnorteado.

— Seis milhões de brasileiros, meu caro ministro, também se enganaram com o doutor Quadros. Confesso que fui um deles.

Dothan comenta as últimas notícias do mundo. Alguém menciona o nome do presidente De Gaulle. Ben-Gurion diz que o considera um grande estadista. E acrescenta:

— Acredito que é o único homem da França com coragem suficiente para resolver definitivamente o problema da Argélia.

Quando se fala na Terceira Guerra Mundial, nosso anfitrião murmura que isso seria o fim da humanidade. Pergunto-lhe se acredita na inevitabilidade da hecatombe, ele sacode a cabeça negativamente.

— Não. Como todo judeu, sou um otimista.

— Não considero os judeus propriamente otimistas — replico, tendo o cuidado de aduzir: — Talvez o novo judeu que Israel está criando...

Ben-Gurion abre os braços num gesto largo:

— Meu amigo, não confunda realismo com pessimismo. Se não fôssemos otimistas, como poderíamos ter sobrevivido através dos séculos, a todas as perseguições, dispersões, desastres, torturas, massacres? E não esqueça que os "judeus antigos" também nos ajudaram a fazer esta nação. E continuam na barricada.

DA UTILIDADE DOS INIMIGOS

De súbito o velho Davi me surpreende com uma pergunta gaiata:
— Por que é que vocês na América Latina precisam de tantos generais?
— Sabe que esta simples pergunta feita no Brasil hoje em dia seria considerada subversiva?
— Não acredito!
— E, por falar em generais, o senhor concorda com Paul Valéry quando ele diz que "a existência dos vizinhos é a única defesa das nações contra uma perpétua guerra civil"?

Ben-Gurion fica um instante pensativo e depois, com um sorriso malicioso, diz:
— Sempre achei que se nós nos mantemos unidos dentro de Israel é graças aos árabes, nossos vizinhos e inimigos.

Lembro-me duma anedota que circulou no mundo ao tempo em que Davi Ben-Gurion era o primeiro-ministro deste país. Anunciou-se um novo Dilúvio, que cobriria a Terra com cinquenta metros d'água. Católicos, protestantes e muçulmanos foram convocados por seus sacerdotes para orar, fazer as pazes com Deus e preparar-se para o Juízo Final. Ben-Gurion, porém, chamou seus cientistas e técnicos e disse-lhes: "Desenvolvam com a maior urgência um projeto que permita ao povo de Israel viver debaixo de cinquenta metros d'água".

O PROFETA

Não faz muito, li que quando Ben-Gurion visitou os Estados Unidos, ainda na qualidade de primeiro-ministro, teve a oportunidade de conversar com centenas de estudantes universitários americanos de origem judaica, aos quais, entre outras coisas, disse: "Que estais fazendo aqui? Voltai para casa! Associai-vos à única aventura contemporânea em que a fronteira está ainda aberta. A pátria de vossos ancestrais necessita desesperadamente de vós e de vossos talentos!".

Lembro estas palavras ao nosso anfitrião, que sacode lentamente a cabeça, confirmando-as.
— Na minha opinião o judaísmo e os judeus não podem existir verdadeiramente fora de Israel. Suas raízes encontram-se nesta terra. O ju-

deu da Diáspora não pode continuar na sua dicotomia. Judeu-francês, judeu-inglês, judeu-italiano etc. são expressões sem sentido. Chegam a ser patológicas, anormais, incompatíveis com a essência do são judaísmo! O único lugar do mundo onde os judeus podem viver sem inibições é aqui na Palestina histórica, à qual eles pertencem.

— Mas a Diáspora continua — observo. — Se não me engano, o número de judeus que vieram para Israel é diminuto, comparado com o dos que ficaram espalhados pelo mundo...

— É verdade. Mas se os judeus, atraídos pelo conforto e pela prosperidade materiais, persistirem na dispersão, fatalmente hão de convidar os outros povos a repetir as trágicas agressões do passado. Pense na expulsão dos hebreus da Espanha, depois de tudo quanto eles fizeram pela grandeza desse país e da cultura da raça humana. Pense no genocídio de judeus levado a cabo pelos nazistas!

Faz uma pausa. Olha, vago, em torno, e depois diz:

— Precisamos elevar nossa população a quatro milhões de habitantes. Isso é capital. Havemos de manter o Estado de Israel. Esta nova nação atrai o que há de melhor na juventude judaica do mundo inteiro. Temos sido uma espécie de "Estado-piloto", de escola para os países novos que apareceram na mesma época que Israel. Temos dado também lições proveitosas a países antigos da Ásia, da África e da América do Sul. Muitos dos problemas com que há milênios essas nações lutam estão sendo resolvidos em Israel, no campo da agricultura, da educação, da medicina, da engenharia... Mandamos técnicos para todos esses países. Creio que há especialistas nossos em solos áridos colaborando com seus colegas brasileiros em alguma parte de vosso Nordeste...

ISRAEL E O MUNDO

Dona Paula volta e retoma a sua guarda. A conversa resvala para assuntos domésticos. Quantas horas trabalha Ben-Gurion por dia? Resposta: "Ele escreve durante quase todo o dia". (Minha mulher me olha como quem insinua: "Mira-te nesse espelho".) E a alimentação? E o sono? Dona Paula nos dá uma resposta sintética: "Ele sabe cuidar bem de si mesmo".

Volto-me para Dothan e, fazendo com a cabeça um sinal na direção do dono da casa, digo:

— Já tomamos bastante tempo do nosso amigo...

Alexandre e Raquel erguem-se. M. e eu fazemos o mesmo. Ben-Gurion detém-nos com um gesto.

— Fiquem um pouco mais. Não beberam nada... Desejam alguma coisa? Paula!

Respondemos que não queremos nada, agradecemos, tornamos a sentar-nos. O novo profeta de Israel prossegue.

— Detestamos a guerra, mas somos capazes de fazê-la, se necessário. Israel compreende que seu destino está integrado no destino de toda a humanidade. Procuramos a paz, a frutificação dos desertos, o progresso do indivíduo, da educação, da ciência, dentro duma sociedade livre... Acreditamos também na tolerância, na ajuda mútua e no amor ao próximo. Queremos amizade e paz com todos os povos, inclusive e principalmente com os povos árabes, com os quais estamos prontos a parlamentar e cooperar. — Com um gesto mostra os papéis e os volumes que tem sobre a mesa. — Estou escrevendo neste livro todas estas coisas que vos acabo de dizer.

Sinto que M., como eu, está fascinada por este grande velho.

CHALOM!

Quando, alguns minutos depois, nos despedimos, Davi Ben-Gurion já à porta de seu gabinete, diz:

— Repito que sou um otimista. Acredito na profecia de Isaías, que, referindo-se à paz definitiva, escreveu que "Deus um dia exercerá o seu juízo sobre as gentes e repreenderá a muitos povos; e estes converterão suas espadas em enxadas e as suas lanças em foices: não levantará espada, nação contra nação, nem aprenderão mais a guerrear".

Saímos para a noite. Faz frio. Acenamos para os guardas de Ben-Gurion. Entramos no carro. Segundo o programa, devemos agora tocar para Bror Hayil, o *kibbutz* dos brasileiros. Minha mulher, porém, faz um protesto, que eu apoio de todo o coração.

— Acho — diz ela — que devemos mudar de itinerário. Amanhã é domingo da Páscoa e eu gostaria de ir a uma missa em Jerusalém.

Dothan concorda. Para Jerusalém, pois, amigo Jaime! E de novo saímos a rodar pelo deserto, sob as estrelas.

9
Jerusalém

O CORREDOR

Alguém já ouviu falar em coração que pudesse pulsar separado do corpo a que pertence, continuando a alimentá-lo do mais quente e rico sangue? Pedindo perdão pela metáfora que me ocorre na sonolência deste fim de viagem — direi que tal é o caso de Jerusalém, coração do Estado de Israel, ao qual está ligado pelo estreito e perigoso corredor que corta território jordaniano, e ao longo do qual nosso carro agora rola, cerca das onze da noite deste longuíssimo Sábado de Aleluia.

Como se sabe, Tel Aviv foi construída por um grupo de judeus da Palestina. Jerusalém é um misterioso produto da História. (Outra vez a dama gorda e inescrutável.) Tel Aviv pode ser comparada a um escritório de grande empresa, a uma agência turística, a uma sala de visitas ou a um *playground*. É a parte moderna e funcional do lar judeu, ao passo que Jerusalém é o santuário, a alcova onde se guardam as relíquias mais espiritualmente caras às tradições e às crenças religiosas — e já agora também políticas — da família.

Calcula-se que os mais remotos indícios da existência da vida humana na área que Jerusalém hoje ocupa datam da Idade da Pedra. De pedra Jerusalém foi feita. De pedra tem sido seu destino. De pedra suas muitas agonias, bem como suas mortes e repetidas ressurreições. De pedra também o segredo de seu mágico encanto. Jerusalém nunca teve importância mercantil digna de nota. Rica não é de água nem de madeira. Existiram no tempo histórico e nesta parte do mundo cidades maiores e mais suntuosas, mas Jerusalém foi sempre a desejada das gentes e das religiões, a cobiçada dos grandes impérios predatórios.

A origem de seu nome é duvidosa. Virá de *U(r)uchamem*, tal como aparece nos Textos da Execração, na décima segunda década da dinastia egípcia? Ou de *Urusalim*, segundo documentos do século xv a.C.? Muitos estudiosos hoje em dia acham mais aceitável a hipótese de que o nome Jerusalém se tenha originado duma palavra composta do verbo *iara*, que significa "lançar a pedra fundamental", e de Chalem, nome dum deus semítico. Na Bíblia a cidade sagrada da Palestina é muitas vezes mencionada como Jebus, a terra dos jebusitas, uma gente que lá viveu antes da vinda do rei Davi.

O profeta Zacarias escreveu: "Assim diz o Senhor: Voltarei para Sião e habitarei o meio de Jerusalém; e Jerusalém chamar-se-á a cidade da verdade".

Muitos são os epítetos que se davam na Antiguidade a Jerusalém, tendentes todos a criar em torno dela uma atmosfera de retidão, santidade, justiça e promessa de vida eterna. Acredita-se que sua fundação propriamente dita tenha ocorrido não na Idade da Pedra, mas na do Bronze (c. 3500-2000 a.C.) ao tempo em que os canaãitas começaram a estabelecer-se nesta região acidentada e semiárida. Tendo sido Jerusalém ameaçada de invasão pelos *habiru* (talvez essa palavra tenha alguma relação com *ivriim*, origem provável do termo inglês *Hebrew* e do nosso *hebreu*, isto é, "povo do outro lado do rio", "povo que cruzou o rio", neste caso o Eufrates), seu rei pediu proteção ao faraó, que nesse tempo reinava no Egito, e provavelmente conseguiu que o soberano mandasse uma guarnição egípcia para a cidade em perigo. Mais tarde Jerusalém foi dividida entre as tribos de Judá e Benjamim. Capturada no ano de 1010 a.C. por Davi, que para ela trouxe a Arca da Aliança, Jerusalém tornou-se não apenas a capital dum Israel unido como também um centro religioso judeu. E Davi então foi rei dum território que se estendia das margens do Eufrates até ao mar Vermelho.

Quando entre os anos de 970 e 930 a.C. Salomão, que sucedera seu pai no trono de Israel, construiu um templo em Jerusalém, essa cidade predestinada tornou-se definitivamente o centro da religião judaica. Daí por diante a *Yeruchalayim* dos hebreus sofreu através dos séculos uma série de agressões militares e cósmicas, pois foi sacudida e ferida não só pelos ataques de muitos exércitos estrangeiros como também por tremores de terra. Foi vinte vezes sitiada e bloqueada, umas dezoito vezes reconstruída.

Chichak do Egito saqueou-a em 950 a.C. Os assírios a cercaram em 701 a.C. Nabucodonosor, que a conquistou em 586 a.C., destruiu o Templo e o palácio real, determinando a primeira Diáspora, que levou milhares de judeus à dispersão pelo mundo ou ao cativeiro em terras da Babilônia. Mais tarde, restaurado o Templo, Jerusalém tornou-se província da Pérsia. Veio depois o período helenístico, que significou, para a cidade que os gregos chamavam de Hierosolima, prosperidade não só material como também cultural. E tudo esteve bem para a população judia até ao dia em que se fez sentir a pesada mão de Antíoco IV, que profanou o Templo, provocando a revolta dos hasmoneus e a dos macabeus. Sob o domínio dos hasmoneus Jerusalém voltou a ser capital de Israel. Essa independência, porém, teve curta duração, pois terminou em 631 a.C., quando a cidade foi ocupada pelas legiões romanas do gen. Pompeu.

No ano 37 a.C. Jerusalém caiu nas mãos de Herodes, que mandou construir no noroeste da cidade um grande palácio protegido por três torres. Depois da morte deste pitoresco megalomaníaco e da deposição de Arquelau, seu filho e sucessor, Jerusalém passou a ser governada por procuradores romanos. Sob um deles, Pôncio Pilatos, Jesus Cristo (lembram-se do menino que há poucos dias encontramos nos arredores de Nazaré?) foi preso, julgado, crucificado e morto no ano 39 de Sua Era.

Revoltaram-se um dia os judeus contra o insuportável jugo dos romanos. Foram, porém, vencidos ao cabo de três anos de precária independência. O imperador Adriano mandou reconstruir Jerusalém como colônia romana, sob o nome de Aelia Capitolina, proibindo os judeus, sob ameaça de pena de morte, de se aproximarem de sua Sião.

Cristianizado o Império Romano, Jerusalém passou a ser a cidade santa da religião cristã. No ano de 614 d.C. foi ocupada de novo pelos persas. Passados quatorze anos, Heráclio restaurou o domínio do Império Bizantino. Em 628 o califa Omar reconquistou Jerusalém e permitiu que os judeus voltassem à sua casa espiritual. Em 1099 d.C., comandados por Godofredo de Bouillon, os cruzados apoderaram-se da Cidade de Deus, instalando nela a capital dum império latino e cristão, depois de ter liquidado o maior número possível de infiéis, isto é, de sarracenos e judeus.

Quando os mamelucos se revoltaram contra seus senhores egípcios, e tomaram conta tanto do Egito como da Palestina, vencendo também aos cruzados — quarenta e sete sultões mamelucos, bárbaros e insensatos, revezaram-se no poder, tocando mais ou menos seis anos de reinado para cada um. Ao que parece, empenharam-se todos, entre outras extravagâncias, na liquidação da população não mameluca tanto do Egito como da Palestina. No ano de 1187 d.C. Saladino reconquistou Jerusalém para o império e a fé islâmicos, repelindo os subsequentes ataques dos cruzados contra a cidade do Santo Sepulcro. Depois que os turcos otomanos anexaram o Egito e a Palestina ao seu nascente império, começou um período — que duraria mais ou menos um século — em que se permitiu a volta dos hebreus a sua capital religiosa. Milhares de judeus ortodoxos, cabalistas e marranos — muitos dos quais haviam sido expulsos da Espanha — estabeleceram-se em Jerusalém, onde edificaram sinagogas, criaram escolas, fizeram comércio e escreveram livros.

Com a deterioração moral e política do Império Otomano, a situação dos judeus da Palestina piorou. Quando as tropas de Napoleão I conquistaram Jerusalém em 1798, avivou-se nos hebreus a esperança duma vida melhor, pois numa memorável proclamação datada do "1º de Floreal, 20 de abril de 1799, do ano 7º da República Francesa", Bonaparte dirigiu-se aos "Israelistas, nação singular que, em milhares de anos, a avidez da conquista e a tirania puderam despojar apenas de suas terras antigas, mas não do nome e da existência nacional!" e disse-lhes: "Erguei-vos, pois, com alegria, exilados!... ofereço-vos... o patrimônio de Israel".

Essa esperança, porém, em breve se esvaeceu, pois repelidas na sua tentativa de conquistar Acre, as forças de Napoleão foram obrigadas a retirar-se. Assim a Palestina ficou de novo inteira nas mãos dos turcos, que só vieram a perdê-la em 1917 para as tropas inglesas, entre as quais, como se sabe, havia voluntários judeus.

Quando em novembro de 1947 a Organização das Nações Unidas resolveu levar a cabo a partilha da Palestina, prevendo a criação duma área independente em Jerusalém, sob sua administração — os países árabes, que não tinham aprovado essa resolução, abriram hostilidades contra os israelenses, utilizando a princípio bandos locais e formando mais tarde a Legião Árabe da Transjordânia para enfrentar o Haganá numa guerra regular. Tornou-se assim irrealizável o plano da internacionalização duma zona da Cidade Santa.

Em dezembro de 1947 a Legião Árabe bloqueou a parte nova de Jerusalém em poder dos judeus, e seus canhões, postados no alto das muitas colinas que cercam a cidade, romperam a bombardeá-la pesadamente. Para socorrer sua capital religiosa e levar víveres à sua população ameaçada pela fome e pela falta d'água, os legionários do Haganá tentaram passar, lutando, por esta estreita garganta flanqueada por outeiros escarpados, atrás de cujas grandes pedras se atocaiavam os soldados da Legião Árabe, em números muito superiores aos dos israelitas.

Depois de várias tentativas frustradas em que, sob o fogo da infantaria e da artilharia árabes, os soldados judeus tiveram pesadas baixas e em que se incendiaram ou foram pelos ares dezenas de veículos carregados de mantimentos — em princípios de abril de 1948 um comboio do Haganá formado de trezentos caminhões, numa operação em que a astúcia esteve a serviço da coragem e da tenacidade, conseguiu romper o bloqueio e salvar a parte nova de Jerusalém, restabelecendo sua ligação com o resto de Israel.

Agora Raquel chama a nossa atenção para os vultos escuros e imóveis que vamos encontrando a intervalos, à direita e à esquerda da rodovia: as carcaças dos caminhões e carros blindados que, depois de aberta esta sangrenta trilha para Jerusalém, foram arrastados para a margem da estrada perto do lugar onde haviam sido destruídos, e ali ficaram como monumentos sem inscrições em memória do grande feito dos soldados israelenses.

O JARDIM DE JUDÁ

Ganei Yehuda (Jardim de Judá) é o nome do hotel onde nos hospedamos em Jerusalém. A portaria, o refeitório principal, a sala de visitas e a de festas ficam num edifício novo mas incaracterístico, no alto dum outeiro, ao pé do qual se encontra o longo pavilhão onde estão os quartos de hóspedes. Toca-nos o último destes, no terceiro andar, com uma larga janela-porta envidraçada. Saio por ela para o pequeno balcão e verifico que estamos apenas a uns dez metros da linha que marca o começo da Terra de Ninguém, através da qual, talvez uns duzentos metros, avistamos as sinaleiras encarnadas de veículos jordanianos que possivelmente demandam a aldeia árabe cujas escassas luzes pontilham a encosta duma colina vizinha. Minha mulher não parece muito feliz com a proximidade da Jordânia. Está sempre a imaginar atiradores com carabinas munidas de miras telescópicas. Asseguro-lhe que por enquanto reina a paz — uma paz tensa e instável, é verdade — entre Israel e seus vizinhos e inimigos. Para tranquilizá-la, mostro-lhe, mas sem muita convicção, o vulto dum edifício que se ergue no meio desta minúscula Terra de Ninguém: a sede da comissão supervisora da Organização das Nações Unidas.

A canseira nos atira na cama. Tenho a impressão de que este dia durou séculos, não porque tivesse sido desagradável — ao contrário! — mas porque durante suas vinte e quatro horas vimos tantas coisas, não só novas como milenares. Ontem eu estava em artigo de morte numa hospedaria de Berseba. Ainda hoje vimos Arab, escalamos Massada e descemos às profundas da depressão de Gor, onde felizmente deixei minha tosse boiando defunta no mar Morto. E aqui estamos. Em Jerusalém! Pouco vimos de suas ruas quando por elas cruzou nosso carro, depois que saímos do corredor de Bab-el-Wad.

Fecho os olhos. E esse prodigioso computador que é a memória — alimentado, "programado" durante anos com pinturas, fotografias de cartões-postais, ilustrações de livros e revistas, descrições literárias, canções, sermões, superstições etc. etc., como a semântica geral nos manda acrescentar sempre — essa mágica engenhoca envia ao consciente imagens de Jerusalém, cidade importantíssima na geografia de minha imaginação. Estou ansioso por comparar essas "figurinhas" com o seu original em carne e osso ou, antes, em terra, pedra, céu, ar, gente, vegetação, vida e mistério.

DOMINGO DE PÁSCOA

Acordamos cedo. O sol tomou conta de nosso quarto. Abro a porta-janela, saio para o balcão e respiro longamente a larga e luminosa manhã. Vejo uma torre creme na distância, em meio dum bosquete de oliveiras. A bandeira azul da ONU tremula à morna brisa que vem das bandas do Mediterrâneo — ou estará minha bússola interior completamente desorientada? Um verso de Eduardo Guimaraens, poeta simbolista brasileiro injustamente esquecido, me passa pela cabeça, "na Páscoa azul da mocidade". Creio que nesta primeira manhã de Jerusalém, neste domingo santo, encontro por fim a "páscoa azul" e, pelo menos por alguns segundos, tenho a ilusão de que posso acrescentar "da mocidade".

Alexandre Dothan vem buscar-nos após o café. Raquel infelizmente despediu-se de nós ontem, pois, terminado seu feriado pascal, tem de voltar a suas atividades de professora num ginásio local. Está claro que tornaremos a vê-la em recepções e outras ocasiões, mas não a teremos mais como companheira de viagem. Sei que vamos sentir falta de seus silêncios solidários e de sua presença sedativa.

Alexandre leva-nos a um mosteiro dominicano, não muito longe do hotel, e em cuja capela — pequena, singela, hígida, com lugar para apenas umas trinta pessoas — assistimos a uma missa oficiada por dois sacerdotes franceses metidos em vestes que jamais vi: túnicas com largas mangas, como as dos monges do Tibete, com listas finas negras e vermelhas sobre o branco do pano. A mesa é simples: em cima dela, dois castiçais de bronze. Paredes nuas e claras. A única imagem que vejo aqui é um tosco crucifixo de madeira. Vem do pomar do claustro, de mistura com o canto dos passarinhos, uma fragrância de flores de laranjeira. Um dos padres — figura de filme francês —, o rosto oblongo e anguloso, a testa alta de intelectual semicoberta por uma franja castanha, faz um sermão sobre o sentido da morte de Cristo na cruz.

O MONTE SIÃO

Depois da missa vamos ver o monte Sião. (Jaime, nosso discreto piloto, continua no seu posto.) De acordo com a tradição, no tempo dos macabeus o monte Sião identificou-se com o monte do Templo e com a cidade de Davi. De todos os lugares de Jerusalém em poder dos judeus este é o que mais próximo está das ruínas do Templo de Salomão, hoje no lado árabe e uma de cujas paredes se encontra ainda de pé: o Muro das Lamentações.

Visitamos o túmulo de Davi na sua localização mais lendária do que rigorosamente histórica: um sarcófago de pedra coberto por um pano bordado. Bem como nos santuários católicos (penso em nossa gruta de N. Sra. de Lourdes), os judeus religiosos aqui acendem velas votivas, que ardem nas saliências e bojos das paredes deste recinto, cortados rusticamente na rocha. Uma grade de ferro mantém o sarcófago fora do alcance das mãos tanto dos hebreus fiéis como dos turistas infiéis. Olho as faces dos devotos que agora aqui estão rezando ou contemplando num êxtase místico a tumba do grande rei de Israel. São quase todos homens de meia-idade ou velhos: noto em seus olhos líquidos uma tristeza imemorial, a nostalgia duma Sião que é mais da Eternidade que do tempo e do espaço.

Por cima do sepulcro fica o Cenáculo, o suposto lugar onde Jesus teve com seus discípulos a Última Ceia, na véspera de sua morte. Surpreendo-me por entrar numa sala de estilo gótico — teto abobadado, arcadas, colunas — reminiscente do tempo das cruzadas. Passam-me pela mente várias "últimas ceias" pintadas por artistas medievais e renascentistas e — inevitavelmente — o mural de Leonardo da Vinci. Sinto-me meio perdido. O anacronismo me estonteia. Dothan me tira da perplexidade explicando-me que este edifício foi reconstruído pelos monges franciscanos depois que os sarracenos destruíram o *Coenaculum* original. ("Onde está o aposento em que hei de comer a páscoa com os meus discípulos? Então ele vos mostrará um grande cenáculo mobiliado; aí fazei os preparativos.")

Dirigimo-nos para o mosteiro da "Dormição", obra dos padres beneditinos: outro anacronismo situado neste monte histórico. Uma igreja octogonal, construída no princípio deste século, ergue-se no lugar onde, segundo a tradição católica, a Virgem Maria entrou docemente no sono da morte. (*Dormitio Sanctae Mariae*.) Descemos à cripta em cujo centro está a imagem que representa a mãe de Jesus no seu leito de morte. Os mosaicos das oito capelas que circundam a estátua foram doados por diferentes países. A igreja, coroada por uma rotunda, é inegavelmente vistosa, mas de seu interior me fica uma impressão curiosa. Diante de seus mosaicos dourados, numa espécie de bizantino *ersatz* mas capaz assim mesmo de encher-nos alegremente o olho, nosso demônio interior nos cochicha — e não adianta mandar o capeta calar a boca — que tudo isso parece um cenário de estúdio cinematográfico para um filme religioso colorido, para tela panorâmica.

Saímos para o ar livre. Avistamos, em território jordaniano, o maciço, dum verde opaco, do Monte das Oliveiras, com o Jardim de Getsêmani a seus pés, separados ambos da elevação onde nos encontramos pelo profundo vale de Kidon. Vejo, a uns cem metros, um trecho das muralhas da Cidade Velha. Informaram-nos na embaixada do Brasil em Tel Aviv que o governo da Jordânia nega visto de entrada a estrangeiros que transitaram primeiro por Israel. Acresce ainda que somos convidados oficiais do governo israelense... Vamos então deixar Jerusalém sem antes ter pelo menos "espiado" sua parte antiga?

A DOURADA

Dothan pergunta-nos se nos contentaremos em ver apenas os telhados do burgo primitivo. E como respondemos que sim, nosso amigo nos leva ao mosteiro de Notre Dame de France, de cuja soteia se pode ter uma vista panorâmica da parte velha de Jerusalém. Compramos bilhetes de entrada no primeiro andar, onde exigem que deixemos nossa câmara fotográfica. Dothan nos apresenta ao prior do mosteiro, um frade assuncionista francês, cinquentão e corpulento, com bastas barbas grisalhas e voz de trovão. Está sem hábito, todo à fresca na sua camisa esportiva e suas calças de tergal. Da indumentária de sua ordem só conserva as sandálias.

Subimos à soteia. Solidamente plantada num platô, em meio das montanhas da Judeia, flanqueada por vales, "Jerusalém, a dourada" lagarteia ao sol deste domingo de Páscoa. Noto que o ouro de seu nome não é apenas lendário, pois se faz visível não só nas fachadas de suas casas, templos e muros, construídos duma pedra calcárea trigueira que, batida de sol, ganha tonalidades douradas — como também na terra e na rocha de seu chão e das encostas de seus morros, montes e cerros.

Severa e magra é a beleza de Jerusalém. (Penso na prosa do trasmontano Miguel Torga, na do nordestino Graciliano Ramos e, mais uma vez, na poesia de João Cabral de Melo Neto.) Muitas dessas vertentes estriadas de estreitos patamares sinuosos e irregulares, à feição de degraus, lembram torsos humanos descarnados em que as costelas se desenhassem em relevo. Nos corpos ulcerados dessas elevações de terreno, em parte roídos pela erosão, apontam aqui e ali trechos de pedra nua, como ossos expostos e cariados. Tudo isso, entretanto, longe de causar neste escritor oriundo de terras fartas de verdes uma sensação de desolada aspereza desértica, ao contrário, produz-lhe uma impressão de extraordinária beleza, para a qual contribuem os verdes escassos mas muito bem situados na paisagem — bosquetes ou renques de pinheiros, oliveiras e palmeiras, sim, e especialmente de ciprestes esguios e escuros, com suas conotações de paz, remanso rústico e eternidade.

No lugar e hora em que me encontro, poucos homens de minha geração, como eu leitores de Eça de Queirós, deixariam de pensar em Teodorico Raposo, o personagem de *A relíquia*, o "*maganão*" que veio à Palestina com os dinheiros de sua devota "titi" Patrocínio, com o fim de visitar em nome da piedosa senhora os lugares santos e levar-lhe deles uma lembrança sagrada. Tenho agora na mente a cena em que o herói se contempla no espelho, admira as próprias barbas castanhas e exclama: "Pois o belo Teodorico está em Jerusalém!".

A desejada Sião aqui está praticamente a nossos pés, cercada por suas muralhas creniladas, ocupando uma área muito menor do que eu imaginava. Deste ângulo não conseguimos captar nenhum sinal de vida humana dentro de seus muros, nem por imagem nem por som. (Como em Veneza, em suas vias não circulam veículos.) A velha Jerusalém parece uma cidade abandonada ou um cemitério. Ficamos a olhar para seus telhados — rasos uns, outros encimados por pequenas cúpulas de aparência maciça, como casamatas — suas torres, um que outro minarete... Procuro avistar um trecho de rua ou, melhor, de beco... Em vão! O binóculo que alugamos lá embaixo, na portaria do mosteiro, de muito pouco nos serve. Dothan nos mostra a rotunda da igreja do Santo Sepulcro, a uns trezentos metros de onde estamos. A cúpula dourada que cintila ao sol, perto da muralha ocidental — verifico, consultando uma planta da cidade —, pertence à mesquita de Al-Aqsa: é a que cobre a sala circular onde está guardada a Rocha — venerada tanto por judeus como por árabes — sobre a qual, segundo a tradição, o patriarca Abraão esteve a pique de imolar seu filho Isaac, a uma ordem de Deus.

Diante do silêncio do velho burgo, mando minha fantasia escalar suas muralhas e, ajudado pela iconografia da memória, saio a andar pela Via Dolorosa, detendo-me em cada Estação da Cruz, fazendo penitência pelos meus pecados, tanto os do corpo como os da imaginação, e principalmente pedindo perdão à vida pelas transgressões que *não* cometi. E como essa incursão não se processa apenas no espaço, mas também no tempo, vejo-me, num remoto domingo bíblico, em meio da multidão que recebe Jesus triunfalmente, com ramos de palmeiras, exclamando: "Hosana! Bendito o rei d'Israel, que veio em nome do Senhor!". Sigo o Messias, que lá vai sorrindo (ou triste?) sentado num burrico. ("Não temas, filha de Sião, que o teu Rei vem assentado sobre o filho duma jumenta.")

Voltamos as costas para a cidade proibida e contemplamos a Jerusalém nova que, com seu casario moreno, e seus telhados avermelhados, estende-se para o norte, o oeste e o sul, descendo e subindo colinas e derramando-se pelas encostas na direção dos vales.

Depois, frustrados, descemos as escadas, sem ter podido satisfazer a "titi" Patrocínio que todos nós — mesmo os hereges, ateus e agnósticos — temos escondida em algum recôndito rincão de nosso ser.

ESTA CURIOSA NAÇÃO

Outro dia. O mesmo hotel. À hora do café da manhã. O refeitório é um calidoscópio de turistas que se movem nas mais variegadas combinações de desenhos e cores. Garçons meio irritados servem os hóspedes, que hesitam, sempre tagarelando, diante do cardápio, reivindicam direitos de prioridade, gritam, reclamam... Pertencem aos grupos que dentro de poucos minutos vão sair em excursão nos grandes ônibus que os esperam à frente do hotel. (O giro na certa intitula-se *Jerusalem by day*.)

De quando em quando, com uma nuvem de temor no rosto, minha mulher fica a contemplar o trecho de território jordaniano enquadrado pela janela, ao lado de nossa mesa.

— Não sei por que — diz ela de repente — tenho o mau pressentimento de que Israel um dia vai ser atacado e destruído por seus inimigos. Isso me dói.

A mim também me fere essa ideia, mas sou um incurável otimista que sempre espera o melhor. (Na minha mente surge súbita a imagem de minha mãe, gaúcha realista: "O pior cego é aquele que não quer ver", diz ela, e se some.)

— O admirável — desconverso — é que um país pequeno como este e cercado de inimigos ameaçadores por todos os lados (sim, porque haverá também perigo das bandas do Mediterrâneo se os russos resolverem ajudar a RAU) funciona como uma das mais perfeitas democracias que conheço. O governo teria pretextos de sobra para manter Israel em permanente estado de guerra. No entanto aqui estamos numa república democrática parlamentar, que garante a seus cidadãos, sem distinção de raça, sexo ou credo, completa igualdade de direitos sociais e políticos. E sabias que Israel, como a Inglaterra, não tem uma Constituição escrita?

— Como pode então funcionar com coerência?

— Leis especiais determinam a natureza das funções do presidente, do Parlamento (o Knesset) — composto de cento e vinte representantes numa única câmara —, que o elege por um período de quatro anos, e que por sua vez tem seus membros eleitos pelo povo, por meio do voto proporcional. Existe um Poder Judiciário: três categorias de cortes com jurisdição civil e criminal e, naturalmente, uma Corte Suprema.

Calo-me, sentindo que estou ficando compendioso demais, e isso é sacrilégio, nesta manhã tão luminosamente apolítica. Mas, que diabo!, nesta hora em que o totalitarismo de novo projeta sua feia sombra sobre o mundo, é bom a gente saber e proclamar aos ventos que em Israel os direitos fundamentais do homem são reconhecidos e respeitados, embora não estejam escritos em nenhum texto constitucional.

Por meio do *habeas corpus*, do *mandamus* e outros recursos legais, o governo garante a seus cidadãos a liberdade de culto, de palavra, de associação, de reunião, de imprensa e também o direito de exercer livremente qualquer espécie de comércio e profissão lícitos.

— Positivamente — concluo —, uma nação como esta é um mau exemplo para os outros povos: deve ser varrida o quanto antes da face da Terra!

E, tendo dito isto, trato de chamar o garçom para pedir-lhe que nos traga mais pão. Grito para os que passam, em todas as línguas que conheço bem ou apenas de vista. *Ober! Senta! Oiga! Hey! S'il vous plaît! Boh henna! Pst!* Inútil. Não me ouvem nem me olham. Nas suas calças pretas e jaquetas vermelhas, esgueiram-se como bailarinos por entre as mesas, desaparecendo pela porta da copa. E os turistas comem, tomam o seu Nescafé, riem, fumam, carregam suas câmaras fotográficas, trocam gracinhas de mesa para mesa ou começam já a sair na direção dos ônibus.

Consigo finalmente fazer com que o olhar dum garçon colida no ar com o meu, e o rapaz (parece um sefardita) vem saber o que queremos. Minutos depois vemos na mesa o milagre da multiplicação dos pães.

Tenho aqui comigo um folheto publicado pelo governo e que nos informa como funciona a democracia em Israel. Este país, com seus escassos dois milhões e quinhentos mil habitantes, tem nada menos que onze partidos políticos em atividade. Não é de admirar, pois — como já tive ocasião de sugerir noutra parte desta narrativa — os judeus são o povo mais verbal, opiniático e polêmico do mundo.

Como não consegui guardar na memória o nome e o resumo do programa de cada um desses grupos políticos, abro agora o folheto e, sem perguntar a minha companheira se ela está interessada no assunto, digo:

— Presentemente o Mapam tem maioria no governo.

— Que vem a ser o Mapam?

— É um partido trabalhista e sionista. Visa a integração do povo judeu, seu retorno a Israel e o estabelecimento duma sociedade socialista mas ao mesmo tempo democrática. Depois vem... deixa ver... ah! O Movimento Herut, que é de direita. Nasceu do antigo Irgun, organização militar judaica secreta e de finalidade agressiva. Bom, vamos ver que querem os herutistas. Reclamam a integridade de Israel em suas fronteiras históricas. São a favor da iniciativa privada, razão pela qual se opõem ao programa trabalhista do governo atual.

Minha mulher me escuta com a atenção vaga, coisa que percebo pelo seu olhar, que segue os movimentos dos turistas em torno. Continuo a falar, mais para mim mesmo do que para ela, pois preciso começar a entender a estrutura político-partidária de Israel, já que daqui a pouco vamos ver o que em Jerusalém corresponde ao Capitol Hill de Washington. Prossigo no meu resmungo:

— Temos agora o Partido Liberal, que é a favor duma Constituição escrita, preto no branco. Deseja também que a administração civil se liberte o mais possível de influências políticas. Preconiza um sistema nacional de seguros contra a enfermidade, e a igualdade de direitos e oportunidades para todos os setores da economia. Ah! O Mapam, o partido que predomina no *kibbutz* Gan Chmuel, onde vamos passar uns dias, é laborista, sionista e socialista de esquerda. Favorece os grupos de jovens pioneiros judeus e procura congregar num bloco solidário a classe operária de Israel. Quer a paz permanente no Oriente Médio. Que te parece este programa?

Faço uma pausa para prestar um pouco de atenção ao *breakfast*.

— Agora vamos entrar num setor delicado: o religioso. O Partido Nacional Religioso, cujo nome em hebraico não consigo pronunciar (Mizrahi-Hapoel Hamizrahi), defende um sionismo rigorosamente religioso. Para esse grupo, os valores éticos e sociais do judaísmo devem ser a base da vida do Estado, cuja legislatura deve inspirar-se no Torá... Outro grupo de caráter religioso é o Agudat-Israel, que também prega uma observância rigorosa do Torá, dentro da administração estatal, sob a autoridade dos rabinos. Quer acelerar o retorno a Israel de seus irmãos dispersos pelo mundo. Quanto à economia, é a favor da entrada de capitais privados no país.

Uma rapariga atraente, mas com os olhos escondidos sob óculos de lentes escuras, passa por nós cantando baixinho o *Hava Naguila*. Levo à boca a taça, e um pingo de chá cai no folheto, cobrindo o nome de outro partido, o Poale Agudat-Israel, que tem um programa religioso e trabalhista, e visa reconstruir o Estado à luz também do Torá, protegendo ao mesmo tempo o operariado. E aqui está agora o Achdut Ha'Avodá-Poale Sion, sionista, socialista e pioneirista. Pleiteia uma economia planificada, o desenvolvimento rural em grande escala e a cooperação de todos partidos socialistas sionistas. Quanto aos vizinhos árabes, recomenda uma política de defesa ativista e não apenas passiva. No que diz respeito à política estrangeira, prega o

"descompromisso", o *non-alignment*. E a paz com todos os países pacíficos, principalmente os da Ásia.
— Existe partido comunista em Israel?
— É pequeno mas existe. Fundado em 1942. Segue a doutrina marxista-leninista... o que não é de admirar. Quer o estabelecimento do "verdadeiro socialismo" em Israel. Deseja que o país seja realmente soberano e neutro. É também a favor da democracia. (Marxismo-leninismo com democracia? Vai ser difícil...) Que mais pleiteiam os comunistas de Israel? Igualdade de direitos para a minoria árabe. Paz com os vizinhos muçulmanos. Amizade entre Israel, a União Soviética e os restantes países socialistas do mundo... E por fim temos os partidos árabes, sim senhora! O Cooperação e Fraternidade (parece nome de sociedade recreativa) representa os drusos e os muçulmanos do Carmelo e da Galileia central e ocidental. O Progresso e Desenvolvimento é o porta-voz principalmente dos habitantes, tanto muçulmanos como cristãos, de outras partes da Galileia.

A sala agora está quase vazia de turistas. Fecho o folheto, mas não estou certo de que aprendi a minha lição.

O KIRIA

Estamos com Dothan e Jaime no "nosso" carro, a caminho do centro da Cidade Nova. Se não me falha a memória, um dos Salmos se refere a Jerusalém como uma "cidade sólida". Na versão do rei James o adjetivo usado é *compact*. Seja como for, podemos aplicar com propriedade ambos esses qualificativos à Jerusalém israelense, não tanto à cidade — onde existem vastas áreas ainda sem construções — como às suas casas e edifícios, de fachadas singelas, com algo de castelo e fortaleza, mas belas, isso é inegável, por causa principalmente de suas pedras trigueiras, nas quais descubro, ou para as quais invento, uns cambiantes rosados em discreta harmonia com o avermelhado opaco dos telhados.

Haifa, Tel Aviv, Jerusalém: eis as três cidades mais importantes de Israel, mas diferentes uma das outras no que respeita à arquitetura e ao urbanismo: Haifa com pouco passado, no seu anfiteatro de montanhas; Tel Aviv, sem nenhuma tradição, no seu leito de areia; Jerusalém nestes montes rochosos, a parte velha patinada de história sagrada e profana, a nova a nascer no resplendor da antiga, participando de seu prestígio mas construindo edifícios funcionais, integrada, em suma, neste século XX mas sem querer cortar o cordão umbílico-espiritual que a prende à mãe milenar.

Chegamos ao centro do governo, detemo-nos por alguns instantes diante do edifício do Knesset, plantado no alto desta colina, a Kiria, em meio dum jardim de pedras e pinheiros. Este imponente edifício consegue ser moderno sem perder seu sabor jerusalêmico (se é que tal palavra existe).

Em 1949, sem a aprovação da Organização das Nações Unidas, o governo de Israel transferiu-se para Jerusalém em caráter definitivo. As embaixadas, entretanto, em sua quase totalidade permaneceram em Tel Aviv. O primeiro ministério que veio para cá — e os jornais israelenses fizeram humor em torno disso... ah! como é saudável a liberdade de imprensa! — foi o das Finanças. Os outros vieram mais tarde. O da Defesa permaneceu em Tel Aviv por motivos operacionais.

A UNIVERSIDADE

Aqui do alto do Kiria avistamos os modernos edifícios da Universidade Hebraica, assentados sobre uma sucessão de colinas, entre relvados e jardins. Dominando a cidade universitária, a estrutura do edifício administrativo impõe-se na extremidade duma plataforma que leva até às portas do prédio da biblioteca, também de avantajado porte. Noto certa semelhança — guardadas as proporções — entre este complexo urbanístico, formado pelo centro governamental mais a universidade, e a nossa Brasília. E apesar de a Jerusalém nova estar separada da antiga por mais de três milênios, as construções modernas daquela e as casas e templos desta têm todos um certo ar de família, que se denuncia principalmente no predomínio da forma cúbica e na identidade do material de que foram feitos, isto é, a pedra destes montes. É singular o efeito visual produzido por esses claros edifícios universitários — aqui e ali uma parede ou painel em tons de pastel — em confronto com a áspera paisagem em sépia. E apesar de suas dimensões e da sua geometria, os prédios do *campus* — pelo menos se pesados com o olhar — sugerem uma tal leveza, que parecem um bando de pássaros pousados na colina e no vale fronteiro, prestes a alçar o voo.

A pedra fundamental da Universidade Hebraica foi lançada em 1918 pelo dr. Chaim Weizmann, no monte Scopus, mas sua inauguração oficial só ocorreu em 1925, com a presença de lord Balfour. Quando, vinte e três anos mais tarde, aquele enclave caiu nas mãos dos jordanianos, os israelenses trataram de construir outra universidade em caráter definitivo aqui em Givat Ram. Os primeiros edifícios foram inaugurados em 1955, mas o *campus* como um todo funciona apenas há oito anos.

Esta universidade, famosa em todo o mundo, conta com notáveis professores não só judeus como também estrangeiros. Além de estudos judaicos e afro-asiáticos, oferece cursos de Humanidades e de Ciências físicas e naturais, tanto teóricas como aplicadas. Mantém sete faculdades: medicina, direito, ciências sociais, ciências naturais, medicina dentária, belas-letras e agricultura. Conta também com cinco escolas: serviço social, educação, farmácia, odontologia e biblioteconomia. O número de alunos presentemente vai além de doze mil, dos quais dois mil são oriundos de quarenta países.

Estamos agora no coração do *campus*. Faz-nos bem ver jovens sabras de ambos os sexos confraternizando nestas salas de aula ou sociais, no auditório, no estádio, nos jardins ou nas dependências da biblioteca, com estudantes de pele preta, amarela, morena e branca, originários da Europa, das Américas, da Ásia e da África, e em sua maioria não judeus.

A educação primária em Israel é obrigatória e gratuita para todas as crianças entre cinco e catorze anos: um ano de jardim de infância e oito de escola primária. A secundária e a superior não são gratuitas nem compulsórias. Depois do curso primário, meninos e meninas são mandados para escolas de tipo geral, vocacional ou agrícola. O objetivo da educação deste país inspira-se "nos valores da cultura judaica e nas realizações da Ciência; no amor à pátria e na dedicação ao Estado de Israel e ao povo judeu; no adestramento no trabalho agrícola e em ofícios manuais; no cumprimento dos princípios do pioneirismo, na aspiração a uma sociedade baseada na liberdade, na igualdade, na tolerância, na ajuda mútua e no amor ao próximo".

LEA GOLDBERG

Dentro de alguns minutos teremos um breve encontro com a poetisa (palavra horrenda, esta!) Lea Goldberg, docente de literatura comparada nesta universidade. Há pouco alguém me disse dela: "Grande como poeta e professora, mas tão triste, tão pessimista!".

Lea Goldberg nasceu em Kovno, na Lituânia, veio para a Palestina em 1935 e aqui se dedicou à literatura, escrevendo em hebraico não só poesia como ensaios críticos e peças teatrais. Cecília Meireles traduziu para o português alguns de seus poemas, entre os quais este "O rio canta para a pedra":

> *Beijei a pedra em seu sonho gelado*
> *porque eu sou o cântico e ela, o silêncio,*
> *porque ela é o enigma e eu quem o propõe,*
> *porque ambos fomos talhados da mesma eternidade.*
>
> *Beijei a pedra, sua carne solitária,*
> *ela é jura de fidelidade e eu o infiel.*
> *Eu sou o efêmero e ela o permanente,*
> *ela, o segredo da criação — eu, sua revelação.*
>
> *Eu vi que tocava no coração do mistério:*
> *eu sou o poeta e ela é o universo.*

Apertamos sua mão numa das salas do edifício administrativo. Como descrever fisicamente esta grande artista do verso? A primeira ideia que me ocorre é irreverente. Vistam nosso Mario Quintana de mulher, ponham-lhe uma peruca feminina, de cabelos desordenados, deem-lhe ao rosto uma expressão de tristeza, uns olhos de pálpebras pesadas e sonolentas — e teremos Lea Goldberg.

Ora, descrever uma criatura humana comparando-a com outra, que o leitor possivelmente não conhece em pessoa nem de retrato, é um recurso barato e portanto condenável. Mas a verdade é que quanto mais olho para Lea Goldberg mais penso em Quintana, outro grande poeta.

Ficamos os quatro a conversar sobre problemas do mundo e da literatura. Com sua voz arrastada, seus gestos mal coordenados com as palavras, Lea dá mesmo uma impressão de desalento, o que não acontece com Quintana, que, sessentão, conserva seu ar menineiro e malicioso.

Levo deste rápido encontro a certeza de que Lea, Mario e eu nos parecemos pelo menos numa coisa. Os três amamos Cecília Meireles, a que um dia escreveu:

> *Eu canto porque o instante existe*
> *e a minha vida está completa.*
> *Não sou alegre nem sou triste:*
> *Sou poeta.*

MUSEUS

Dothan leva-nos a visitar o Museu Nacional — parte da universidade — situado numa colina fronteira ao *campus*. Trata-se dum conjunto composto de quatro partes: o Museu de Arte, o Museu Bíblico e Arqueológico, o Sacrário do Livro e o Jardim das Esculturas, de Billy Rose. Algumas salas da Galeria de Arte estão hoje ocupadas pela maior exposição de quadros de Picasso jamais apresentada em Israel: setenta pinturas e oitenta gravuras pertencentes a museus, galerias de arte e coleções particulares de oito países.

Dothan quer conduzir-nos imediatamente ao museu arqueológico. Protestamos contra a ideia. Passar de largo por uma exposição de Picasso? Nunca!

Saímos num marche-marche ridículo por estas salas do pavilhão que Helena Rubinstein doou ao museu. É absurda essa maneira de visitar galerias de arte. Sei que cada quadro deve ser examinado individualmente, degustado devagarinho. Mas como não há tempo para isso, o remédio é devorá-los às pressas, para mais tarde, em tranquilidade, ruminá-los como um camelo amante das artes plásticas. Noto aqui a falta de pinturas representativas da "fase azul" do artista.

Uma senhora baixota e gordinha, muito enfeitada, aproxima-se de mim com um sorriso festivo e pergunta, tentativamente: "Mister Picasso?". Respondo-lhe que não, *sorry*. Ela se afasta, sem o autógrafo. Se por um lado fico gratificado por me terem achado fisicamente parecido com o grande artista, por outro me desaponta o ter sido tomado por um homem de mais de oitenta e quatro anos.

Visitamos mais lentamente o museu arqueológico, onde se encontram as melhores peças escavadas no território da antiga Palestina, sob os auspícios do Departamento de Antiguidades do governo israelense, que estimula não só arqueólogos profissionais como também amadores.

O SACRÁRIO DO LIVRO

Passamos pelas esculturas doadas ao Estado de Israel por Billy Rose. O japonês Isamu Noguchi projetou este esquisito jardim onde repousam (não, o verbo é impróprio, visto como algumas estátuas me parecem retorcidas em agonia) preciosos trabalhos de escultores famosos que pertenciam à coleção daquele empresário teatral americano.

Os rolos do mar Morto estão entesourados num edifício conhecido como "Sacrário do Livro", construção moderna inspirada num objeto antiquíssimo: monumental rotunda branca na forma estilizada das tampas dos jarros em que foram encontrados os manuscritos essênios.

Entramos na "tampa do jarro". Iluminação artificial e indireta, num tom de pálido âmbar. No centro da sala principal de forma circular, ergue-se um estrado em cima do qual está assentada a vitrina que contém uma cópia do Livro de Isaías, num rolo de mais de sete metros de comprimento. Descemos ao subsolo para conhecer os manuscritos do mar Morto, também guardados em redomas. Podemos examiná-los de perto. Há falhas, gretas e manchas nos pergaminhos, mas o texto, escrito com uma tinta que o tempo reduziu a um pardo de ferrugem, é duma nitidez surpreendente, se levarmos em conta que estes documentos têm mais de três mil anos.

Quando tornamos à sala da rotunda, Dothan aponta para a vitrina central — encimada, percebo agora, por um bloco de madeira na configuração dum rolo de manuscrito antigo — e informa-nos que em caso de perigo de bombardeio essa montra circular desce para o subsolo, graças a um dispositivo mecânico, ficando no nível dos outros documentos, protegidos todos por espessas paredes de concreto. É que nesta terra não só os homens como também as coisas vivem perigosamente.

CALENDÁRIO SOCIAL

O sr. Arieh Eshel, que ocupa o posto de diretor do departamento de assuntos latino-americanos do Ministério dos Negócios Estrangeiros de Israel, oferece-nos um almoço numa das salas do Hotel Eden. Encontramos aqui umas doze pessoas, entre as quais o prof. Moché Lazar, diretor do Seminário de Estudos Românicos da Universidade Hebraica, um homem ainda na casa dos trinta (que inveja!), extremamente simpático e interessado em coisas do Brasil. Tem cara de russo e fala um espanhol fluente e correto.

Arieh Eshel, nosso anfitrião, é uma dessas pessoas que trazem o caráter escrito nos traços fisionômicos. Nos olhos uma grande bondade, na boca e no queixo a energia, a tenacidade. Sei que acaba de ser promovido a diretor-geral de seu ministério. Viveu alguns anos no Rio, fala bem o português e quando ele me diz que ama o Brasil, é dum jeito tal, que não me deixa dúvida quanto a sua sinceridade. Quer saber que temos visto e feito desde que chegamos a este país. Dou-lhe minhas impressões e por fim manifesto-lhe nossa surpresa pelo milagre que é Israel. E quando lhe digo que a palavra *milagre* talvez não seja apropriada, Arieh Eshel, sorrindo, me repete um ditado israelense: "Quem não acredita em milagres não é realista".

À noite somos recebidos no Instituto Central de Relações Culturais Israel-Ibero-América, Espanha e Portugal — tradução desajeitada dum título que deve ficar muito bem em hebraico. Em suas salas encontro, numa atmosfera da mais natural camaradagem, vários escritores, artistas, diplomatas, engenheiros civis, arquitetos, homens de negócio e professores — entre os quais tenho o prazer de rever o dr. Drabkin, lente de criminologia da Faculdade de Direito da Universidade Hebraica, conversador fluente, presença intelectualmente estimulante.

Voltamos ao Jardim de Judá depois da uma hora da madrugada. As luzes de fora do hotel estão todas apagadas. A lua, ausente. Avançamos cautelosos na escuridão, descendo o outeiro, rumo do pavilhão onde fica nosso quarto. A imaginação de minha mulher, acicatada pelo medo, inventa soldados jordanianos esgueirando-se nas trevas. Vamos de mãos dadas, sou um guia de cego, mas cego também. *Enxergo* o terreno com a ponta dos sapatos. "Calma, calma, não vai acontecer nada..." Vemos luzes móveis no território da Jordânia. No céu brilham as estrelas — neutras, graças a Deus. Ou a Jeová. Ou a Alá. Devagar, menina. Bom, agora vem a escada. Um degrau de cada vez. Assim... Ótimo! Se bem me lembro, não há mais escadas daqui por diante.

Levamos um tempão para percorrer trinta ou quarenta metros. Finalmente entramos no pavilhão. Seria o cúmulo se a porta estivesse fechada. Mas não está. Entramos. O elevador funciona com um zumbido triste, que parece aumentar a solidão e o silêncio da noite. Chegamos ao nosso andar. Luzes amortecidas no longo corredor. Diante da porta de cada quarto, um par de sapatos. Aqueles que ali estão, de número quarenta e quatro, pertencem a um cavalheiro de um metro e noventa e dois centímetros de altura, perfil adunco, pele rosada, olhos cinzentos, cabelos ralos cor de palha. Funga forte quando respira. Fuma charuto. É membro do Lions Club. Mora num apartamento duplex em Kew Gardens, no Bronx, Nova York. Comerciante próspero: roupas feitas. Gosta de Frank Sinatra e de *Gefilte fish*. A mãe queria que ele fosse concertista, mas o rapaz, que odiava o violino, preferiu a profissão do pai. Como é que sei tudo isto? Por causa duma ciência oculta — ao alcance dos homens de imaginação desvairada —, uma ciência neocabalística chamada sapatologia e que nos ensina a adivinhar o físico, a profissão, o caráter e os hábitos duma pessoa ao simples exame dos sapatos que usa. E quem é que não sabe que aqueles sapatinhos de verniz com fivela dourada pertencem à velhota que hoje no Museu de Arte me perguntou se eu era Pablo Picasso?

Entramos no nosso quarto. E assim termina um longo dia.

CONFERÊNCIAS

Tenho de fazer hoje duas conferências. Confesso que não gosto de falar em público. Não sou um homem oral. Meu meio natural de expressão é a escrita. Quando falo não posso deixar de me *ouvir* e *ver* falar. É que um dia — na era pré-atômica, em São Francisco da Califórnia — ouvi pela primeira vez minha voz gravada em disco e tive uma decepção tão grande, que daí por diante, toda a vez que tenho de fazer uma conferência pública ou falar diante dum microfone, entro em cena já meio derrotado. Achei minha voz fosca, fraca, feia... e poderia acrescentar aqui um par de outros adjetivos que começam com f. (Não sei o que é pior, se *amar* ou *detestar* a própria voz. Creio que ambas essas situações são neuróticas. O normal deve ser a gente não se preocupar com a própria fala, usando-a como instrumento de comunicação. Em suma, cada homem deve aceitar a voz e a cara que Deus lhe deu.) Seja como for, estou neste momento na sala nº 5 dum edifício da Universidade Hebraica, diante de alunos do Seminário de Estudos Românicos. Aqui se acham também vários professores, entre os quais Moché Lazar. Dothan ocupa estoicamente uma cadeira na segunda fila.

Preciso dum mapa do Brasil. Como me pediram, vou falar sobre a literatura brasileira do século xx, pretendo seguir até certo ponto o esquema de Vianna Moog, que a apresenta como um arquipélago. Toda a conversa tem de caber dentro dum período normal de aula, pois, como costuma dizer Amoroso Lima, nem os anjos devem falar mais de cinquenta minutos duma só vez.

Como não conseguimos o mapa, desenho a giz no quadro-negro a configuração do Brasil, pondo em destaque as diversas ilhas de seu arquipélago literário. A aula deve ser em espanhol. Peço, antecipadamente, em pensamento, perdão a Cervantes, Ortega y Gasset e Azorín — e começo a dissertação.

À noite, ainda na Universidade, faço nova conferência, numa das salas do Edifício Administrativo, diante dumas cento e cinquenta pessoas. Na primeira fila vejo embaixadores de vários países latino-americanos. Alguém me sugeriu para esta palestra o tema "A influência da Bíblia no Brasil". Objetei que, afora os sacerdotes, os pastores, os teólogos, alguns eruditos e os protestantes dum modo geral — no Brasil muito pouca gente lê a Bíblia, cuja influência, pelo menos direta, é mínima em nosso povo. Por que, então, não dizer esta noite alguma coisa sobre o caráter desse povo?

Devo usar ainda o espanhol mas à última hora resolvo fazer uma experiência: provar que todos estes professores e estudantes do castelhano podem com pequeno esforço entender a nossa língua. Falo devagar, destacando bem as sílabas, exagerando um pouco a prosódia quadrada do gaúcho, empregando *olvidar* em vez de *esquecer*, e *quedar* para substituir *ficar* etc. — e tenho a impressão de que estou sendo compreendido.

Diviso a um canto do salão Raquel Dothan e M., sentadas juntas. Em certo trecho da palestra, exatamente quando estou discorrendo sobre a beleza e a graça da mulher brasileira, numa dessas generalizações fantasiosas e otimistas, produtos da distância e da saudade — irrompem na sala, atrasadas como era de se esperar, várias estudantes do Brasil que estão em visita a Jerusalém. Faço uma pausa, enquanto elas se acomodam nas poucas cadeiras desocupadas.

Mais tarde, terminada a conferência, minha mulher me conta que, quando entrou no salão o bando estudantil, Raquel Dothan, depois de examinar suas componentes com olho crítico, murmurou: "Acho que seu marido escolheu a hora errada para falar na beleza da mulher brasileira".

O CENTRO MÉDICO

Saímos nesta outra manhã para visitar o Centro Médico Hadassah da Universidade Hebraica, um maciço conjunto arquitetônico situado no dorso dum espigão, a uns oito quilômetros de Jerusalém. A Faculdade de Medicina da Universidade Hebraica faz parte deste centro. Visitamos o seu hospital dotado de quinhentos e vinte leitos e trinta dispensários. Vemos pelos corredores, além dos médicos e estudantes judeus, os seus colegas africanos, asiáticos, europeus e sul-americanos. Dothan nos diz que este hospital universitário é considerado um dos melhores do mundo. Fazem-se também aqui cursos de enfermagem nos quais se acham matriculados centenas de homens e mulheres que, terminando o seu aprendizado, vão trabalhar em seus países de origem.

Li, não me lembro onde, uma história que ilustra bem o espírito dos profissionais e dos mestres que trabalham neste hospital. Quando um dia alguém perguntou a um professor de pediatria quantos de seus pacientes infantis eram árabes e quantos judeus, ele encolheu os ombros e respondeu: "Como vou saber? Para nós uma criança é uma criança".

OS VITRAIS DE CHAGALL

Terminada a visita ao hospital, entramos na sinagoga do Centro, onde se encontram os famosos vitrais de Marc Chagall. Simbolizam as doze tribos de Israel. O artista estilizou neles os animais, os emblemas e as cores dessas tribos. (A serpente é a figura principal no vitral da tribo de Dan, o lobo na de Benjamim, o leão na de Judá, a mandrágora na de Rubem, um navio na de Zebulão etc.) Devo confessar que estes tão gabados vitrais, com toda a sua riqueza de cores e elementos oníricos, não me agradam tanto como as pinturas de cavalete do notável artista.

Um fotógrafo do Ministério dos Negócios Estrangeiros, que nos acompanha nesta excursão matinal, tem estado marombando, desde que entrou nesta sinagoga, à procura — desconfio — dum ardil para nos fotografar sem dar na vista de ninguém, pois é rigorosamente proibido tirar fotos aqui dentro. Lá pelas tantas o homem leva ao olho a objetiva e nos fotografa furtivamente, sentados debaixo do vitral da tribo de Issacar, cujo símbolo é um asno. E então se arma uma tragédia não grega, mas hebraica. Um judeu de aspecto turístico, com um solidéu na coroa da cabeça — sinal de sua religiosidade — e que estava vigiando com olhos torvos o fotógrafo, investe para ele de dedo em riste, os olhos chispando ódio, e exclama em inglês: "Isso não é direito! Como é que você pode usar sua câmara aqui dentro e eu não?". Nosso companheiro baixa a cabeça, finge que a coisa não é com ele. Mas o outro continua no seu apaixonado protesto. Tenho a impressão de que vai agredir o transgressor. Compreendo sua sagrada fúria. Apesar de encontrar-se num templo de Jeová, o Deus único, ele está agora sob a influência de mitos e ritos duma civilização de consumo em que imperam outras deidades, pequenas e grandes, e que, todas, de certo modo exigem nossa devoção e nosso culto. Agora o judeu religioso esquece o seu Jeová para queimar seu incenso no altar dessa divindade moderna universal que é a Kodak Co.

Saio da sinagoga fazendo reflexões sobre a força dos símbolos, as teses de McLuhan, principalmente a que diz respeito ao crepúsculo da era de Gutenberg. Tudo isso leva o escritor que sou a apreensões quanto ao futuro do livro. E de súbito me sinto irremediavelmente obsoleto.

VISITA AO PRESIDENTE

Que sei do dr. Zalman Chazar, o presidente do Estado de Israel, que nos vai receber esta tarde? É poeta, e isso já me predispõe a simpatizar com ele. Nasceu na Rússia, o que não é bom nem mau: um mero acaso. Veio para a Palestina em 1911, voltou para a Europa, e treze anos mais tarde não resistiu ao chamado da terra de seus ancestrais e aqui se fixou definitivamente. Durante o Mandato foi jornalista e depois político. Proclamado o Estado de Israel, foi eleito membro do Knesset pelo partido Mapam. Publicou volumes de poesia e ensaios históricos, políticos e biográficos. Em suma, o dr. Chazar é um *scholar*, um humanista, um espécime humano que dificilmente ou nunca conseguiria ocupar um cargo dessa importância num país comunista ou mesmo capitalista. (Quando o Brasil era uma monarquia, nosso Pedro II escrevia versos, orgulhava-se de sua amizade com Victor Hugo e brincava de astrônomo.)

O presidente espera-nos na sua residência, que bem podia ser a dum bancário, dum médico ou dum comerciante remediado. Classe média, em suma. Nenhum luxo. Nenhum formalismo. Pouquíssimos guardas, e todos de aspecto pacífico. E a palavra de senha parece ser apenas "Chalom!".

No seu gabinete de trabalho, as paredes cobertas por estantes atestadas de livros, o dr. Zalman Chazar recebe-nos com uma cordialidade meio distraída. Tem o aspecto dum professor universitário, mas europeu, pois se fosse americano trajaria um casaco de *tweed*, tipo esporte, e não estaria assim corretamente vestido de escuro, com colete, colarinho engomado, a gravata no devido lugar. É baixo, robusto, mais ou menos da estatura de Ben-Gurion, o domo rosado e luzidio da cabeça circundado por um meio halo de cabelos brancos, bigode curto, à escovinha. Por trás das lentes dos óculos, seus olhos têm a mesma vivacidade e inteligência dos de Ben-Gurion, embora sem a mesma luz de malícia.

Faz-nos sentar à frente de sua mesa, sobre a qual vejo três cálices cheios dum líquido meio dourado — elementos duma natureza-morta em que aparecem também um par de óculos, um tinteiro com canetas, um relógio e um corta-papel... O presidente apanha seu cálice, ergue-o num brinde discreto — "*Lehayim!*". Fazemos o mesmo: "*Lehayim!*". Tomo um gole, com a língua e a boca preparadas para um xerez e eis que este abstêmio de má sorte sente uma lava vulcânica escorrer-lhe pela língua e descer-lhe pela garganta, rumo dum estômago já todo transido de apreensão. Mal contenho um acesso de tosse. Disfarço a surpresa, reponho o cálice sobre a mesa.

O dr. Chazar quer saber se falamos inglês. No momento não consigo dizer sequer uma palavra, nem mesmo de português. Sacudo a cabeça afirmativamente. O presidente nos examina com o que me parece a curiosidade meio perplexa dum ornitólogo diante de dois pássaros que ainda não conseguiu classificar. Examina primeiro minha mulher, com uma expressão benevolente no rosto. Depois se volta para mim:

— Como é que um homem que se exprime em português como o senhor, pode ser escritor profissional, se tão pouca gente no mundo entende essa língua?

Devo repetir a pergunta que fiz a um escritor israelense, num remoto almoço, sobre quantas pessoas no mundo moderno falam o hebraico? Não. Limito-me a dizer *"it is one of those things"*, frase que corresponde exatamente ao nosso "são dessas coisas".

Vejo em cima do peitoril da janela um retrato emoldurado do papa Paulo VI, com uma dedicatória ao dr. Chazar. Relanceio os olhos pelas lombadas dos livros — em sua maioria em hebraico — e descubro aqui e ali o título duma obra literária em inglês ou francês.

O presidente conta-nos que visitou não faz muito o Nepal e está traduzindo para o hebraico os poemas do rei desse país, com quem fez excelente amizade. Diz-nos também que em breve visitará oficialmente o Brasil e me pede que lhe dê os nomes de algumas figuras literárias que no meu entender ele deva conhecer pessoalmente. Dou.

Um fotógrafo interrompe o diálogo. Somos retratados em várias poses com o presidente. E depois que o profissional se vai, faz-se um silêncio durante o qual ouço o crepitar metálico do relógio, em cima da mesa, e que parece dizer-nos na sua língua universal que estamos roubando o tempo a um homem que deve ter coisas mais importantes a fazer.

À porta do gabinete, quando nos despedimos do dr. Chazar, digo-lhe:

— Presidente, no Brasil temos centenas de rios pequenos e grandes, alguns dos quais não usamos. Como prova de admiração e apreço por Israel, prometo mandar-lhe de presente um deles.

NOITE NA CASA DOS AVIDAR

O programa anuncia que esta noite teremos "chá na casa da sra. Yemina Avidar", escritora israelense casada com um general e ex-diplomata. Preparamo-nos para o pior, mas temos a mais agradável das surpresas. Desde os primeiros minutos sentimos que este serão vai ser muito interessante. Os anfitriões são simpaticíssimos, sem o menor traço de esnobismo, e em sua casa encontramos jornalistas, escritores, pintores, professores — representantes de várias correntes políticas, artísticas e filosóficas de Israel. A sra. Avidar, cujo nome de solteira é Tchernovitz, estudou psicologia e pedagogia nas universidades de Berlim e Viena, e mais tarde em Jerusalém. Lembra-me no físico, na maneira de vestir, gesticular e falar (seu inglês é impecável) certas damas americanas interessadas em arte e literatura, que tantas vezes encontrei nos Estados Unidos, nos *colleges* e nas salas de conferência. Quanto ao gen. Avidar, recordo-me agora de que fui apresentado a ele, numa recepção, há um par de dias. Como poderia esquecer esta figura? É um homem alto, creio que já na casa dos sessenta, enxuto de carnes, rosto longo e fino, de feições aliciantes. Veste com uma elegância britânica, isto é, casual. Herói da guerra da independência de Israel, perdeu um braço quando, ensinando seus soldados a lançar granadas, uma destas lhe explodiu na mão. Serviu como embaixador de Israel na Argentina e hoje exerce as funções de diretor das empresas estatais de seu país.

Vou aos poucos fazendo a volta da sala, sentando-me um pouco ao lado de cada uma das pessoas que aqui estão. Um jornalista me chama a atenção para o fato de que Israel tem, *per capita*, mais jornais, revistas, museus, galerias de arte, escolas e orquestras sinfônicas do que qualquer outra nação do mundo.

Com um escritor discuto os problemas do romance no nosso tempo. Com um crítico, alguns ficcionistas americanos de origem judaica. Pergunto se o pessimismo desses autores — cito especificamente Saul Bellow, Bernard Malamud e Philip Roth — tem exercido alguma influência sobre os escritores novos de Israel.

Resposta: "Infelizmente, às vezes... mas um pouco, só um pouco. Porque o judeu, principalmente o israelense, é um otimista". Lembro-lhe Kafka e outras personalidades noturnas do povo de Abraão. O ensaísta replica: "Kafka em algumas páginas pelo menos nos faz rir. Com Camus, por exemplo, isso nunca acontece".

A sra. Avidar dá-nos um de seus livros, na tradução espanhola, intitulada *A casa!*. É uma história dirigida a um público juvenil e se passa parte em Israel e parte no Brasil. Diz-nos a autora: "Escrevi esta novela num inverno, em Moscou, rodeada dum mundo envolto em neve. Sentia saudade de Israel e pensava em algumas crianças israelenses que conheci no Brasil e que, como tantas outras afastadas de seu país, ansiavam por voltar para casa".

Sento-me agora ao lado do gen. Avidar — um homem de quem sinto eu poderia ser amigo, depositando nele a minha inteira confiança. Pergunto-lhe se não pretende escrever suas memórias. Responde: "Um dia, talvez. Agora estou muito ocupado com outras coisas". Quando lhe digo que em breve minha mulher e eu visitaremos Bror Hayil, o *kibbutz* dos brasileiros, ele me conta que ajudou a fundar o núcleo de onde essa comunidade nasceu. Faz com a cabeça um sinal na direção de seu cunhado, que há minutos prende a atenção dos presentes com uma de suas histórias cheias de pitoresco e humor, revelando o ator nato que é. "Esse episódio quase custou minha amizade com aquele cidadão que ali está... Foi no tempo do Mandato. Nós queríamos fundar o maior número possível de colônias agrícolas, mas os ingleses eram contra a ideia e tratavam de opor-nos toda a sorte de obstáculos. Um dia preparamos no maior sigilo vários caminhões cheios de material de que necessitávamos: mourões, rolos de arame farpado, tábuas, folhas de zinco etc. e na calada da noite tocamos rumo dum lugar perto da faixa de Gaza e lá nos pusemos a trabalhar, praticamente no escuro, para não atrair a atenção dos soldados britânicos. Quando o dia raiou, lá estava o *kibbutz*: um lote de terra limitado por uma cerca de arame farpado, com um galpão e uma torre de vigia no centro. Quando os ingleses apareceram, o fato estava consumado. Um oficial aproximou-se de nós, à frente de sua tropa e, muito vermelho, resmungou qualquer coisa, mas, diante de nosso silêncio, retirou-se com os soldados, sem tocar na nossa 'aldeia'."

O general solta uma risada. Torna a fazer um gesto na direção do cunhado, e acrescenta: "Quando ele tomou conhecimento da aventura, ficou furioso comigo por eu não tê-lo avisado na véspera, pois queria tomar parte na expedição. Repliquei que não lhe havia dito nada porque, sabendo de sua tagarelice, temia que ele saísse a contar a história pelos cafés, deitando a perder nosso plano. Meu cunhado passou vários dias de relações cortadas comigo".

O BAIRRO ORTODOXO

Infelizmente nosso programa em Jerusalém não nos tem permitido fazer o que mais nos agrada: caminhar ao acaso, sem mesmo saber o nome das ruas, olhando pessoas, animais e coisas.

Hoje, entretanto, os andarilhos que somos se deliciam na excursão que fazemos a pé pelas ruas do bairro Mea Chearim, um verdadeiro "gueto judeu" encravado em Jerusalém, tal como os que se encontravam em fins do século xix e princípios do xx em países como a Polônia e a Rússia. Suas casas, becos, lojas e pátios me lembram os guetos de Cracóvia e Varsóvia, que conheço de fotografias ou descrições literárias. Por estas estreitas ruas calçadas de pedras irregulares circula uma estranha população de judeus ortodoxos que vivem segregados dos outros habitantes de Jerusalém. Os homens em geral vestem um caftan negro, usam chapéus também pretos, de copa redonda e abas largas. Nos dias de festa religiosa deve ser um espetáculo ver saírem das sinagogas esses senhores graves, trajando longos fraques, calções à século xviii, apertados acima do joelho, as pernas cobertas por meias negras, as cabeças enfiadas em grandes chapéus com abas de pelo, reminiscência da indumentária dos nobres poloneses da Idade Média. Os homens adultos usam todos barbas compridas, obedientes a um preceito bíblico contrário ao ato de barbear-se. De cada lado de suas cabeças os cabelos crescem em cachos crespos, à maneira de suíças.

Ao cruzarem por nós, essas curiosas criaturas lançam olhares desconfiados para a minha câmara. Detestam ser fotografadas, pois o Segundo Mandamento os previne não só contra os deuses esculpidos como também contra qualquer "semelhança do que há em cima nos céus, e embaixo na terra, ou nas águas debaixo da terra".

— Que língua falam? — pergunto.

— Iídiche na vida diária — responde Dothan —, hebraico nos dias santos e nas cerimônias religiosas, bem como os judeus dos tempos medievais.

Sei que entre os hebreus ortodoxos de Jerusalém existe um grupo fanático, o Neturei Karita (Guarda da Cidade), que recusa aceitar a autoridade do Estado de Israel e cujos membros se negam a prestar serviço militar. Mais de uma vez os representantes desse grupo tiveram choques com a polícia. Os médicos do Hospital Hadassah entram frequentemente em conflito com os habitantes deste bairro, que se opõem de maneira irredutível à autópsia.

Na opinião destes religiosos ortodoxos, Jerusalém é uma cidade santa onde nenhum hebreu digno desse nome deve andar de cabeça descoberta e rosto raspado, usar roupas coloridas, dirigir carros particulares durante o Sabá ou entrar em piscinas públicas. São, em suma, contra toda a expressão de modernismo na vida de Israel, que consideram um "país corrupto".

Espio para dentro duma sinagoga, através de pequena janela, e vislumbro um quadro magnífico: numa atmosfera misteriosamente crepuscular, protegidos da claridade pagã da tarde, uns quatro ou cinco velhos de barbas grisalhas, as cabeças cobertas, o *talit* (xale de orações) sobre os ombros, estão encurvados sobre livros, talvez o Talmude, talvez o Torá. Preparam-se para a vinda do Messias.

Numa das ruelas centrais do Mea Chearim vemos um cartaz com caracteres em iídiche e em inglês: um aviso aos visitantes pedindo às mulheres que se apresentem neste bairro decentemente vestidas, sob pena de expulsão. Sei que um "intruso" que se aventurou a passar por estas ruas ao volante de seu carro num Sabá foi apedrejado.

Passam por nós meninos entre oito e doze anos, quase todos rechonchudos, corados, com lábios grossos e vermelhos de pintura renascentista italiana, alguns com decidida vocação para anjo de Botticelli, Caravaggio ou Rubens, e todos vestidos de preto, como seus pais, avós, bisavós, trisavós e tetravós, e com esses curiosos cachos que lhes pendem dos lados das cabeças, como glicínias negras, castanhas, louras ou ruivas. ("Nação de gente esquisita, esses estrangeiros!", costumava dizer um tropeiro gaúcho da minha infância.)

10
Volta a Tel Aviv

O JUDEU E O ALEMÃO

Voltamos a Tel Aviv e ao Hotel Dan. Sou procurado pelo correspondente duma agência de notícias internacional que me quer entrevistar. Sentamo-nos num sofá, no saguão, perto da escultura do pássaro absurdo. O jornalista é um homem corpulento, de cabeça leonina, olhos dum azul desbotado. Logo que nos acomodamos, digo-lhe: "Aposto como o senhor nasceu e passou muito tempo de sua vida na Alemanha, não?". Ele parece surpreendido. "É verdade. Como descobriu isso?". Explico: "Por seu penteado, por suas roupas e principalmente por algo em sua fisionomia que eu sinceramente não saberia descrever".

Terminada a entrevista, o jornalista se vai e eu fico a fazer reflexões sobre as estranhas relações entre judeus e alemães. Tenho observado que muitos judeus-alemães, antes da Segunda Guerra Mundial, eram talvez mais alemães que judeus. Refiro-me principalmente aos intelectuais, aos membros das profissões liberais, e aos comerciantes e industrialistas mais ricos. Raramente ou nunca se identificavam ou conviviam com o hebreu pobre do gueto, tanto no seu país de nascimento como no estrangeiro. Quando o nacional-socialismo tomou o poder na Alemanha, esses judeus-alemães sofreram duplamente as perseguições nazistas: como judeus e como "alemães rejeitados". Uns poucos deles — creio — voltaram a residir na Alemanha. É que sua psicologia, seus hábitos e gostos estavam profundamente arraigados na cultura germânica, para cuja grandeza tantos judeus ilustres haviam contribuído, e à qual eles se orgulhavam de pertencer também, ainda que marginalmente.

Estudando certos aspectos da progressiva desumanização do mundo ocidental, que culminou nas atrocidades do nazismo, Erich Kahler observa que não foi por acidente que essa mania genocida encontrou sua mais brutal expressão na Alemanha. Há nas relações entre alemães e judeus uma profunda afinidade e ao mesmo tempo uma profunda diferença. São ambos povos transnacionais, embora de maneira dissimilar e mutuamente antagônica. Os judeus transcenderam a sua condição de nação terrena por meio de sua transformação em "povo global", ao passo que os alemães nunca conseguiram mais que uma unidade superficial e insegura, de modo que suas frustradas aspirações ao poder encontraram nos judeus um alvo ideal — espécie de bode expiatório pré-fabricado.

Lendo recentemente um ensaio de George Steiner — judeu de família rica, nascido em Paris e educado na França, nos Estados Unidos e na Inglaterra — encontro este trecho que de certo modo ilustra também meu pensamento: "Quando um judeu se opõe à ferocidade paroquial em que o nacionalismo tão facilmente (e de maneira inevitável) degenera, ele está pagando uma velha dívida. Por uma dessas cruéis e profundas ironias da História, o conceito de povo escolhido, duma nação exaltada acima das outras por um destino particular, nasceu em Israel. No vocabulário do nazismo havia elementos duma paródia vingativa dessa reivindicação judaica. O motivo teológico de um povo eleito no Sinai teve seu eco na impostura da 'raça de senhores' e no seu domínio do Milênio. Assim, havia na relação obsessiva entre o nazista e o judeu um minúsculo mas temível grão de lógica".

De certo modo essa ideia está contida no tema central, embora oculto, do romance de Günter Grass, *Hundejahre*, traduzido para o português com o título de *O cão de Hitler*.

Torno a pensar no judeu-alemão com quem acabo de conversar. Notei que se barbeou tão mal esta manhã, que seu rosto está cheio de arranhões, alguns de três centímetros de comprimento: riscos de sangue coagulado. Brinco então com a ideia de que o alemão que ainda habita seu inconsciente às vezes se compraz em torturar a carne do judeu que inescapavelmente ele é e sempre será.

A PODEROSA HISTADRUT

Um israelense de tendências capitalistas me dizia, não faz muito, que os Três Grandes do Estado de Israel são o governo, a Agência Judaica e a Histadrut (Confederação Geral do Trabalho), e que ele via com alarma a possibilidade de esta organização trabalhista tornar-se um dia mais poderosa e influente que o próprio governo. Acrescentou com ar de conspirador: "Veja a sede da Histadrut aqui em Tel Aviv e compreenderá por que ela é conhecida como o Kremlin...".

Fundada em 1920, portanto vinte e oito anos antes da instituição do Estado de Israel, a Histadrut é uma federação de sindicatos de trabalhadores que tem sua base nos comitês locais, nos sindicatos propriamente ditos e nas associações profissionais de âmbito nacional. Quase 15% das empresas industriais de Israel tiveram origem em cooperativas e outras organizações controladas pela Histadrut, que conta hoje em dia — incluídas as esposas, que têm os mesmos direitos que os maridos — com quase um milhão de sócios. Nesse número estão compreendidos os árabes e membros de outros grupos não judeus de Israel.

As finalidades da Histadrut são: defender os direitos dos trabalhadores urbanos e agrícolas, ajudá-los a obter empregos, resolver problemas de salário e relações com os patrões, facilitar-lhes a obtenção de moradias e proporcionar-lhes assistência médica, hospitalar, escolar, em suma: prestar a seus membros — e aos novos imigrantes — todos os serviços necessários a sua sobrevivência numa terra onde a vida é áspera e, sob muitos aspectos, arriscada.

Diferente das outras organizações trabalhistas do mundo, a Histadrut mantém atividades no setor comercial e industrial, fazendo "negócios por conta própria". Suas empresas econômicas são dirigidas pela Hevrat Ovdim, que congrega quase todas as cooperativas de Israel. Suas companhias construtoras — que se encarregam também de serviços portuários — dão trabalho para cerca de trinta mil operários, e ultimamente têm realizado obras públicas em diversos países do Oriente Médio, da Ásia e da África. A Histadrut mantém um Banco Operário e uma Companhia de Seguros. É coproprietária, com o governo do Estado e a Agência Judaica, de três grandes empresas: a Mekorot, de águas, a El Al, de transportes aéreos e a Zim, de navegação. A grande maioria dos *kibbutzim* e dos *mochavim*, bem como suas respectivas cooperativas, vive sob o pálio da Histadrut que, através da Tnuva, encarrega-se da venda dos produtos agrícolas (cerca de 70% da produção total do país) e trata de sua exportação. Através da Amachbir Hamerkazi centraliza as operações de compras das cooperativas de consumo dessas aldeias coletivas.

Visitamos hoje a sede da Histadrut, um imponente complexo de grandes edifícios na rua Arlosoroff.

Vamos direito ao Departamento Cultural. Somos recebidos pelo sr. Bezalel Chahar, um homem afável e *businesslike*, que está sentado atrás de sua mesa de trabalho, nesta sala ampla, bem mobiliada e clara de sol.

Depois das palavras iniciais de apresentação e da inevitável observação sobre o tempo, o sr. Chahar nos conta das atividades culturais da CGT israelense.

— Mantemos — diz ele — um centro cultural para a disseminação da língua hebraica. Nossas atividades no campo da arte são múltiplas e, estou certo, eficazes. Protegemos e estimulamos as vocações artísticas e literárias de nossos associados, proporcionando-lhes bolsas de estudo e outras facilidades. Temos um teatro, o Ohel'. Nosso elenco teatral ambulante, o Telem, e o grupo de danças folclóricas visitam periodicamente os *kibbutzim* e os *mochavim* de todo o país, desde a Galileia do norte até ao sul do Neguev.

— Sei que a Histadrut tem a sua editora própria — digo, apenas para dar uma deixa ao nosso interlocutor.

— Sim, chama-se Am Ovd. Mantém uma escola especializada para seus funcionários. E por falar em escola, oferecemos classes noturnas para adultos. E a rede Amal de escolas profissionais é muito grande e abrange boa parte do território nacional.

— E em matéria de bibliotecas?

— Além das grandes e fixas, temos as ambulantes, que estão obtendo sucesso crescente. Conhece o nosso Instituto Afro-Asiático? Pois vale a pena visitá-lo. Temos lá bolsistas, creio que uns seiscentos, naturais de cinquenta e três países da África e da Ásia em processo de desenvolvimento.

— E quanto à imprensa?

— A Histadrut publica dois diários, o *Davar* e o *Omer*. (É pena que o senhor não possa ler hebraico...) E mais uma revista infantil e um semanário ilustrado.

— Nenhuma publicação em árabe?

— Sim, um periódico, o *Haqiqat al-Amr*.

Peço ao sr. Chahar que soletre o nome do jornal para que eu o anote na minha caderneta. E enquanto escrevo, penso na cara que faria mestre Aurélio Buarque de Holanda se me visse a colocar um *q* antes dum *i*.

Pelo que tenho ouvido e lido, as críticas que se fazem hoje à Histadrut não partem apenas do setor capitalista, que não aprova as tendências socialistas dessa CGT, mas também dos sabras que ocupam postos importantes no governo do país. Alegam estes que a Histadrut é um empecilho à nacionalização de certos setores da economia nacional. Esses representantes do governo — naturalmente fascinados pelas perspectivas abertas ao país pela tecnologia — consideram o *kibbutz*, a menina dos olhos da CGT, uma expressão de reacionarismo econômico, que favorece a pequena empresa e tranca ou pelo menos retarda a concentração industrial sem a qual, na opinião desses tecnocratas, Israel não poderá atingir as suas metas econômicas e financeiras mais altas.

Ouvi há dias dum jovem empresário israelense que a "Histadrut é um polvo". Sim — penso — polvo ambivalente, polvo ambíguo, que um dia talvez perca o controle de seus múltiplos tentáculos, não podendo impedir que uns entrem em conflito com os outros. Criada para defender com espírito socialista os direitos dos trabalhadores, a Histadrut acabou tomando um rumo quase capitalista ao dirigir-se para atividades de produção, transformando-se assim também numa organização patronal. Seja como for, parece-me que, num futuro não muito remoto, e que estará naturalmente condicionado a uma paz estável com os vizinhos árabes — será inevitável o choque final, a batalha campal entre a Histadrut e os partidos políticos israelenses de centro, de direita e os religiosos.

O LONGO DIA

Visitamos a redação do *Davar*, que podia ser a dum grande jornal europeu ou americano: as imagens, os sons e os cheiros de costume. Poucas horas depois, dou uma entrevista coletiva à imprensa, em torno duma longa mesa, à maneira de seminário. Os jornalistas me fazem perguntas sobre o mar. Castelo Branco e o momento brasileiro. Por mais que me esforce, não consigo fazê-los compreender direito o atual regime político de meu país.

Ao meio-dia a Associação de Imprensa local oferece-nos na sua sede um almoço muito cordial, com numerosos discursos. Os israelenses parecem muito empenhados em confirmar a tese do verbalismo do povo judeu.

No meio da tarde gravo em fita magnética, e em inglês, uma rápida palestra sobre a literatura brasileira na sede da *Kol Yisrael* (A Voz de Israel). Neste país não existem estações de rádio particulares. A televisão, que começará a funcionar dentro de pouco, pertencerá também ao governo e terá finalidades principalmente educativas.

Ao anoitecer vamos à casa do representante diplomático do Brasil, no bairro de Ramat Gam. O embaixador Aloysio Guedes Régis de Bittencourt e sua senhora dão uma recepção em nossa honra.

Encontro reunidos nesta agradável residência escritores, artistas plásticos, professores, gente de teatro e rádio... Temos o prazer de reencontrar aqui Myriam e Shaul Levin, e os Sirotsky. Beila, que fez teatro e cinema no Brasil, está aperfeiçoando o seu hebraico para tomar parte em peças nos palcos de Israel.

Creio que o teatro é uma das muitas paixões deste povo tão rico de substância humana. Existem em Tel Aviv muitas companhias profissionais, das quais três pelo menos têm caráter permanente. A mais antiga e importante delas é a Habima, que se exibe no teatro do mesmo nome, apresentando ao público grande variedade de peças, desde a tragédia grega, passando por Shakespeare, Molière e Ibsen até Beckett, Ionesco e Brecht — isso para não mencionar o repertório de teatro iídiche e hebraico.

Existe também em Tel Aviv um Teatro de Câmara, especializado em peças leves, frequentemente importações da Broadway. Outros grupos menores, entre os quais uma companhia teatral de operários, mantêm-se em grande atividade não só nesta cidade como no resto do país.

Sou apresentado nesta reunião a Kuperstein, conhecido ensaísta israelense, que me leva para um canto da sala, diz que leu *O tempo e o vento* em tradução inglesa, e me surpreende com uma interpretação que me parece justa, desse romance cíclico — quero dizer: o crítico compreendeu a intenção do autor. Combinamos um novo encontro para continuar o diálogo.

A embaixatriz do Brasil seria uma boa ilustração para a conferência que fiz a outra noite na Universidade Hebraica, principalmente para o trecho em que descrevi o encanto da mulher brasileira. O embaixador Régis de Bittencourt tem o *physique du rôle*, é um homem afável, inteligente e que possui um requisito essencial para exercer com êxito este posto: admira e ama Israel, como era o caso do jornalista João Barreto Leite Filho, que ocupou o cargo de embaixador antes dele, deixando aqui numerosos e devotados amigos.

GOLDA MEIR

Tenho encontrado em minha vida algumas "personalidades cósmicas". Estamos aqui agora na presença de alguém que faz oscilar furiosamente a agulha de nosso medidor Geiger. É Golda Meir que, no momento sem posto no governo, exerce as funções de secretário-geral de seu partido, o Mapam. Estamos em seu gabinete de trabalho.

Quando procuro descrever uma pessoa ou uma paisagem é que percebo mais agudamente as limitações e mesmo a fatuidade da palavra escrita ou falada, e chego a aceitar a tese da morte ou pelo menos da crise da linguagem que até agora temos usado na comunicação inter-humana.

A face desta dama denota energia e coragem sem negar bondade e humor. Posso imaginá-la tanto em funções maternais como guerreiras. O nariz longo e bulboso lembra vagamente o do presidente De Gaulle. Pelos padrões comuns, Golda Meir pode ser considerada uma mulher feia... Mas deixem-na falar, sorrir, acender um cigarro, fazer qualquer outro gesto, e dentro de poucos minutos a gente estará convencida da beleza desta extraordinária criatura. Dá-nos uma impressão de firmeza, de serena obstinação, de profunda experiência da vida e — por que não? — da morte. Sinto agora que está interessada em nós como pessoas. Quer saber de que parte do Brasil somos. Temos filhos? Netos? Quantos? Como são?

Não está num palco representando "a grande figura pública". Não me parece interessada em polir a própria imagem. Diferente de tantos políticos e estadistas que conheço, não parece ter, como aquela personagem de Raul Pompeia, a "obsessão da própria estátua".

Nascida em Kiev, Ucrânia, passou fome quando menina. Um grande *pogrom* determinou o êxodo de sua numerosa família, que buscou refúgio nos Estados Unidos. Seu inglês é perfeito: o sarro do Middle West que pudesse haver nele desapareceu decerto no convívio com os ingleses, durante o Mandato.

Golda Meir chegou à Palestina em 1921 e muito jovem dedicou-se a atividades políticas, como membro do movimento que viria a transformar-se mais tarde no Mapam. Tornou-se um líder trabalhista. Conta-se que quando vários chefes sionistas foram presos, num dia conhecido como "o sábado negro", Golda ficou em liberdade graças ao cavalheirismo britânico. Noutra ocasião, disfarçada de árabe, cruzou a fronteira, dirigindo-se a Aman para entabular negociações com Abdula, rei da Transjordânia... Foi o primeiro embaixador de Israel em Moscou, cargo difícil em vista da atitude pouco simpática do governo soviético para com suas minorias judaicas. Ao tempo em que exerceu as funções de ministro do Trabalho, Golda Meir instituiu o seguro nacional e estabeleceu um plano de vivendas populares. Num dos momentos mais críticos da vida de Israel, às vésperas da campanha do Sinai, o governo lhe confiou o Ministério das Relações Exteriores. Permaneceu nesse cargo durante dez anos e mais de uma vez em reuniões internacionais — em Nairóbi, Caracas, Buenos Aires — defendeu a causa de seu povo e de sua nova pátria.

E aqui está ela agora, com um ar de professora pública, atrás de sua pequena mesa de trabalho com tampo de fórmica (eu já disse que a madeira em Israel é rara e cara) sobre a qual vejo apenas um telefone negro, um cinzeiro e um pedaço de quartzo de forma irregular.

Falamos sobre o destino do socialismo no mundo, e Golda Meir encarece a necessidade de dar mais atenção aos aspectos espirituais do socialismo. Diante das estatísticas — confessa — está inclinada a admitir que nos últimos tempos Israel se vai aproximando cada vez mais de uma economia capitalista, e que se nota já um certo esmorecimento, que ela deplora, no espírito que criou os *kibbutzim* e os tem mantido até agora. "É lamentável", acrescenta, "que os movimentos socialistas de todo o mundo estejam sendo contaminados pela 'mentalidade de consumo' dos países capitalistas."

Ao nos despedirmos, manifesto minha esperança de vê-la de novo no governo. Golda Meir limita-se a sorrir em silêncio.

11
Dois *kibbutzim*

O *KIBBUTZ* DOS BRASILEIROS

Fazemos uma breve visita a Bror Hayil, *kibbutz* situado na planície costeira, ao sul de Ascalom, e a mais ou menos cinco quilômetros da faixa de Gaza. Fundado há dezoito anos, foi primeiro ocupado por imigrantes naturais do Egito, recebendo mais tarde grande número de judeus vindos do Brasil, e que hoje aqui são maioria absoluta.

Chegamos por volta das cinco da tarde, e ninguém me venha agora negar que o Brasil tem muita força, e que ser brasileiro é um belo "vício" felizmente incurável. Sentimo-nos logo à vontade, graças às pessoas que nos recebem — os líderes da comunidade, homens na faixa etária entre os trinta e os quarenta, todos falando o nosso português, sem sombra de sotaque, e com um jeito e uma cordialidade muito brasileiros. Benjamin Roismann, secretário-geral do *kibbutz*, homem de compleição atlética, tem o carioca estampado na face. Este outro é Martim Tuder, louro de olhos claros, que Roismann nos apresenta como "o dono das águas". Jaime Averbuch, alto, corpulento, aqui está ao lado de Tuba, sua mulher, cuja face me parece ter sido "desenhada" por Aubrey Beardsley. Arão Talenberg tem um aspecto de intelectual. (Mais tarde, na sua casa cheia de livros vejo, pelas reproduções de quadros que pendem nas paredes, que é admirador de Aldemir Martins e Portinari.) Amir Plut, com seus óculos professorais, é o tesoureiro do Bror Hayil. Por fim aqui temos um desses sujeitos que a gente tem a impressão de já haver encontrado antes, na vida ou num romance: Dov Tsamir, alto, robusto, com cara de napolitano. Quando lhe pergunto sobre suas funções na comunidade, responde: "Sou o vagabundo do grupo. Trato de assuntos políticos".

Somos levados ao apartamento onde devemos passar a noite, e que está situado numa espécie de pavilhão em que há duas ou três outras residências. Temos a surpresa de encontrar em cima duma mesa um bolo na forma dum livro, sobre cuja "capa" de merengue leio o título de um de meus romances, escrito em letras de marmelada: *Olhai os lírios do campo*. Examinamos os volumes que se alinham nas estantes: todos em hebraico. Desfazemos as malas. Dirigimo-nos depois para o Centro Cultural do *kibbutz*, que tem o nome de Oswaldo Aranha, em homenagem ao brasileiro que presidiu a Assembleia Geral da ONU que reconheceu o Estado de Israel.

O edifício do Centro é de linhas modernas. A decoração interior, de um bom gosto discreto. Sentamo-nos para o "papo" ritual brasileiro. Trato de satisfazer algumas de minhas curiosidades. Quantos habitantes tem o *kibbutz*? Resposta: cerca de quatrocentos adultos. "Quanto às crianças", sorri Roismann, "nunca se sabe ao certo, porque estão nascendo a toda hora."

Que é que vocês plantam? "Algodão, trigo, beterraba açucareira, alho-porro, limões, laranjas, toronjas, cebolinhas-verdes... Produzimos também cenouras e batatas que, depois de desidratadas pela nossa fábrica, são exportadas." Pergunto ao tesoureiro: "E como vão as finanças?". E ele me conta que Bror Hayil fatura anualmente cerca de um milhão de dólares de produtos agrícolas e industriais.

Surpreendo-me de ver um televisor na sala, pois sei que a primeira estação de tevê de Israel ainda não está funcionando. Tsamir esclarece que eles costumam apanhar as transmissões do Cairo. Como não podem seguir as novelas seriadas, por não entenderem o árabe, limitam-se a olhar as danças — e divertem-se particularmente com a do ventre —, ouvir as canções e, de vez em quando, tremendas descomposturas contra os israelenses, proferidas em hebraico pelos locutores árabes.

Pergunto a Tsamir — que é paulista, como a maioria dos brasileiros deste *kibbutz* — por que decidiu vir para cá. Responde que, muito jovem, interessou-se por política, no tempo do Estado Novo, alistando-se na oposição ativa. Mais tarde, sensibilizado pelas perseguições aos hebreus na Europa e principalmente pelo genocídio praticado pelos nazistas, tomou consciência de sua condição de judeu e decidiu vir para Israel. "Em suma", digo-lhe, "você achou mais fácil ajudar a criar um país novo do que endireitar o Brasil, não?"

Jantamos no refeitório coletivo: galinha, verduras, salsichas, peixe. Alguém me informa que, por causa dos brasileiros, este é o *kibbutz* de todo Israel que mais consome arroz. Terminado o jantar, as cadeiras da sala são arrumadas em filas, à maneira de auditório, pois prometi fazer uma conferência esta noite. Por volta das oito horas começam a entrar minhas vítimas: homens e mulheres adultos, e uma que outra criança ou adolescente. Observo que os adultos em sua maioria falam o português. Creio que esse e não o hebraico é o idioma de uso corrente aqui. Encontro um gaúcho de São Gabriel. Um conhecido de Porto Alegre. Converso por alguns minutos com o velho Tobias Krasner, antigo jornalista e sionista, que me pergunta por amigos seus do Rio Grande do Sul. Estou convencido de que, embora tenham muitas razões para estar felizes no Bror Hayil, seus moradores da "velha guarda" sentem ainda saudades do Brasil.

Tenho diante de mim umas duzentas pessoas sentadas. Roismann faz a minha apresentação de maneira breve e informal. Que posso contar a esta boa gente senão histórias da minha cidade, da minha infância e mocidade, procurando usar pontos de referência que imagino comuns à maioria dos que me escutam? Conto-lhes anedotas brasileiras sobre judeus, e alguns episódios de minha vida de boticário em Cruz Alta, atrás dum balcão, vendendo xaropes contra tosse ao mesmo tempo em que lia os dramas de Ibsen e sonhava com viagens.

Noto que estão todos atentos, em silêncio. Como acontece quase sempre que falo em público, concentro a atenção — não sei bem por quê — em um ou dois ouvintes. Agora meu olhar se dirige repetidamente para um senhor gordo e idoso, de bigodes espessos, e que tem na cabeça um desses bonezinhos de pano muito usados pelos camponeses da Sicília e da Espanha. Quando acha graça em alguma das minhas histórias, rompe a rir um riso convulsivo que lhe sacode o corpo inteiro, enquanto dá repetidas punhadas no tampo da mesa junto da qual está sentado, produzindo um som de bombo. Num dado momento percebo que estou fazendo esta conferência especialmente para ele. Se esse velhote cessar de me olhar, de rir e de tocar bombo, acho que me desconcerto e perco...

Terminada a conferência vamos para a casa de Arão Talenberg, que, com sua senhora, nos oferece sua cálida hospitalidade, além de cachaça com mel e suco de limão. Estão conosco os outros líderes do *kibbutz*, e a conversa que se segue, e em que se fala de tudo um pouco, me dá uma ideia do excelente nível intelectual e ideológico destes próceres.

Quando voltamos para nosso apartamento, a noite está saturada do perfume de flores e ervas. Anda no ar uma discreta mordida de inverno. As estrelas lucilam sobre campos dobrados, que bem podiam ser os de Passo Fundo ou Cruz Alta.

M. aproxima-se da mesa e verifica que alguém na nossa ausência — com toda a certeza uma criança — comeu os "lírios" do título do livro-bolo. E só agora encontramos e lemos a carta, escrita em bom português, que estava meio escondida debaixo do bolo, e na qual o dono deste apartamento nos deseja boas-vindas e feliz permanência no Bror Hayil. Assina simplesmente Yacov.

* * *

    Oito da manhã. Somos levados num jipe a ver os campos do *kibbutz*. Visitamos sua fábrica, mordiscamos cenouras desidratadas e conversamos com alguns operários. Dov Tsamir é o nosso cicerone nesta excursão. Explica-nos que sua comunidade faz parte dum conjunto que abrange mais dez *kibbutzim* circunvizinhos, servidos todos por um Centro, ao qual chegamos dentro de poucos minutos. Apeamos do carro: Roismann nos mostra as diversas dependências deste núcleo central: a oficina mecânica, onde se reparam automóveis e tratores, além de muitas outras máquinas; a lavanderia ("É aqui que se lava a roupa suja de onze *kibbutzim*"); a escola, ampla e moderna, projetada pelo arquiteto brasileiro Vitorio Coarinaldi... "Todas as manhãs", conta Roismann, "os ônibus trazem para cá as crianças, que apanham num ponto certo em cada um dos *kibbutzim*." Vemos a seguir o anfiteatro do Centro, onde faz pouco foi encerrada por uma companhia profissional de Tel Aviv a peça de Brecht, *O círculo de giz caucasiano*, e onde periodicamente orquestras sinfônicas dão concertos.
    Aprendo que os tratores usados nessas plantações em derredor são propriedade comum dos onze *kibbutzim*, que vivem numa espécie de simbiose, não só no que diz respeito à economia como também à vida cultural e política.
    Voltando para Bror Hayil passamos por trigais maduros. Tsamir aponta na direção do norte, dizendo: "Perto daqui descobriram-se há pouco jazidas de petróleo". Não sei por que a palavra *petróleo* (ou teria sido a imagem do trigal dourado?) me move a uma pergunta: "E em matéria de religião, como estão vocês?". Tsamir encolhe os ombros de boxeador e responde: "No nosso *kibbutz* os velhos costumam ir à sinagoga. Os moços, raramente ou nunca. Mas não temos nenhum 'problema' religioso".
    No Bror Hayil, uma hora antes do almoço, encontro Arão Plut, que se dirige para a cozinha comunal, sobraçando um aparelho de rádio. O fato de ser tesoureiro da comunidade não o exime de fazer o seu turno como auxiliar de cozinha. Examino o rádio de Plut e pergunto: "Qual é a corrente aqui no *kibbutz*?", e o homem do dinheiro responde, presto: "Pertencemos ao partido Mapam", pensando que me refiro à corrente ideológica e não à elétrica.

Mas nem todos os produtos do *"kibbutz* dos brasileiros" são agrícolas, pastoris ou industriais. Tenho o prazer de conhecer hoje Buchbinder, um artista plástico de grande sensibilidade. Visitamos seu estúdio, bem como o departamento de cerâmica, onde, sob sua direção, muitos homens e mulheres trabalham, produzindo objetos de arte, que são vendidos no país e no estrangeiro.

Buchbinder, um homem de seus trinta e poucos anos (calculados a olho benevolente), brasileiro natural de Niterói, é não só um excelente desenhista e pintor — de traço muito pessoal e dum figurativismo da família de Portinari, do qual entretanto não parece sofrer nenhuma influência — como também escultor. Fazemos logo boa camaradagem.

À tarde, sob protestos dos amigos que aqui fizemos, voltamos para Jerusalém, de onde devemos seguir para outro *kibbutz*. A esta altura tenho já a impressão de que estamos parodiando o Judeu Errante.

NO GAN CHMUEL

Sexta-feira. Chegamos pela manhã ao *kibbutz* de Gan Chmuel, onde passaremos um par de dias. Este Jardim de Samuel fica a meio caminho entre Tel Aviv e Haifa, e entre a Jordânia e o mar. Antes de vir para cá, li alguma coisa sobre a vida nos *kibbutzim*: o resto quero aprender aqui, ao vivo.

Todas essas comunidades rurais israelenses têm um denominador comum, a saber: são principalmente agrícolas e funcionam dentro dum espírito sionista, coletivista e cooperativista. Diferem umas das outras na idade, no tamanho, no grau de prosperidade, na orientação política e religiosa, e um pouco na diversificação de seus produtos.

Nenhum *kibbutz* é proprietário da terra que ocupa. Aluga-a da Agência Judaica por uma quantia mínima e por um prazo de quarenta e nove anos, e que pode ser constantemente prorrogado. Noventa e dois por cento de toda a terra de Israel pertence à nação. Existem hoje neste país cerca de duzentos e cinquenta *kibbutzim* com uma população que já se vai aproximando dos cem mil. (Maior ainda é o número dos *mochavim*, as vilas coletivas de pequenos proprietários, como a de dona Sara Aloni.) Calcula-se que atualmente os *kibbutzim* fornecem 15% de toda a produção agrícola nacional.

Essas comunidades acham-se agrupadas, de acordo com suas tendências políticas ou religiosas, em várias federações, que lhes prestam assistência não só técnica e econômica (análises de suas atividades agrícolas, industriais e pastoris, empréstimos financeiros, compra, venda e distribuição de produtos, cessão de máquinas agrárias, preparação de capatazes rurais e de *nurses* para os berçários e jardins de infância) como também cultural, facilitando aos membros dos *kibbutzim* associados a oportunidade de assistir a espetáculos de arte, organizar orquestras e grupos teatrais de amadores, fazer cursos universitários de economia, sociologia, história, literatura, bem como tomar parte em seminários em que se estudam os problemas específicos de suas comunas.

Somos recebidos pelos nossos jovens amigos Marisa e Henrique Steinberg, e levados ao apartamento em que ficaremos hospedados. É bem maior do que aquele em que passamos uma noite, depois da ceia pascal. Tudo claro, limpo, simples: camas turcas, guarda-roupa e prateleiras feitos com tábuas pintadas, chão de ladrilho creme, uma mesa, uma poltrona, algumas banquetas, e quadros nas paredes — entre os quais a reprodução duma pintura de Gauguin.

Desfazemos as malas, saímos para o alpendre. Uma roseira carregada de rosas vermelhas sobe pela parede da casa fronteira. Um velho amigo vem a nosso encontro, trazido pela brisa da manhã: o aroma dos laranjais floridos. Estamos em casa.

PERIPATETICAMENTE

Saímos a andar pelos verdes meandros do Jardim de Samuel, na companhia dos Steinberg, que resolvemos adotar legalmente como sobrinhos.

Neste *kibbutz*, como de resto em vários outros que temos cruzado em nossas muitas andanças, não existem propriamente "ruas", mas sendeiros sinuosos por entre casas, tabuleiros de relva e pequenos jardins. A vila está praticamente escondida num bosque, onde se veem as árvores mais diversas, naquela convivência harmoniosa a que se referia Flavius Josephus.

— Que árvore é aquela ali... a de flores amarelas? — pergunto a Henrique, apontando.

O rapaz hesita.

— Para falar a verdade, não sei.

— Qual! Você continua brasileiro. Não sabe os nomes das plantas.

Mais adiante, vejo pousar no chão um pássaro do tamanho duma perdiz, uma crista a coroar-lhe a cabeça inquieta, a delicada plumagem em tons de laranja e pardo.

— E aquele pássaro?

— É um *duchifat*.

Declaro que não acredito mas, pelas dúvidas, vou anotar a palavra ("soletre, por favor") na minha caderneta. Marisa e M. ficaram para trás e conversam animadamente. Aposto como minha mulher está aprendendo coisas sobre a vida deste *kibbutz* melhor e mais depressa que eu.

Encontramos poucas pessoas nestas trilhas de cimento. É natural. Os homens e as mulheres estão trabalhando nas plantações dos arredores ou exercendo outras atividades na vila propriamente dita. As crianças encontram-se no jardim de infância ou na escola primária; os adolescentes, no ginásio.

— Quantos hectares vocês cultivam aqui? — indago.

— Pouco mais de quatrocentos. Produzimos algodão, alfafa, trevo para forragem, frutas cítricas, azeitonas, abacates, maçãs, peras... Temos aviários onde criamos galinhas, patos e perus. E currais com vacas leiteiras. E lagos artificiais com carpas.

— Alguma indústria?

— Claro! Muitos *kibbutzim* ultimamente se estão industrializando. Creio que hoje em dia dez por cento dos produtos manufaturados de Israel saem dos *kibbutzim*. O nosso tem uma fábrica de sucos, conservas e geleias de frutas. Tudo quanto se produz aqui é exportado.

— E como é que vocês vendem esses produtos?

— Por intermédio dum departamento da Histadrut.

— Entendo que o Jardim de Samuel adota uma economia socialista. — Henrique sacode a cabeça afirmativamente. — Como encaram vocês o problema do lucro?

— O lucro está fora das cogitações de todos os *kibbutzim* que seguem a ideologia do partido Mapam. Quero dizer: lucro para benefício de alguns indivíduos ou grupos em detrimento de outros. Naturalmente vendemos nossos produtos com uma margem de lucro. O total apurado é gasto com a manutenção da comunidade. Nenhum de nossos membros ganha ordenado pelo seu trabalho. Todos têm os mesmos direitos, seja qual for a natureza de suas funções.

— E quando no balanço anual se verifica que a renda foi além das despesas... que fazem com o dinheiro que sobra?

— É guardado para os anos de vacas magras — sorri Henrique. — Um exemplo: no ano passado o produto das nossas vendas subiu a seis milhões e quinhentas mil libras israelenses e as despesas apenas a seis milhões e quatrocentas mil.

— Vocês pagam imposto de renda?

— Individualmente não. O *kibbutz*, como um todo, paga.

— Qual é a população do Jardim de Samuel?

— Temos perto de trezentos adultos e umas duzentas e vinte crianças. Trinta e dois de nossos companheiros de dezoito anos estão no momento fora, prestando serviço militar.

— Ouvi dizer que vocês já lutam com a falta de braços para a lavoura... é verdade?

— É, e por essa razão tivemos de nos afastar de um dos princípios que regem os *kibbutz*, isto é, o de não usar trabalho assalariado.

— Vocês vão acabar capitalistas.

— Não mesmo!

Dentro de poucos minutos chegamos à fábrica, onde vemos as máquinas em pleno funcionamento. Provamos do excelente suco de toronja que aqui se faz. Somos apresentados a um jovem sabra de origem iemenita. Fisicamente parece um árabe: a cor azeitonada da pele, as feições e principalmente os olhos. Veste macacão de zuarte e tem as mãos protegidas por luvas de plástico. Conheceu há algumas semanas uma brasileirinha de São Paulo, morena como Marisa, apaixonou-se por ela e vão casar-se dentro de cinco dias. A comunicação verbal entre ambos é precária, pois o rapaz não fala senão o hebraico, língua que a moça só agora começa a aprender no curso intensivo que a Ulpan mantém neste *kibbutz*.

Minutos mais tarde, no escritório da fábrica, apertamos a mão de seu diretor, Efraim Reiner, que — como já contei em capítulo anterior — é também coronel das forças armadas e membro do Knesset. Ainda neste escritório somos apresentados a uma jovem judia-argentina, que declara ter lido muitos de meus livros, dos quais diz preferir *Um lugar ao sol*. Gasto uns bons três minutos para provar-lhe que esse romance não presta.

Voltamos depois para o ar livre e Henrique nos mostra, empilhadas num terreno ao lado da fábrica, dezenas de barris e caixas de madeira.

— Os barris — informa — estão cheios de azeitonas e vão ser embarcados para o Canadá. As caixas, carregadas de potes de geleia de laranja, destinam-se à Inglaterra.

Continuamos a andar. Visitamos rapidamente a lavanderia comunal. Toda a roupa do *kibbutz* é aqui lavada, passada e cerzida. O trabalho em geral é feito por homens e mulheres de meia-idade ou velhos. Cada membro da comunidade num dia certo deposita numa lata sua roupa suja e no fim da semana vem buscá-la no compartimento que tem o seu nome. "Uma vez", conta Marisa, "mandei para cá uma camisa do Henrique que estava nas últimas, o colarinho e os punhos puídos. Não a recebemos de volta. O pessoal da lavanderia encarregou-se de requisitar uma camisa nova para meu marido."

Agora um fotógrafo nos segue. Sou retratado junto duma vaca-leiteira holandesa ou, melhor, sabra, pois deve ter nascido em Israel.

— A que distância estamos da fronteira da Jordânia? — pergunto.

— Longe. A uns oito ou dez quilômetros.

— E você acha isso "longe"?

Henrique encolhe os ombros e diz que uma das primeiras coisas que teve de "reajustar" quando veio para cá foi a sua geografia interior, principalmente no que diz respeito a distâncias.

Retomamos a nossa marcha. Passamos por um bosquete de oliveiras, a cujos pés, por entre a relva, apontam, sacudidas pela brisa, as corolas vermelhas das papoulas, como crianças que brincam à sombra de velhas senhoras tranquilas.

— Como é governado o Jardim de Samuel?

— Como todos os outros *kibbutzim*: pela vontade suprema da Assembleia Geral, que é a nossa autoridade mais alta. Ela se reúne semanalmente, quase sempre aos sábados, para tratar dos problemas da comunidade, tanto os ordinários como os extraordinários. Chega-se a uma decisão por maioria simples, a não ser quando se trata da admissão de novos membros, caso em que se exige uma maioria de dois terços do total dos votos. É a Assembleia que estuda e aprova o orçamento anual, vota ou veta verbas extraordinárias, elege membros do secretariado, em suma, controla o trabalho do *kibbutz* como um todo ou de seus diversos setores separadamente.

— Mas quais são os "agentes" dessa Assembleia no dia a dia?

— O secretariado. Temos um secretário-geral, que exerce funções comparáveis com as dos prefeitos de vilas e cidades; um tesoureiro, um capataz rural, um coordenador do pessoal. E há outras comissões e subcomissões que se encarregam, por exemplo, de atividades culturais, relações pessoais, diversões, esportes etc.

— Não se criou ainda nos *kibbutzim* uma burocracia todo-poderosa, como na Rússia Soviética?

— Não. Tal coisa seria impossível acontecer aqui. Se algum pretendente a qualquer dos postos que mencionei há pouco andasse fazendo cabala entre os companheiros para ser eleito, isso seria o suficiente para que ele fosse posto de quarentena e eliminado da lista de candidatos. Não encorajamos o carreirismo.

— Existe aqui alguma forma de polícia?

— Nenhuma. Não é necessário. Quem vem para um *kibbutz* socialista como o nosso é porque está preparado para viver numa sociedade coletivista. Cada qual sabe quais são seus deveres e seus direitos.

Ponho a mão no ombro de Henrique:

— Não me leve a mal. Estou fazendo o advogado do diabo porque preciso satisfazer certas curiosidades minhas. Vocês às vezes não sentem como um peso, uma canga, a autoridade da Histadrut?

— Ao contrário! Que seria de nós sem essa CGT? Está sempre nos ajudando. Seu departamento de assuntos agrícolas colabora conosco na solução de problemas técnicos de produção. Seus bancos nos facilitam empréstimos a juro baixo. Quando precisamos de novas residências, silos, fábricas, escolas, recorremos à divisão de construções da Histadrut. Se queremos mais braços para a lavoura, é ainda para a Histadrut que apelamos.

Caminhamos agora os quatro numa fileira única, ao longo duma estrada de terra batida, por entre altos eucaliptos.

— E quanto à assistência médica? — pergunto.

— Cada membro do *kibbutz* é segurado pela Histadrut, e esse seguro cobre despesas com médicos, hospitais e medicamentos. O hospital mais próximo é o da cidade de Hedera, a uns cinco quilômetros daqui.

— Suponhamos que um dos membros desta comunidade fique inválido...

— Continuará gozando de todos os seus direitos, sob a inteira proteção do *kibbutz*. Se houver necessidade de levá-lo a uma cidade grande, não só em Israel como no estrangeiro, em busca de recursos médicos especializados, o Gan Chmuel arcará com todas as despesas.

— E vocês têm direito a férias?
— Sim, de uma a duas semanas por ano, sem contar os feriados.
Minha mulher me olha:
— Estás pensando em vir morar aqui?
— *Pues, quién sabe!*

O CENTRO CULTURAL

Entramos no Centro Cultural, que tem o nome dum jovem herói sabra, tombado em combate com os sírios. Passo os olhos pelas lombadas dos livros da biblioteca, a maioria em hebraico. Na discoteca encontro velhos amigos: Vivaldi, Villa-Lobos, Beethoven, o velho Bach... Em cima duma mesa vejo jornais e revistas estrangeiros, entre as quais *Le Monde*, *Paris Match* e o magazine *Time*.
   Ficamos aqui sentados por alguns minutos. A bibliotecária (usa óculos, naturalmente) está sentada à sua mesa, de cabeça baixa, lidando com fichas. Um senhor idoso, com o chapéu na cabeça, lê atentamente um jornal, a pouca distância de onde estamos. Um passarinho pousa no peitoril da janela e ali fica com o ar dum menino que vem dar um recado.
   Em voz muito baixa Marisa nos fala das atividades culturais do Jardim de Samuel. Periodicamente exibem-se aqui conjuntos profissionais de teatro e balé, orquestras sinfônicas e de câmara vindos de Tel Aviv, Jerusalém ou Haifa. Cada *kibbutznik* (é assim que se chama o habitante dum *kibbutz*) tem direito a cento e oitenta libras israelenses anuais para gastar com bilhetes para conferências, concertos e teatros, em outras localidades. A federação a que o Jardim de Samuel está afiliado publica revistas literárias e um semanário popular.
   A bibliotecária agora está olhando fixamente para o passarinho, que move o bico, como a transmitir-lhe inaudivelmente a sua mensagem. E de repente acho muito estranho estarmos aqui, neste lugar e nesta hora. E de novo me vem à mente a frase do velho Liroca: "Mundo velho sem porteira!".

NO REFEITÓRIO

Meio-dia e meia. Estamos no refeitório coletivo. Este é o reino da fórmica e do alumínio. Tudo reluzente e limpo. Alguns quadros nas paredes claras. Mesas para quatro pessoas.

Comemos uma sopa magra de galinha, peixe, couve-flor e purê de batatas. Bebemos suco de limão com água gasosa. (Há quantos séculos eu não via um sifão!) O refeitório está quase cheio, mas não vejo aqui os trabalhadores das plantações. Marisa explica que eles comem às três e meia da tarde e nem todos voltam à vila para a refeição do meio do dia.

Passa por nós um *kibbutznik* com uma maleta na mão. Sorri para os Steinberg. Henrique nos diz: "Esse companheiro vai agora a Tel Aviv tomar parte num protesto público contra a intervenção dos americanos no Vietnã".

Entra no refeitório um velho senhor, de longas barbas brancas, mas ainda empertigado, e senta-se a uma das mesas. Henrique chama a nossa atenção para ele: "É o doutor Yitzchak Grünbaum, humanista, sionista, escritor e homem de imprensa. Nasceu em Varsóvia e veio para a Palestina em 1933. Foi ministro do Interior no primeiro gabinete do Estado de Israel. Está hoje com oitenta e sete anos. Depois que se aposentou, escolheu o Gan Chmuel como residência".

Marisa sorri quando diz: "E amanhã o doutor Grünbaum vai trabalhar na cozinha como auxiliar de lavador de pratos!". Henrique conta que nos *kibbutzim* religiosos o fato de esse respeitável ancião, o hóspede mais ilustre do Jardim de Samuel, trabalhar durante o Sabá — e na cozinha! — causa um certo escândalo.

Várias ideias associadas me relampagueiam na mente. A cada passo encontramos provas vivas de que o mundo ocidental cristão herdou mesmo dos judeus não só o monoteísmo como também o sentimento de pecado e culpa e a necessidade de penitência. Para um bispo católico não é vergonha, mas antes um belo ato de humildade, lavar os pés de criaturas simples, assim como não é nenhum desdouro para um venerável ex-ministro lavar os pratos em que comeram seus companheiros de *kibbutz*. Quem — judeu ou gentio — não tem, dum modo ou de outro, o seu Dia da Expiação? Quantos pés e pratos alheios tenho eu lavado na vida, no sentido figurado? Bom, mas é melhor não dar voz a estas reflexões diante destes dois jovens amigos.

* * *

— Henrique — digo, entre duas colheradas de sopa —, perdoe a curiosidade deste contador de histórias. Não sei pensar com elementos puramente abstratos. Este é um de meus muitos pontos fracos. Preciso de exemplos concretos, vivos... Suponhamos que eu tenho vinte e poucos anos, sou judeu e quero fazer parte deste *kibbutz*. Que devo fazer?

— Bom, o senhor se candidata, a Assembleia o aceita a título precário, isto é, para uma experiência de um ano. Precisamos, antes de mais nada, saber se o senhor tem condições psicológicas para adaptar-se a nosso tipo de vida. Durante esse período de prova seus deveres serão os mesmos dos outros membros da comunidade e também os seus direitos, menos o de votar nas reuniões da Assembleia. Damos-lhe uma tarefa, de acordo com sua habilitação...

— Bom, vocês me botam a cuidar das vacas e após algum tempo eu descubro que não tenho jeito nem gosto para isso. Que acontece?

— O senhor apresenta seu caso ao secretário-geral, que, de acordo com o coordenador de pessoal, lhe arranjará outro trabalho... digamos, cuidar dos patos, dos peixes... trabalhar na lavoura... ou na biblioteca.

— E se eu ainda não ficar satisfeito?

— Bom, a essa altura começaremos a achar que temos um candidato difícil.

— Suponhamos que não encontre aqui nenhum trabalho que me agrade ou convenha...

— A porta do *kibbutz* está sempre aberta para os insatisfeitos que queiram ir embora...

— Imaginemos uma situação absurda mas não de todo impossível. Não acho trabalho que me faça feliz, mas quero ficar: gosto dos companheiros, do clima, da comida, de tudo... Que aconteceria numa situação como essa?

— Não creio que o senhor pudesse permanecer aqui sem trabalhar, nem por uma semana. A *pressão moral* da comunidade seria tão forte que acabaria por obrigá-lo a deixar o *kibbutz*.

— Bom. Sejamos otimistas. Imaginemos então que ao cabo de um ano eu me revele um sujeito não só competente no meu trabalho como capaz de viver numa comunidade socialista...

— A Assembleia então examinará a sua proposta e tudo indica que aprovará a sua permanência no Gan Chmuel, como membro efetivo.

— Está bem. Venho para cá apenas com a roupa do corpo. Que é que o *kibbutz* me dá?

— Casa, comida, roupa, móveis, utensílios. Em suma: a comunidade assume responsabilidade total pelas suas necessidades materiais e culturais, bem como pela educação de seus filhos.

— Escovas de dentes e pastas dentifrícias? Lâminas de barbear? Sabonete? Roupa de cama... Toalhas? Aparelhos eletrodomésticos? Tudo?

— Tudo. E o número e a qualidade das coisas que o *kibbutz* fornece a seus habitantes depende do seu padrão de vida, decorrente, é claro, de sua situação econômica.

— E para essas despesas pequenas... essas necessidades menores que variam de pessoa para pessoa?

— Para isso cada *kibbutznik* recebe anualmente uma soma não grande mas razoável, em libras israelenses.

Volto à carga:

— Suponhamos que, terminado o ginásio, feito o serviço militar, um *kibbutznik* queira fazer um curso universitário.

— Muito simples. O caso é apresentado à Assembleia pelo secretário-geral, que naturalmente já está de posse de todas as informações necessárias sobre a seriedade de propósito e a capacidade mental do candidato. Aprovada a proposta, o rapaz ou a moça é mandado para um de nossos institutos de ensino superior, e o Jardim de Samuel lhe pagará todas as despesas, até à terminação do curso.

Marisa intervém:

— Tomem o meu caso pessoal. Estou estudando na Universidade Hebraica à custa deste *kibbutz*.

— E eu tenho direito de visitar Marisa — acrescenta Henrique — duas vezes por mês, em Jerusalém, com todas as minhas despesas pagas pelo Gan Chmuel.

Uma pausa na conversação. Fico a olhar para o meu prato e de repente me vem à mente uma das loucuras de Salvador Dalí, que um dia procurou provar que a revelação do mistério do cosmos está contida na couve-flor.

— Vocês têm o direito de escolher o tipo de roupa que recebem? — torno a perguntar.

— Claro. Isso não oferece nenhum problema. Quem optou por este sistema de vida em geral não se preocupa muito com roupas.

— Outra coisa — diz Marisa. — Aquele rapaz de origem iemenita e a brasileira com que ele vai casar terão sua lua de mel custeada pelo

Gan Chmuel, que também lhes dará um auxílio especial em dinheiro quando ela estiver esperando bebê.

Torno a falar.

— Vocês parecem estar realizando aqui o *welfare state*, o Estado paternal, enfim uma sociedade ideal, talvez só viável em pequenas comunidades como esta. Porque eu vejo os *kibbutzim* (talvez me engane) como ilhas, algumas formando arquipélagos. Não sei o que acontecerá a estas vilas agrícolas no dia em que Israel optar por uma economia abertamente capitalista... Mas o que quero saber agora é se quando uma mulher vem para cá ela deixa de ser uma mulher como as outras. Refiro-me às suas vaidades... Não entram em competição umas com as outras... para decidir quem é a mais elegante, a mais bonita, a que tem mais joias etc.? Que me diz do comadrismo, do mexerico, dos choques de temperamento sempre tão mais sérios entre as mulheres do que entre os homens?

Henrique fica por um instante pensativo, antes de responder.

— Bom — diz, por fim. — Não somos perfeitos. Não perdemos nossas características humanas só porque vivemos no Jardim de Samuel. Mas repito que as pessoas mais individualistas, mais competitivas, mais *vaidosas* (digamos assim) raramente ou nunca procuram os *kibbutzim* socialistas ou mesmo qualquer outra comunidade agrícola. Ficam nas cidades grandes, onde a competição não só floresce como tem um sentido, uma razão de ser.

— O que quero saber mais precisamente é se o "espírito de consumo" não se tem infiltrado ultimamente nos *kibbutzim*, mesmo nos socialistas radicais como este. Olhem, o outro dia em Tel Aviv avistei na avenida Dizengoff uma moça que conheci neste *kibbutz*. Ela entrou numa casa de cosméticos, fui apertar-lhe a mão e encontrei-a experimentando uma sombra azul para as pálpebras, como qualquer debutante burguesa...

— Bom, isso pode acontecer. Reconheço que temos mudado um pouco quanto a essas futilidades. Admito que já há entre nossas mulheres mais preocupações com cosméticos, joias, roupas etc. Não acho, entretanto, que essa tendência possa constituir qualquer perigo para o espírito coletivista do Gan Chmuel. Ela indica, antes de mais nada, que temos progredido economicamente e que já vencemos a etapa da pobreza.

— Outra curiosidade — digo, procurando com o garfo o mistério da vida numa couve-flor. — Se surgir alguma rivalidade séria entre dois membros deste *kibbutz*... conflitos de temperamentos, rivalidades, malquerenças... que é que acontece?

— Temos uma comissão de relações sociais que se encarregará do assunto, fazendo o papel do juiz de paz.

— Neste ponto — digo — o advogado do diabo declara-se satisfeito e propõe aos presentes um breve período de repouso.

ABAIXO O COMPLEXO DE ÉDIPO!

Deitamo-nos em camas espartanas. Os passarinhos, que não calam o bico, encarregam-se da canção de ninar. Dormimos uma sesta breve e leve — apenas uma fatia fina de sono, o que nos livra do torpor do despertar.

No meio da tarde vamos ver os alojamentos das crianças, que são, sem a menor dúvida, os "cidadãos de primeira classe" deste *kibbutz*, em vista dos privilégios e cuidados especiais que os mais velhos lhes dispensam. Encontram-se todos na mesma área, desde os lactentes e os alunos do jardim de infância até aos da escola primária. Suas instalações têm as mesmas características das do resto da comunidade: são confortáveis, limpas mas sem luxo. Não vejo nas salas destes pavilhões o supérfluo, tão encontradiço em instituições do mesmo gênero dos países em que a sociedade, esporeada constantemente por uma publicidade insidiosamente hábil, acaba caindo numa neurose aquisitiva.

O avô que sou se compraz em passar a mão pelas cabeças das crianças que vamos encontrando nestas salas de aula ou de recreio. Algumas se encolhem, ariscas, outras nem sequer erguem os olhos para nós, tão entretidas estão com seus livros de figuras, seus lápis coloridos, seus jogos de armar.

Visitamos os dormitórios mistos, divididos em quartos para quatro ou cinco crianças cada um: camas-divãs, uma cômoda, uma mesa, um tapete pequeno. O lavatório, imaculado, encontra-se a distância conveniente dos quartos de dormir.

Pergunto a uma das professoras se as crianças costumam chorar à noite e, no caso afirmativo, como são atendidas. Resposta: "Algumas, às vezes. A maioria dorme tranquila. Temos em cada quarto um microfone ao alcance da voz dos pequenos e ligados todos ao alto-falante da sala onde está a *nurse* do plantão da noite, que, ao ouvir qualquer choro ou queixa, vai verificar que se passa".

Perto do *playground* fica a entrada do abrigo contra bombardeios. Ao toque de alarma, as professoras e as *nurses* conduzem em ordem todas as crianças para o subterrâneo, e lá permanecem com elas até ouvirem o sinal de que o perigo cessou.

À noite, na casa dos Steinberg, conversamos com o prof. Avigdot, especialista em puericultura. É um homem moreno, magro e plácido, judeu-francês, nascido em Marselha e com curso na Sorbonne. "Onde foi que nos encontramos?", pergunto, pois estou certo de que já vi esta cara. Ele sorri: "Hoje ao meio-dia, no refeitório. Lembra-se do homem de macacão e avental que andava servindo as mesas, empurrando um carrinho com panelas de sopa? Pois era eu".

Peço ao prof. Avigdot que me diga alguma coisa sobre o sistema de educação da infância dos *kibbutzim*, tão elogiado por uns e tão criticado por outros. E ele fala.

— À primeira vista pode parecer cruel, antinatural, separar os filhos de suas mães desde a hora em que nascem. Na minha opinião, entretanto, esse é o processo mais racional, capaz de produzir homens e mulheres livres dessas neuroses que têm suas raízes na primeira infância, em conflitos com os pais. Por um lado damos às mães toda a liberdade para trabalhar em várias atividades comunais, em tempo integral, e por outro educamos seus filhos de maneira a prepará-los para viver num tipo de sociedade coletivista como a do Gan Chmuel.

— Mas com que frequência os pais podem ver os filhos? — quer saber minha mulher.

O prof. Avigdot — que não sei se foi criado guaxo também — esclarece:

— Todos os dias, a qualquer hora, desde que isso não interfira com a rotina das crianças. De um modo geral pais e filhos reúnem-se diariamente após as horas de trabalho dos grandes. Vejam bem. Essa reunião se processa na mais favorável das circunstâncias: tanto as crianças como os pais estão por assim dizer num "período de recreio", descontraídos, preparados para um convívio ameno, para jogar, brincar. Desse modo, os pais e os filhos podem dar uns aos outros o que possuem de melhor. Livres da obrigação de *educar*, de punir os filhos, as mães podem evitar aquelas descargas de súbita cólera que se traduzem em gritos, beliscões, tapas...

Passa-me pela cabeça um ditado gaúcho: "Patada de galinha nunca matou pinto".

— Assim — prossegue o mestre —, com esse tipo de educação a imagem dos pais melhora consideravelmente no espírito dos filhos, que não os veem como figuras castradoras, autoritárias e arbitrárias. As tarefas disciplinadoras ficam ao cargo das amas, das *nurses*, das professoras...

— Mães coletivas — atalha M.

— E por que não? — sorri o prof. Avigdot. — Creio que o doutor Sigmund Freud aprovaria o nosso método.

— Vocês assim vão eliminar o complexo de Édipo — protesto. — Em outras palavras: estragar o "negócio" dos ficcionistas!

Os Steinberg, que ainda não têm filhos, aprovam esse método de educação e asseguram-nos que ele dá resultados satisfatórios.

— Tenho cá as minhas dúvidas — murmura minha mulher.

Recordo em silêncio uma cena que vi hoje à tardinha, quando, ao passar pelo pavilhão do dormitório das crianças, espiei através duma janela. Um pai acocorado ao lado do filho de dois anos presumíveis, arriando-lhe as calças, tentando fazê-lo sentar num utensílio doméstico que uma das minhas avós costumava chamar de *bispote*, sem nenhum desrespeito pelos bispos, pois se trata duma corruptela brasileira, do *piss pot* inglês. O desajeitado pai conseguiu por fim fazer o pequeno sentar-se no objeto e ficou a murmurar-lhe algo que me soava como *iotêr... iotêr*, alternando essa palavra com uma onomatopeia universal: a imitação do chiado duma chaleira. Ante esse quadro tocante, senti a mesma emoção que sentiria se tivesse descoberto em alto-mar, dentro duma garrafa, uma mensagem com a assinatura de Robinson Crusoé.

DIÁLOGO

Estou sentado a uma mesa, no bar, na frente dum homem que, à pergunta que acabo de lhe fazer, exclama, fazendo um gesto largo:

— *La vie dans un kibbutz n'est pas un sacrifice, mon cher monsieur.*

O dr. Benjamim Grünbaum, filho do ex-ministro do Interior que ontem vimos de longe, é um outro membro importante do Jardim de Samuel, onde, se bem entendi, exerce as funções de professor. É um homem alto, descarnado, com uma grande cabeça coberta por uma basta cabeleira negra, com alguns fios brancos. Uma das muitas velhas de meu álbum de família, sempre que encontrava um homem feio mas dotado de secreto encanto, costumava dizer que ele era um "feio gostoso". Creio que o prof. Grünbaum se enquadra bem nessa classificação. Sua face é tosca, como que falquejada a machado em pau-marfim, larga à altura dos zigomas salientes, os olhos vagamente orientais, a boca rasgada, a pele preguejada de rugas. Não sei se, nos tempos de menino, conheci algum carpinteiro com essa cara, pois não me livro da impressão de que meu interlocutor é carpinteiro — suspeita de certo modo confirmada por suas mãos longas, ossudas e calosas, de unhas grossas, e que me parecem afeitas ao digno trato da madeira. Estamos, há já alguns minutos, conversando sobre o espírito dos *kibbutzim* e as imposições que eles fazem a seus membros. O dr. Grunbaum repete:

— A vida num *kibbutz* não é um sacrifício, meu caro senhor. — E acrescenta: — É antes um privilégio, um prazer. Estamos tentando criar uma sociedade nova, fazendo uma revolução baseada no valor ético do trabalho e nos sãos princípios do socialismo democrático.

— Alguém já comparou os *kibbutzim* com os mosteiros. Acham que para um homem viver bem neste tipo de sociedade é preciso que tenha inclinações monásticas, principalmente espírito de renúncia.

— Absurdo! Não renunciamos a nada. Ao contrário. Temos aqui mais oportunidades para uma vida criativa do que teríamos no mundo capitalista. Não somos uma sociedade fechada e escapista. Não estamos aqui para fugir ao mundo, mas sim para tocar mais profundamente o coração da terra e da vida. Participamos à nossa maneira do progresso nacional, e estamos interessados em toda a espécie humana. Temos a forma de governo que mais se aproxima do anarquismo puro.

Há uma pausa em que o dr. Grünbaum acende um de seus cigarros israelenses, cuja fumaça me evoca, com seu cheiro adocicado, a Grécia e a Turquia.

— Um *kibbutz* como o Jardim de Samuel — continua — satisfaz as necessidades mais profundas do homem. Eliminamos a competição. As pessoas vêm para cá voluntariamente, não fazem nenhum voto religioso, vão embora se e quando quiserem. Cada qual sabe o que se espera dele, e o que ele pode esperar da comunidade. — Torna a calar-se, olha-me de frente e pergunta: — Pelo que observou até agora, que lhe parece a vida num *kibbutz* como o nosso?

— *Teoricamente* me parece a vida ideal. Mas insisto em que só um tipo particular de pessoa pode adaptar-se a este sistema social. Por exemplo, estou certo de que eu dificilmente viveria feliz aqui. Creio que sou demasiado individualista.

O dr. Grünbaum sorri, a sua face parece alargar-se, as rugas se multiplicam, os olhos ganham um brilho vagamente irônico, quando ele replica:

— Mas não lhe parece que a melhor maneira de assegurar os direitos e liberdades *individuais* é criando um espírito comunitário de colaboração e respeito mútuos, em que um é responsável não só pela sua liberdade como também pela liberdade de seus companheiros? Mais ainda: é impossível a qualquer governo assegurar a liberdade do indivíduo dentro dum regime em que o trabalho da maioria é explorado por uma minoria, exclusivamente em seu benefício.

— O senhor acha possível a "construção" duma sociedade realmente igualitária?

— Nada é perfeito no reino humano, meu caro senhor. Reconhecemos a existência de diferenças qualitativas entre os indivíduos. Crianças nossas há que, ao se fazerem adultas, só mostram aptidão para o trabalho braçal. Outras, entretanto, revelam capacidade intelectual superior. Mandamos estas últimas fazer cursos universitários por nossa conta. Damos tarefas decentes às primeiras. Não sei até que ponto a ciência poderá interferir no processo natural, diminuindo ou eliminando o número dos incapazes ou *menos* capazes. Seja como for, as diferenças que hoje existem entre nós são biológicas e não produtos dum sistema social injusto baseado no poder econômico arbitrário. Repito que ninguém vive aqui constrangido, contrariado, infeliz. De quantos membros de outras sociedades, principalmente das capitalistas, se pode dizer o mesmo?

— E em matéria de religião — pergunto — qual é a orientação do *kibbutz*?

— Ora, não temos orientação oficial. Cada qual segue a sua inclinação espiritual. Evidentemente o senhor não poderia esperar que um *kibbutz* do partido Mapam fosse um reduto de religiosos ortodoxos. — Faz um sinal na direção da janela. — Está vendo aquele velho que lá vai? Deve ser ortodoxo. Digo *deve* porque nunca lhe perguntei. Mas estou certo de que seus filhos não são religiosos. — Inclina-se sobre a mesa. É uma cara malaia que tenho na minha frente. — Mas tome nota duma coisa. Seja qual for a orientação espiritual do israelense... agnóstico, ateu, herege, o que quiserem, sempre existirá em cada um deles um certo respeito pelas tradições judaicas. As exceções a essas regras são raríssimas.

Faço a última pergunta:

— Aceita a ideia de que o espírito dos *kibbutzim* está morrendo?

Novo gesto largo em que as mãos de carpinteiro se abrem:

— Está claro que não aceito. Existem neste país e fora dele grupos político-econômicos que gostariam de ver-nos liquidados. Mas que seria de Israel sem os seus *kibbutzim* e o espírito que os anima? Como seria possível povoar este território e assegurar a sua posse sem essas colônias agrícolas? Fomos e continuamos a ser núcleos de fixação populacional. Em muitos casos somos também sentinelas de nossas fronteiras. E, queiram ou não queiram, toda a economia de Israel, inclusive a sua crescente indústria, tem sua base nos *kibbutzim*! No princípio, na era de rigoroso pioneirismo, nós socializávamos a pobreza. Hoje socializamos a abundância. É claro que estamos mudando, pois somos um organismo vivo. Se o homem é um constante devir, por que um organismo social não há de estar também num contínuo processo transitivo?

Como para pôr um ponto final ao diálogo, o dr. Grünbaum exclama:

— Pois pode assegurar aos seus leitores que os *kibbutzim* cuja decadência ou agonia seus inimigos proclamam vão passando muito bem!

A CLASSE

Nas primeiras horas da tarde encaminhamo-nos com os Steinberg para o ginásio do Jardim de Samuel. Passamos antes, rapidamente, pelos alojamentos de seus alunos. Aqui vivem, dormindo nos mesmos quartos, meninas e rapazes entre treze e dezessete anos. Digo: "Este arranjo não daria certo no Brasil. Como é que funciona aqui?".

— Até agora tem dado bom resultado — responde Henrique. — Esses adolescentes criam-se como irmãos. É raro sair casamento entre uma moça e um rapaz que tenham crescido assim juntos.

— Como é que vocês encaram o problema da virgindade? — indago.

— Bom, com relação à vida sexual o *kibbutz* se sente responsável por seus membros do sexo feminino desde o momento em que nascem até aos dezessete anos, época em que terminam o ginásio e têm de fazer serviço militar obrigatório. Daí por diante essas moças estarão preparadas para tomar conta de si mesmas.

A caminho duma classe, Marisa nos explica que a diferença entre os ginásios israelenses das cidades e os dos *kibbutzim* é que nestes últimos se dá importância maior aos assuntos e conhecimentos relacionados com a agricultura.

Paramos junto da porta duma sala de aula. Henrique me diz que posso entrar e sentar-me em qualquer dos bancos, pois a mestra já espera a minha visita: a aula não será perturbada. Entro na ponta dos pés, numa sala ampla, de paredes claras, e cheia de sol, com várias mesas, para dois estudantes cada uma. Aqui estão uns vinte e poucos meninos e meninas. Sento-me ao lado duma rapariga de seus dezesseis anos, que não me olha nem sequer de soslaio. A professora me dirige um rápido sorriso por meio do qual me transmite a sua aquiescência à minha presença. A aula prossegue. Um dos rapazes lê um texto em hebraico. A mestra deve ter vinte e pouquíssimos anos e é bonita. Penso nas professoras que tive na infância e sou subitamente assaltado por um acesso de autocomiseração retrospectiva. Como podia eu gostar da escola ou do ginásio se nunca tive uma professora como esta?

Um menino louro e outro moreno (sefardita e asquenazi?) acham-se à nossa direita, ambos muito sérios e atentos à leitura. Agora é a professora quem lê um trecho do livro que tem nas mãos. Como soa bem o hebraico pronunciado por ela! (Blusa xadrez, eslaque preto, sandálias.) Faz uma pausa para interpelar os alunos: imagino que lhes pede a interpretação do texto lido. Vejo no quadro negro, vestígios duma aula anterior, as palavras *Irene... Soames... Bosinney... Jolyon...* Identifico-as como nomes de personagens do romance *Forsyte saga*, de John Galsworthy.

A aula prossegue. Discute-se, interpreta-se. Estou curioso por saber que livro leem. Desconfio que é algo de Shakespeare. Escrevo este nome na minha caderneta de notas e mostro-o à menina que tenho a meu lado. Ela sacode a cabeça afirmativamente, e escreve *Macbeth* por baixo do nome do bardo.

Sorrio para a professora, levanto-me e saio da sala. Continuamos a caminhada pelo Jardim de Samuel, com os Steinberg. Digo-lhes: "Se nestes ginásios dos *kibbutzim*, que devem dar uma atenção maior aos problemas agrícolas, se estuda Shakespeare, como serão os urbanos? Eu bem que notei um gosto erudito nas frutas que vocês produzem aqui...".

SABRAS

Pergunto a minha mulher: "Quando ouves ou lês a palavra *sabra*, que imagem te vem à cabeça?". Resposta: "A do *kibbutznik*, o agricultor-soldado". Lembro não só a ela, como de certo modo a mim mesmo, que apenas uma pequena percentagem de sabras vive nestas comunidades agrícolas, pois o número total de habitantes dos *kibbutzim* corresponde a 3% da população global de Israel; e que um terço desta, ou pouco mais, é composto de judeus nascidos na Palestina, e estes em sua maioria são pessoas de menos de trinta anos, que residem principalmente nas zonas urbanas.

Os jovens sabras, que desde o estabelecimento do Estado de Israel se têm revelado tão bons soldados, aprendendo a usar o fuzil, a metralhadora e o canhão para se defenderem de seus inimigos, não compreendem que os judeus da Europa se tenham deixado humilhar, torturar e matar nos campos de concentração de Hitler, sem o menor gesto de revolta, numa passividade de cordeiros. Os sobreviventes desses massacres tentam explicar que qualquer resistência teria sido não só impossível como também inútil. Replicam os sabras: "Morrer por morrer, é sempre melhor morrer lutando e matando do que chorando e rezando". Essas palavras até certo ponto caracterizam o espírito do judeu novo de Israel.

Parece-me que a crítica dos jovens israelenses às vítimas da brutalidade nazi revela, antes de mais nada, uma certa ignorância da história do judaísmo e das circunstâncias da vida dos hebreus na Europa, nos guetos ou fora deles. É natural que os sabras recusem olhar para o passado, donos que são do presente e do futuro. Muitos deles chegam a afirmar que ser israelense não é necessariamente a mesma coisa que ser judeu.

Alguns sociólogos inclinam-se já a aceitar a existência duma "subcultura" sabra neste país novo que ainda não teve tempo de criar uma cultura própria de âmbito nacional. Georges Friedmann, que com tanta lucidez tem escrito sobre os problemas do povo judeu em geral e os de

Israel em particular, diz ter encontrado sabras de tendências intelectuais que alegam pertencer ao grupo dos "canaãnitas", que têm suas origens mais remotas em Canaã, uma Palestina anterior às visões de Abraão e ao seu contrato com Jeová. Querem desse modo aliviar os ombros duma pesada carga de quatro milênios de perseguições, cativeiros e humilhações. Por outro lado, esse "redescobrimento" de suas raízes étnicas permitirá uma reaproximação, por parentesco, dos povos semíticos, o que talvez um dia torne possível a coexistência pacífica entre judeus e árabes no Oriente Médio. Creio, porém, que essa corrente é tão pouco expressiva em Israel quanto a dos *hippies*. E não será o "canaãnismo" uma espécie de atitude *hippie* no plano histórico: uma revolta dos filhos contra os pais, sua religião, seus tabus, sua tábua de valores espirituais e seus compromissos com um *certo* passado?

E os sabras do Jardim de Samuel? Vejo-os — tanto os homens como as mulheres — durante suas atividades diárias, trabalhando nas lavouras, nos pomares, nos currais, nos aviários, nas piscinas, na fábrica e na oficina mecânica. Observo-os também nas horas de folga, enquanto comem e conversam no refeitório comum ou ficam a ler na biblioteca do centro cultural. Como diria um tropeiro gaúcho de minhas relações, "esses moços e moças são potros e potrancas de todos os pelos e com todas as marcas". Hígidos e rijos, descontraídos e seguros de si mesmos, parecem felizes nesse convívio com os companheiros, os bichos, a terra e seus frutos. Passam por nós e nem sequer nos olham. Jamais tentam dirigir-nos a palavra. Às vezes tenho a impressão de que, tímidos e ariscos, portam-se como caipiras. Bom — reflito —, talvez não se comuniquem conosco porque não falam a nossa língua e nós não falamos a deles. (Os sabras recusam-se a aprender o iídiche, a língua da Diáspora e portanto do opróbrio.) Outras explicações me ocorrem para a falta de interesse ou curiosidade desses jovens para com nossas pessoas. É que somos *outsiders*, forasteiros que representam um mundo alheio ao deles e em processo de desagregação. Julgo sentir às vezes na atitude arredia desses *kibbutznikim* uma certa autossuficiência arrogante, uma espécie de *hybris*. Devem considerar-se — uns mais conscientemente que outros — espécimes duma nova estirpe que se está moldando a ferro e fogo em Israel, um tipo de gente que cada vez tem menos a ver com os judeus da Dispersão, que eles não podem ou não querem compreender.

Já se escreveu que esses jovens se entregam a uma "ação sem ideologia". Não creio que essa seja a regra geral. Acho que é ainda muito cedo para dizer a última palavra sobre os sabras. De qualquer modo eu os vejo com grande simpatia e esperança.

Alguém me disse, não faz muito, que essas novas gerações de judeus palestinenses estão tentando demolir simbólica e psicologicamente o último vestígio do Templo de Salomão: o Muro das Lamentações. Se tal observação é exata, se é contra o misticismo de seus antepassados e de seus contemporâneos ortodoxos que os sabras se rebelam, não deixa de ser pertinente perguntar-lhes se de algum modo eles não estarão criando já sua própria mística, que um dia poderá redundar numa outra mitologia e numa outra ortodoxia.

E AGORA, ADEUS!

Terça-feira, 19 de abril. Voltamos a Tel Aviv. À noite, na sede da Jewish-American Association, faço uma palestra em inglês, patrocinada pela Sociedade de Escritores e pelo Departamento Municipal de Educação. Nahum Sirotsky me apresenta ao pequeno público com palavras tão generosa e exageradamente elogiosas, que lhe murmuro ao ouvido: "Você ainda me vai obrigar a ler esse escritor".

Na manhã seguinte, no aeroporto de Lod, despedimo-nos, comovidos e gratos, de nossos amigos, os Levin, os Dothan e os Sirotsky e embarcamos, rumo de Roma, num avião da Alitalia. Dentro de poucos minutos estamos voando sobre o Mediterrâneo. Vamos interromper a viagem em Atenas, onde passaremos quatro dias. Queremos ver mais uma vez a Acrópole à luz do poente, e visitar um lugar que me tem perseguido a memória desde que o vi num filme colorido: Hidra.

12
Numa ilha grega

EU E MEU FANTASMA

Numa ilha grega, numa tarde de quinta-feira, dois brasileiros pensam em Israel. Estamos no cais de Hidra, sentados a uma mesa, na frente duma taverna, diante da pequena baía semicircular, com sua água transparente e seus barcos de quilhas pintadas de muitas cores. Dentro da taverna homens jogam cartas, fumam e bebem *ouzo*. A poucos passos de nós um velho pescador, o cachimbo entre os dentes, remenda sua rede dum amarelo de âmbar. Uma mulher toda de preto vestida sai duma casa caiada com um pequeno polvo na mão, aproxima-se da beira do cais e começa a bater com o animal na pedra, com toda a força.

Olhamos para tudo isso com a atenção vaga. Continuam vivas dentro de nós as imagens de Israel. Tenho até a impressão de sentir agora no ar um tênue aroma de flores de laranjeira. Minha mulher diz que é pura imaginação minha, pois não viu laranjais na ilha. Possivelmente tem razão. Deve existir no plano olfativo um fenômeno análogo ao da miragem.

M. levanta-se e diz que vai visitar as pequenas lojas do cais que vendem ícones bizantinos antigos (falsificados), tapetes, objetos de cerâmica e outras bugigangas de sabor grego. Fico onde estou, não propriamente sozinho porque uma entidade imaginária, que costuma acompanhar-me nas viagens, sob os mais variados disfarces, aqui está a meu lado. Descobri-a em 1941, quando de minha primeira excursão ao estrangeiro. Dei-lhe o nome de Malasartes em homenagem a um herói fictício da minha infância.

— Olá! — exclamo. — Você não mudou nada nestes últimos vinte e cinco anos. Está com a mesma cara.

— Sinto muito, companheiro, mas não posso dizer o mesmo de você.

— Está bem, não falemos em idade. Eu o invoquei para conversar comigo sobre Israel. Digam o que disserem os totalitários, o diálogo é ainda a melhor maneira de expor e discutir ideias. Uma espécie de jogo civilizado: bola vai, bola vem...

Malasartes entra direto no assunto:

— Afinal, que pensa de Israel?

— Não tenho *um* pensamento sobre esse país singular, mas vários... Dum modo geral, gostei do que lá vi e ouvi... Trago entusiasmos mas também dúvidas, e principalmente perguntas, muitas perguntas.

— Acha Israel viável como nação? Quero dizer: capaz de sobreviver e prosperar?
— Acho. Pelo menos *desejo* que isso aconteça.
— Você é o rei daquilo que em inglês se chama *wishful thinking*. Pensa com desejos e afeições e não com a cabeça fria. Inocente ou culpado?
— Culpadíssimo. De resto, quem é que, tendo passado a vida em contato, mesmo que leve e esporádico, com o pensamento e o comportamento judaicos não acaba contagiado pelo sentimento de culpa que os pervaga?
— Parabéns pelo *pervaga*. Lindo verbo! — Malasartes aponta para a grega de negro. — Mas que será que aquele polvo fez para apanhar tanto?
— A carne do bicho é muito dura. Dizem os entendidos que é preciso batê-la quarenta vezes contra uma pedra para amaciá-la antes de levá-la para a panela. Mas voltemos a Israel.
— Bom. Robert Ardrey, um americano que alterna as atividades de autor teatral com as de antropólogo, tem uma teoria segundo a qual a chave para a compreensão do homem e para a solução de seus problemas de comportamento é o que ele chama de "princípio territorial". O homem recorre à guerra por inúmeras razões, entre as quais a mais poderosa é o desejo de recuperar ou manter um território que considera propriedade sua. (Será que o polvo já estava morto quando a mulher começou a batê-lo na pedra?) Afirma Ardrey que os judeus não são uma raça...
— Ora, isso já foi dito muitas vezes...
— Espere. Os hebreus, segundo Ardrey, têm menos características raciais do que, digamos, os suecos ou mesmo os italianos meridionais, pois descendem duma mistura de tribos do Oriente Médio. O que os judeus têm mesmo de diferente dos outros povos civilizados modernos é o fato de serem "desterritorializados", se você me permitir o termo.
— Permito tudo. Estou ainda em férias.
— Bom. O grande problema dos judeus foi o de manter a sua integridade genética sem uma pátria territorial. Nada possuíam além de memórias...
— Aí está uma afirmação discutível pelo que tem de simplista. Mas prossiga.
— Aceitaram o gueto. Evitaram o casamento e as relações carnais com os gentios. Os rabinos e os escribas encarregaram-se de manter a pátria judaica no plano espiritual.

— Com a ajuda de nosso antissemitismo.

— Os hebreus empenharam-se em provar que eram mesmo diferentes dos *goyim*, usando roupas e chapéus estranhos, cultivando tabus alimentares e ritos e mitos peculiares... etc. Confirmaram assim a ideia generalizada de que eram mesmo uma raça à parte, o que lhes convinha à maravilha. Nós escarnecíamos a "personalidade judaica" e os judeus tudo faziam para exagerá-la. Segundo ainda Ardrey, nenhum de nós percebeu que essa "personalidade judaica" nada mais era que um amontoado de maneirismos que visavam preservar a identidade de um povo sem território.

— Conheço a teoria. É interessante mas um tanto rebuscada. Vamos adiante! Veio o sionismo. Afirma o seu amigo antropólogo que, como um território é necessariamente uma "área que se defende", então é indispensável ter vizinhos hostis para atacá-la. Foi aí que entraram em cena os árabes, para representar esse papel, como convinha aos hebreus.

— Isso! Defendendo-se dos ataques dos vizinhos hostis, os judeus *legitimavam* seu território, no mais rigoroso sentido biológico. E agora chegamos ao ponto crucial da tese de Ardrey. *Se o judeu nunca existiu como um povo sem território próprio, em teoria ele devia deixar de ser judeu no momento em que se territorializasse.*

— Em teoria... Bom, mesmo na prática existem já sinais de que a personalidade judaica, tal como se fez conhecida através da história, começa em Israel a ser substituída pela do israelense, ainda não completamente definida. É possível que dentro de cinquenta anos o judaísmo tradicional continue a existir apenas fora de Israel, entre uma minoria exilada, e assim mesmo graças ao racismo e à intolerância dos cristãos.

— Só comparável ao racismo e à intolerância dos judeus. Se você não tem a coragem de dizer isto, eu tenho.

— Está bem. Você disse. Parabéns! Ardrey afirma que o estabelecimento do Estado de Israel criou problemas que não haviam sido previstos pelos sionistas, o maior dos quais, por mais absurdo que pareça, é o do racismo entre os próprios judeus.

— E que é que você diz a isso?

— Note bem: tudo quanto tenho dito e escrito até agora foi temperado com um grão de sal. Na minha opinião todos os livros, artigos e discursos deviam ser precedidos desta epígrafe: *cum grano salis*. (Em latim a coisa fica sempre mais solene.) Acho que no momento o problema mais sério e urgente de Israel é o de negociar uma paz permanente com o mundo muçulmano. Caí, como vê, nas malhas de Ardrey: é preciso assegurar a posse definitiva do território.

— Ben-Gurion não lhe disse que é a hostilidade dos árabes que mantém o povo israelense unido?

— Sim, mas essa frase encerra apenas uma meia verdade jocosa. Seria desastroso, além de ridículo e absurdo, um país alimentar uma guerra crônica com seus vizinhos só para se eximir de enfrentar problemas internos. Israel não poderá aguentar uma guerra longa; e uma guerra de guerrilhas, de atrito, também não lhe convém. Até agora a assustadora superioridade numérica da RAU tem sido compensada pela melhor qualidade do soldado judeu. Mas até quando essa situação poderá durar?

— Acha essa paz possível?

— É difícil mas não impossível. E se viesse, não só os israelenses lucrariam com ela: o mundo árabe também, pois as nações que o compõem poderiam fazer parte dum vasto plano de coprosperidade liderado por Israel. Os desertos seriam transformados em pastagens verdes, lavouras e pomares. Num futuro muito próximo haveria água potável em abundância para todos, graças aos processos modernos de dessalinização que vêm sendo aperfeiçoados por cientistas e técnicos israelenses. Ninguém negará que a experiência de Israel no cultivo de solos semiáridos tem sido um estrondoso sucesso.

— Sou menos otimista que você com relação a essa paz...

— Se os Dois Grandes quiserem ela se fará. Os Estados Unidos parecem dispostos a garantir a integridade territorial de Israel e a ajudar esse país financeira e economicamente, não porque os americanos sejam bons moços, mas principalmente por causa da grande influência política, econômica e cultural do grupo judeu dentro dos Estados Unidos. Os russos por sua vez namoram o petróleo dos países árabes e a possibilidade de contar com portos amigos em mares quentes. Além disso o mundo árabe pode ser uma boa sementeira para as ideias comunistas. Não podemos deixar de levar em conta também o antissemitismo endêmico dos russos, que vem do tempo dos czares e continua, mal disfarçado, na Rússia de hoje.

— Suponhamos que essa paz se faça... Qual seria então o problema mais sério que Israel teria de enfrentar?

— É o que já está enfrentando, mas de forma de certo modo atenuada, graças a seu estado de guerra crônico com os vizinhos: a integração das diversas minorias (curioso a gente usar no caso esta palavra) que formam a população de Israel.

— Você se refere mais especificamente aos judeus orientais, que são considerados os "negros" de Israel, não?

— Exatamente. Há três anos Levi Echel já dizia que esse era o "problema número um de nossa geração".

— É estranho. Os sefarditas, que na Idade Média eram a flor da cultura judaica, são hoje em Israel "judeus de segunda classe".

— As primeiras cinco *aliot*, ou ondas de imigração judaica para a Palestina, entre 1822 e 1948, compunham-se principalmente de asquenazis vindos da Rússia, da Alemanha, da Polônia e da Romênia. Estabelecido o Estado de Israel, novas vagas de imigrantes chegaram, mas menos da metade destes eram judeus naturais da Europa. Vinham agora principalmente da África (Tunísia, Marrocos, Líbia) e da Ásia (Irã, Iraque, Iêmen e Turquia).

— Esses imigrantes traziam no corpo, no espírito, no comportamento a marca dos países subdesenvolvidos onde viviam, e de cuja pobreza e ignorância haviam participado tão profundamente.

— Ouvi um sabra asquenazi dizer que esses judeus do Oriente já deixaram de ser judeus, pois até na prática de ritos religiosos seu judaísmo está quase irreconhecível.

— Os sefarditas constituem hoje cinquenta e cinco por cento da população total do país. Temem alguns líderes asquenazis que um dia Israel venha a orientalizar-se, pois calcula-se que, se o presente ritmo de natalidade continuar, dentro dos próximos vinte anos os judeus orientais representarão oitenta por cento da população total do país.

— Não creio que a orientalização de Israel constitua um perigo real.

— É verdade que esses "hebreus de segunda classe" não têm representantes na elite econômica, científica e militar de Israel?

— Sim, e é verdade também que menos de cinco por cento de moças judias ocidentais consentem em casar-se com judeus orientais. E que o trabalhador sefardita ganha em média a metade do salário do trabalhador asquenazi. E que os postos-chave da administração israelense estão exclusivamente nas mãos dos judeus ocidentais.

— Existe mesmo animosidade entre esses dois grupos?

— Sim. Pesquisas sérias feitas por sociólogos revelam que, entre os anos de 1950 e 1959, o preconceito dos ocidentais contra os orientais aumentou, concentrando-se principalmente nos grupos norte-africanos.

— E você acha que Israel poderá um dia resolver esse conflito?
— Pode. Com paz e com tempo. Veja bem, esse choque entre sefarditas (ressentidos por causa da discriminação) e asquenazis (irritados por terem de carregar nos ombros o peso quase morto de seus "compatriotas" orientais) não chega a ser tão saturado de ódio como a rivalidade entre brancos e negros nos Estados Unidos. Não creio que essas diferenças entre o "judeu branco" e o "judeu escuro" venham um dia a desaparecer *por completo*, mas estou certo de que poderão ser atenuadas, trazidas a um ponto *suportável*. Os principais instrumentos de integração social com que Israel conta são principalmente seus jardins de infância, as escolas primárias e secundárias, e suas universidades. O próprio serviço militar poderá contribuir para um melhor entendimento entre os dois grupos. Os médicos e os assistentes sociais representarão também um papel importante nessa campanha de integração. Bom, mas eu desafio você a apontar cinco países do nosso mundo em que não existam minorias discriminadas, marginalizadas e ressentidas.

— Nem me vou dar o trabalho de procurá-los. Fiquemos com os problemas de Israel.

— Outro deles é o de população. Ben-Gurion declarou há pouco que seu país precisa ter no mínimo quatro milhões de habitantes. Os economistas também desejam esse aumento de população para que se reforce o mercado interno.

— No entanto a imigração tem diminuído nestes últimos anos. Em 1952 o número de imigrantes caiu de cento e setenta mil para vinte e cinco mil. Nos Estados Unidos vivem cerca de seis milhões de judeus, dos quais apenas uns quinze mil chegaram a estabelecer-se em Israel. Deste número uns oito mil tornaram à América, pois não conseguiram adaptar-se na nova pátria. (Ou na "velha", como quiser...)

— Por outro lado, o ritmo de natalidade de Israel não é satisfatório. Existem ainda na Rússia perto de três milhões de judeus que, segundo parece, gostariam de emigrar se para isso tivessem a permissão do governo soviético.

— E se tivessem ninguém poderia garantir que eles fossem para Israel. Nos últimos tempos os judeus que abandonaram a Europa têm preferido estabelecer-se no Canadá e nos Estados Unidos. As grandes sociedades de consumo parecem exercer sobre eles uma grande atração, fácil de compreender. Tempo houve em que era muito romântica a ideia de ir para Israel arrancar pedras do solo para cultivá-lo, era fascinante o sonho de fazer florescer os desertos, fundar cidades. Hoje em dia a vida duríssima e perigosa do pioneiro israelense parece atrair cada vez menos os jovens judeus do mundo. É um fenômeno que lembra o das vocações sacerdotais no catolicismo.

— Você se lembra da Terra da Cocanha, onde, segundo uma lenda medieval, a vida era farta e fácil, os rios de vinho, as casas comestíveis, a natureza uma generosa mãe que dava a seus filhos indolentes comida na boca? Pois Israel é exatamente o país anticocanha.

— Vamos ao próximo problema!

— É a guerra ainda não abertamente declarada, mas que existe de fato entre os partidários duma economia socialista e os que preferem um regime neocapitalista. Desde que começou o Estado de Israel, está no poder um partido socialista democrático.

— E é bom não esquecer que já existem lá, após dezoito anos de vida independente, cerca de dois mil milionários.

— Seja como for, em Israel a Confederação Geral do Trabalho é ainda muito mais poderosa que o setor capitalista. Mas os banqueiros e industriais europeus e americanos de origem judaica que estão tratando de estabelecer em Israel indústrias em escala capaz de habilitá-las a competir no mercado internacional pedem um preço para isso: a cabeça da Histadrut.

— Conseguirão?

— Meu filho, não sou profeta. E, além disso, quando invado, mesmo que timidamente, o território da economia, sinto-me descalço, sem chapéu e sem mapas numa espécie de deserto do Neguev, contando apenas com uma bússola de fabricação doméstica. Não sei até quando essa dicotomia socialismo-capitalismo poderá persistir em Israel. A paz e o tempo dirão.

— Li, não me lembro onde, que Moshé Dayan, o herói nacional, declarou que os velhos ideais socialistas simplesmente nada têm a ver com o tipo de homem que atualmente vive em Israel. E note-se que disse isso num congresso do partido Mapam, de tendência socialista.

— Dayan tem dito muitas coisas. Continuo a preferir o que ele faz ao que ele diz. Mas a verdade é que Israel vê aproximar-se uma crise econômica séria. As reparações que lhe pagava a República Federal da Alemanha foram já saldadas. Os judeus americanos que por sentimento de culpa por não terem ido para Israel, ou por simples solidariedade de clã, fazem donativos em dinheiro ao governo israelense parecem, cada vez mais, mandar seus dólares envoltos num papel em que se lê uma mensagem escrita com tinta invisível: "Preferimos que

Israel tome o caminho da livre empresa, abandonando o socialismo". Essa contribuição de judeus que vivem fora de Israel corresponde mais ou menos a cinquenta dólares por cabeça e por ano. É indispensável que ela aumente daqui por diante.

— O problema mais grave da economia israelense é que o país consome quatro vezes o que produz, e o seu déficit orçamentário anual é de quinhentos milhões de dólares. Já se teme o recesso e o desemprego.

— Desemprego? A guerra está aí mesmo...

— Não seja sarcástico. Israel precisa de paz. Felizmente ainda não tem um Pentágono de braços dados com a indústria pesada, formando esse hediondo animal de aço que se alimenta de carne humana. A guerra custa muito caro não só em vidas humanas como também em dinheiro e energia nervosa.

— Bom, examinemos agora outro problema. Estado secular ou estado religioso? É sabido que as questões religiosas em Israel tendem a misturar-se com as políticas, as sociais e até as econômicas. Existem em todo o país mais de quatro mil sinagogas. Cerca de quatrocentos de seus rabinos são pagos pelo Estado mas obedecem às ordens do Grande Rabinato.

— Tudo indica que o sabra é menos religioso que o judeu da Diáspora.

— Nas eleições do ano passado os partidos religiosos não conseguiram, juntos, mais que catorze por cento do total dos votos. A proporção de elementos não religiosos nos *kibbutzim* é de setenta e seis por cento. Pesquisas feitas recentemente por pessoas responsáveis indicam que trinta por cento da população total de Israel considera-se de algum modo religiosa, isto é, observa todos os Mandamentos ou alguns deles. Quarenta e seis por cento, o grupo maior, declaram ter ligações *apenas ocasionais* com a religião. Não vão à sinagoga senão uma ou duas vezes por ano. Os restantes vinte e quatro por cento manifestaram sua completa indiferença pela religião.

— Deve ser decepcionante para um judeu ortodoxo verificar que o Estado que o Povo do Livro criou na Terra Prometida afasta-se cada vez mais da religião de seus profetas.

— A secularização da vida de Israel parece incontível.

— Sim, porque a conclusão final do mencionado inquérito é a de que uma clara maioria de israelenses é contra a interferência da religião na vida pública de seu país.

— Terá ainda mais problemas seu querido Israel?
— Haverá outros, porém menores. Afirma-se, por exemplo, que apesar dos esforços das autoridades para fazer do hebraico o idioma oficial da nação, os judeus que para lá foram depois de 1948 continuam a falar a língua das terras onde nasceram. Para eles o hebraico é um segundo idioma. Mas seu predomínio definitivo, acho, será apenas uma questão de tempo. Aí está o sistema de educação modelar de Israel, os jornais, os escritores, o rádio e, dentro de pouco, a televisão, elementos todos de integração não só linguística como também social.

Por alguns instantes Malasartes fica contemplando o mar. Depois volta-se para mim e diz:

— Essa luta de Israel contra os árabes, que promete acirrar-se nos próximos dez anos, não poderá provocar no resto do mundo uma nova onda de antissemitismo, estimulada por uma propaganda insidiosamente dirigida?

— Essa possibilidade está sempre aberta, reconheço. Desgraçadamente as nações da Terra não aprenderam ainda a assegurar sua sobrevivência sem de vez em quando valer-se de um bode expiatório. Ora, como a História tem sobejamente mostrado, os judeus aí estão sempre como bodes expiatórios feitos sob medida para *todos* os propósitos...

— Especialmente agora que se tornaram mais vulneráveis criando uma espécie de nação-gueto...

— São ideias como essa sua, Malasartes, que me levam a compreender e justificar a arrogância e a agressividade dos sabras. Você deve ter lido a Bíblia... Lembra-se das palavras de Cristo a seus fiéis? "Eu não vos trago a paz, mas uma espada." Pois os israelenses, embora não aceitem o Messias dos cristãos, decidiram empunhar a sua espada.

— E essa arma não terá dois gumes?
— Cínico!

Malasartes sorri:

— Diante de todas essas dificuldades e esses inimigos, como pode você ter esperança na sobrevivência do Estado de Israel?

— Ora, esperança não se explica. Sente-se. Confio na capacidade de inteligência e de trabalho do israelense, socialista ou capitalista, religioso ou não. Confio também na proverbial solidariedade tribal dos judeus. Seja como for, apesar de todos os seus possíveis defeitos, dos enormes obstáculos que tem pela frente (ou talvez por causa de tudo isso), Israel é talvez a mais fascinante e admirável experiência humana de nosso tempo. Em suma, na minha opinião os israelenses *merecem* sobreviver e prosperar na sua pequena pátria. E nós todos, membros da comunidade humana, ficaremos moralmente engrandecidos se tivermos contribuído um pouco para isso.

— Então, amigo, nada mais me resta senão dizer-lhe *chalom*.
— *Chalom!*

Crônica literária

Israel em abril é o último dos quatro livros especificamente de viagem escritos por Erico Verissimo: *Gato preto em campo de neve* (1941 — viagem aos Estados Unidos), *A volta do gato preto* (1946 — segunda viagem aos Estados Unidos), *México* (1957), e este de que trata esta crônica (1969). O escritor voltaria ao tema das viagens em seu livro de memórias *Solo de clarineta*, cujo primeiro volume publicou ainda em vida, em 1973. O segundo volume, que deixou incompleto, saiu postumamente em edição organizada por Flávio Loureiro Chaves, em 1976.

Desde sempre Erico misturou a suas narrativas de viagem uma espécie de "diário de bordo" narrando os deslocamentos e fixando as paisagens, com entrevistas e informações históricas. Vez por outra engendrou diálogos com um *alter ego* que chamava de Malasartes, "em homenagem a um herói fictício da minha infância", como diz neste *Israel em abril*. Incômodo, um pouco cínico, outro tanto cético, esse *alter ego* faz perguntas e afirmações que contradizem o otimismo do autor, ainda que este seja sempre cauteloso.

Aqui Erico mobiliza tudo o que praticou em seus outros livros de viagem e até em suas obras de ficção e em suas leituras, mas as cores são mais intensas e também a ironia é mais fina e constante, inclusive a autoironia, o que dá ao livro uma atmosfera saborosa de humor. Por outro lado, como aponta Bernardo Kucinski no Prefácio, um dos capítulos mais interessantes é o que discute as raízes, a história e o destino dos judeus e do judaísmo. Além da compilação histórica sobre o tema, a passagem mais importante a esse respeito é um diálogo imaginário entre o autor e uma série de escritores, intelectuais, historiadores e antropólogos sobre quem e o que, afinal, são esses personagens — "os judeus" — e seu "judaísmo". Autores recentes e antigos convergem para uma suposta praça crepuscular; ali, ficam a discutir o tema com esse Erico que interroga, contesta, responde, cobra hipóteses. Como lembra o Prefácio, a passagem evoca Gog, *de Giovanni Papini — livro que Erico certamente conhecia —, em que um personagem excêntrico corre o mundo conversando com pessoas e ouvindo histórias estranhas.*

Contudo o clima onírico, condizente com uma forma de delírio, evoca também os diálogos de Adrian Leverkühn — o personagem central do *Doutor Fausto*, de Thomas Mann — com o demônio. Talvez tudo não tenha passado de um sonho ou de um devaneio, brincadeira do autor Erico Verissimo para distrair-se das pesadas leituras que se viu forçado a fazer para abordar o espinhoso tema do judaísmo. Entretanto, é também significativo que ele imprima a esse passeio pela história, ou simplesmente ao redor de uma praça imaginária, um ritmo veloz e algo frenético que lembra o cinema de seu tempo.

Cinematográfica também é a maneira como Erico narra. Parece que estamos às voltas com um autor que, de posse de uma câmera de cinema (no Brasil a televisão ainda era muito recente), vai nos fazendo acompanhar sua lente — mas também seu pensamento. A narração se torna um jogo, um vaivém constante entre o exterior e o interior, e a voz narrativa vira uma espécie de lâmina transparente que interpreta o mundo dessas ligações, não raro entre as memórias recentes ou distantes do escritor e aquilo que sua escrita sugere ao leitor que "viu" ou que "está vendo", pois o livro é escrito predominantemente no tempo presente.

Assim, a narrativa de Erico se distancia completamente do "guia de viagem". Como nos livros anteriores, ele está, sim, interessado em evocar paisagens e tipos interessantes; mas está mais interessado ainda em evocar *o espírito com que tudo aquilo foi visto e ouvido*. Ao contrário do turista típico, que capta imagens exteriores e coleciona cenas de cartão-postal, o viajante que Erico encarna leva consigo sua alma e a exibe constantemente junto com aquilo que "vê" ou "capta".

Esse empenhar da própria alma tempera a ironia e o humor do livro com certa aura de solenidade, que também impregna a narrativa. Erico tem permanentemente em si as impressões e memórias características de sua geração, que chegou à maturidade entre as duas guerras mundiais e viveu plenamente os horrores da segunda. Erico sabe que, além de estar visitando um país de procedência antiga, ainda que a Constituição de seu Estado seja relativamente recente, está diante de uma das grandes tragédias da humanidade.

Por isso seus títulos e algumas de suas passagens retêm algo daquela sensação que se tem ao adentrar um recinto sagrado, ainda que o tom geral seja o da informalidade, da descontração: vejam-se, por exemplo, títulos como "Rumo do deserto", ou "Visita a um profeta", que descrevem a ida ao deserto de Neguev, cheio de locais e passagens bíblicas, e a visita ao primeiro chefe de governo israelense, Ben-Gurion.

Esse ar solene, ainda que em segundo plano, empresta à narrativa um ar de peregrinação. O peregrino é aquele que tem uma rota pré-traçada (nisso ele se assemelha ao turista típico) e um destino fixo, ainda que a viagem possa lhe trazer muitos desvios e peripécias. Há alguns indícios desse ar de peregrinação na viagem de Erico e dona Mafalda. Afinal, os dois viajam a convite do governo israelense; têm um roteiro predeterminado, ainda que só o conheçam à medida que a aventura prossegue. É claro também que esse roteiro permite muitas digressões, por exemplo para conhecer uma vila entrevista na viagem ou para jantar na casa que só iriam visitar rapidamente.

Mas o ponto principal da atmosfera de peregrinação que impregna a viagem não é esse, e sim o que Erico transmite nas entrelinhas: um certo sentido de "obrigação" de empreendê-la. Assim como todo muçulmano que puder fazê-lo deve ir a Meca, assim como todo católico que vá a Roma tem a "obrigação" de ver o papa, Erico deixa perceber que atende ao propósito de visitar aquele país que poderia ser o lugar sagrado da remissão da grande tragédia histórica do povo judaico, para com o qual uma parte da humanidade teria uma dívida culpasa e outra uma dívida dolosa, ambas movidas por todos os séculos dos séculos de preconceitos e perseguições.

Assim, neste livro, Erico perfaz a mesma aventura dos outros. Quando escreveu sobre os Estados Unidos, foi buscar a renovação da própria identidade diante das "modernidades" e "desafios" dos norte-americanos, como o mundo das inovações técnicas e do racismo; quando escreveu sobre o México, ele, brasileiro, queria descobrir suas raízes mais amplas, latino-americanas. Em *Israel* o escritor que presenciou guerras, ditaduras, holocaustos, torturas, tentativas de extermínio e genocídios busca renovar sua identidade de parte integrante da humanidade, busca encontrar perguntas e respostas sobre se ainda há espaço a vislumbrar, no futuro, para o humanismo empenhado socialmente que sempre defendeu.

Se Erico encontrou ou não sua resposta, o segredo está nas páginas deste livro; talvez seja o caso de relê-lo depois de algum tempo para observar mais atentamente o que ele encontrou e o que não encontrou. Mas sua pergunta vai permanecer entre nós, graças ao estilo sempre discreto e displicentemente elegante de Erico Verissimo.

Crônica biográfica

Em *Israel em abril* o leitor encontra várias imagens e referências elucidativas sobre Erico Verissimo. Com efeito, o livro pode ser visto como um verdadeiro entrecruzamento de diferentes linhas temporais, perfis e atitudes do escritor.

Em primeiro lugar, observamos que três anos separam o Erico personagem viajante (1966) do Erico que escreve e publica o livro (1969). Esse arco temporal permite uma espécie de distanciamento irônico e crítico deste em relação àquele, um distanciamento que fica visível no leve ar de galhofa com que o segundo acompanha as dificuldades e aflições do primeiro. Em 1961 Erico sofrera seu primeiro infarto — e a enfermidade cardíaca acabaria por vitimá-lo em 1975. No Erico de 1966 veem-se os movimentos de adaptação a um novo ritmo de vida menos corrido, com sestas depois das refeições e cautela ao subir escadas, bem como outros "males da idade".

Além de evidenciar os cuidados que Erico agora dedica à saúde, o livro revela que o escritor vem de um momento de agitadas transformações em sua vida de cidadão, pai de família e literato. Em 1962 ele concluíra a publicação de sua monumental trilogia *O tempo e o vento*, "ajustando as contas" com a história do seu estado natal e do seu país. A história, contudo, não lhe daria trégua: em 1964 sobreveio o golpe militar que pôs fim aos breves e atribulados dezenove anos de experiência democrática vividos pelo país depois do Estado Novo. Embora muito crítico em relação ao que considerava "populista" e "demagógico" no governo de João Goulart — o presidente deposto *manu militari* —, Erico se insurge contra a ruptura da ordem constitucional e democrática. Seu nome e seu prestígio o protegem de perseguições, mas vários de seus amigos são presos ou obrigados a fugir ao criticar o governo militar. Erico protesta e, sempre que pode, intervém para ajudar a libertá-los. Desse modo começa a sedimentar-se o material para seu último romance, *Incidente em Antares*, publicado em 1971, no qual, além de fazer uma revisão irônica da história do Rio Grande do Sul, do Brasil, e de seus próprios pontos de vista ao escrever *O tempo e o vento*, Erico faz a defesa veemente das liberdades democráticas e se manifesta contra a violência e o arbítrio do regime ditatorial.

No plano familiar, foram anos de muitos acontecimentos. Em 1963 o escritor perdera a mãe, dona Abegahy. A filha Clarissa, que já vivia nos Estados Unidos desde 1956, casada com David Jaffe, era agora mãe de três crianças. O filho caçula, Luis Fernando, fora morar no Rio de Janeiro em 1962, casando-se com Lúcia Helena Massa em

1964; o casal também tivera três filhos. Assim o Erico pai de família é agora um verdadeiro *pater familias*, um patriarca — contudo muito pouco patriarcal, com seu gênio modesto, nada mandão. "Netos são filhos com açúcar", dirá o dedicado avô anos mais tarde. Assim o Erico que viaja a Israel em 1966 está entrando num desenho familiar inteiramente novo, que se explicita no renovado companheirismo e cuidados mútuos entre ele e a esposa Mafalda. Não que o casal já não se comportasse assim antes, mas é perceptível a mútua preocupação com o fato de que os já veteranos viajantes não são "mais jovens". No fim de 1966, ano em que viaja a Israel, Erico completa 61 anos, mas a percepção do tempo na época era inteiramente diversa da de hoje, no portal do século XXI: depois dos cinquenta, homens e mulheres ficavam "velhos", e seu destino era a aposentadoria e o pijama. Nenhuma das duas facetas desse "destino" condizia com o espírito de Erico, sempre curioso e inclinado a descortinar novos horizontes em todas as direções, tanto na rosa dos ventos como no tempo, em direção ao passado e ao futuro, como bem demonstra *Israel em abril*.

Ao mesmo tempo, verificava-se um clima de mudança na vida de Erico Verissimo como escritor. *Israel em abril* faz parte de um processo de "internacionalização" dos temas romanescos de Erico e de retomada das paisagens gaúcha e brasileira. Em 1965 ele publicara *O senhor embaixador*, livro cujo pano de fundo é a revolução cubana e as lutas revolucionárias e de esquerda na América Latina, com seus avanços, conquistas e contradições. Uma grande parte do livro se passa em Washington, cidade onde o escritor vivera alguns anos.

Em 1967, portanto depois de viajar a Israel e antes de escrever o relato da viagem, Erico escreve e publica *O prisioneiro*, romance alegórico sobre a guerra do Vietnã no qual deixa patente sua aversão pela violência. O livro assinala seu distanciamento da política norte-americana de intervenções militares em favor de regimes ditatoriais corruptos e discricionários como era o sul-vietnamita, prática que Washington já adotara na América Latina.

Em 1968 Erico recebe o prêmio Juca Pato de Intelectual do Ano, concedido pelo jornal *Folha de S.Paulo* e pela União Brasileira de Escritores (UBE). O fato é um marco na consolidação do reconhecimento nacional do escritor e intelectual gaúcho. Cada vez mais engajado na luta pela democracia, quando escreve e entrega os originais de *Israel em abril* Erico confessa, numa carta ao editor, que já pensa em novo livro sobre tema brasileiro — livro esse que viria a ser *Incidente em Antares*.

De seu engajamento constante e crescente com os ideais de uma democracia social — ou de uma social-democracia, expressão que herdara do encontro com Thomas Mann, nos Estados Unidos, em 1941 — vem sua admiração e seu apreço, firme mas cauteloso, por Israel. Erico via nesse país ao mesmo tempo "antigo" e "novo" a possibilidade de haver uma reparação histórica ao povo judaico, bode expiatório de preconceitos e perseguições milenares que tiveram como ápice a política de extermínio dos nazistas. Além disso, embora assinalasse as tensões entre o novo país e o mundo árabe, achava que a Israel da década de 1960 era uma oportunidade de conciliar democracia, justiça social e tolerância religiosa e cultural.

Ao mesmo tempo que é a obra de um espírito observador e crítico, *Israel em abril* é uma apologia da fundação do Estado de Israel, como possibilidade ou como portal de uma nova era de paz para a humanidade.

Biografia de Erico Verissimo

Erico Verissimo nasceu em Cruz Alta (RS), em 1905, e faleceu em Porto Alegre, em 1975. Na juventude, foi bancário e sócio de uma farmácia. Em 1931 casou-se com Mafalda Halfen von Volpe, com quem teve os filhos Clarissa e Luis Fernando. Sua estreia literária foi na *Revista do Globo*, com o conto "Ladrões de gado". A partir de 1930, já radicado em Porto Alegre, tornou-se redator da revista. Depois, foi secretário do Departamento Editorial da Livraria do Globo e também conselheiro editorial, até o fim da vida.

A década de 30 marca a ascensão literária do escritor. Em 1932, ele publica o primeiro livro de contos, *Fantoches*, e em 1933 o primeiro romance, *Clarissa*, inaugurando um grupo de personagens que acompanharia boa parte de sua obra. Em 1938, tem seu primeiro grande sucesso: *Olhai os lírios do campo*. O livro marca o reconhecimento de Erico no país inteiro e em seguida internacionalmente, com a edição de seus romances em vários países: Estados Unidos, Inglaterra, França, Itália, Argentina, Espanha, México, Alemanha, Holanda, Noruega, Japão, Hungria, Indonésia, Polônia, Romênia, Rússia, Suécia, Tchecoslováquia e Finlândia. Erico escreve também livros infantis, como *Os três porquinhos pobres*, *O urso com música na barriga*, *As aventuras do avião vermelho* e *A vida do elefante Basílio*.

Em 1941 faz uma viagem de três meses aos Estados Unidos a convite do Departamento de Estado norte-americano. A estada resulta na obra *Gato preto em campo de neve*, o primeiro de uma série de livros de viagens. Em 1943, dá aulas na Universidade de Berkeley. Volta ao Brasil em 1945, no fim da Segunda Guerra Mundial e do Estado Novo. Em 1953 vai mais uma vez aos Estados Unidos, como diretor do Departamento de Assuntos Culturais da União Pan-Americana, secretaria da Organização dos Estados Americanos (OEA).

Em 1947 Erico Verissimo começa a escrever a trilogia *O tempo e o vento*, cuja publicação só termina em 1962. Recebe vários prêmios, como o Jabuti e o Pen Club. Em 1965 publica *O senhor embaixador*, ambientado num hipotético país do Caribe que lembra Cuba. Em 1967 é a vez de *O prisioneiro*, parábola sobre a intervenção dos Estados Unidos no Vietnã. Em plena ditadura, lança *Incidente em Antares* (1971), crítica ao regime militar. Em 1973 sai o primeiro volume de *Solo de clarineta*, seu livro de memórias. Morre em 1975, quando terminava o segundo volume, publicado postumamente.

Obras de Erico Verissimo

Fantoches [1932]
Clarissa [1933]
Música ao longe [1935]
Caminhos cruzados [1935]
Um lugar ao sol [1936]
Olhai os lírios do campo [1938]
Saga [1940]
Gato preto em campo de neve [narrativa de viagem, 1941]
O resto é silêncio [1943]
Breve história da literatura brasileira [ensaio, 1944]
A volta do gato preto [narrativa de viagem, 1946]
As mãos de meu filho [1948]
Noite [1954]
México [narrativa de viagem, 1957]
O senhor embaixador [1965]
O prisioneiro [1967]
Israel em abril [narrativa de viagem, 1969]
Um certo capitão Rodrigo [1970]
Incidente em Antares [1971]
Ana Terra [1971]
Um certo Henrique Bertaso [biografia, 1972]
Solo de clarineta [memórias, 2 volumes, 1973, 1976]

O TEMPO E O VENTO

Parte I: *O continente* [2 volumes, 1949]
Parte II: *O retrato* [2 volumes, 1951]
Parte III: *O arquipélago* [3 volumes, 1961-62]

OBRA INFANTOJUVENIL

A vida de Joana d'Arc [1935]
Meu ABC [1936]
Rosa Maria no castelo encantado [1936]
Os três porquinhos pobres [1936]
As aventuras do avião vermelho [1936]
As aventuras de Tibicuera [1937]
O urso com música na barriga [1938]
Outra vez os três porquinhos [1939]
Aventuras no mundo da higiene [1939]
A vida do elefante Basílio [1939]
Viagem à aurora do mundo [1939]
Gente e bichos [1956]

Copyright © 2010 by Herdeiros de Erico Verissimo
Copyright das ilustrações © 2010 by Rodrigo Andrade
Copyright das fotos © Acervo Erico Verissimo/ Instituto Moreira Salles
Texto fixado pelo Acervo Literário de Erico Verissimo (IMS-RJ) com base na última edição revista por Erico Verissimo em 1970, sob coordenação de Maria da Glória Bordini.

Grafia atualizada segundo o Acordo Ortográfico da Língua Portuguesa de 1990, que entrou em vigor no Brasil em 2009.

CAPA E PROJETO GRÁFICO Raul Loureiro

IMAGENS DE CAPA E DO CADERNO DE IMAGENS Acervo Erico Verissimo/ Instituto Moreira Salles

SUPERVISÃO EDITORIAL, CRONOLOGIA E TEXTOS FINAIS Flávio Aguiar

ESTABELECIMENTO DO TEXTO Maria da Glória Bordini e Eduardo Belmonte de Souza

EDIÇÃO Heloisa Jahn

PREPARAÇÃO Cristina Yamazaki

REVISÃO Veridiana Maenaka e Ana Maria Barbosa

1ª edição, 1969
9ª edição, 1987
10ª edição, 2010

Os personagens e as situações desta obra são reais apenas no universo da ficção; não se referem a pessoas e fatos concretos, e sobre eles não emitem opinião.

Dados Internacionais de Catalogação na Publicação (CIP)
(Câmara Brasileira do Livro, SP, Brasil)

Verissimo, Erico, 1905-1975.
 Israel em abril / Erico Verissimo ; [ilustrações de Rodrigo Andrade ; prefácio Bernardo Kucinski]. — São Paulo : Companhia das Letras, 2010.

ISBN 978-85-359-1686-7

 1. Israel - Descrição e viagens 2. Israel - Usos e costumes I. Andrade, Rodrigo II. Kucinski, Bernardo III. Título

10-04890   CDD-915.694
                                          -390.095694

Índices para catálogo sistemático:
1. Israel : Descrição e viagens 915.694
2. Israel : Usos e costumes 390.095694

[2010]
Todos os direitos desta edição reservados à
EDITORA SCHWARCZ LTDA.
Rua Bandeira Paulista 702 cj. 32
04532-002 — São Paulo — SP
Telefone: (11) 3707 3500
Fax: (11) 3707 3501
www.companhiadasletras.com.br